公共通识课创新融合教材

“互联网+”教育改革新理念教材

# 大学生心理健康

主　编◎朱燕燕　杨　波　严东博

副主编◎蔡　静　孟　倩　刘育名

张雅丽　郭晶宇

中国商业出版社

图书在版编目（CIP）数据

大学生心理健康 / 朱燕燕，杨波，严东博主编. --
北京：中国商业出版社，2023.12

ISBN 978-7-5208-2785-0

Ⅰ. ①大… Ⅱ. ①朱… ②杨… ③严… Ⅲ. ①大学生
—心理健康—健康教育—研究 Ⅳ. ① G444

中国国家版本馆 CIP 数据核字（2023）第 240481 号

责任编辑：管明林

中国商业出版社出版发行
（www.zgsycb.com　100053　北京广安门内报国寺 1 号）
总编室：010-63180647　编辑室：010-83114579
发行部：010-83120835/8286
新华书店经销
唐山唐文印刷有限公司印刷
*
880 毫米 ×1230 毫米　16 开　12 印张　316 千字
2023 年 12 月第 1 版　2023 年 12 月第 1 次印刷
定价：39.80 元
*　*　*　*
（如有印装质量问题可更换）

# 前 言
# PREFACE

2023 年 4 月，教育部等十七部门联合印发了《全面加强和改进新时代学生心理健康工作专项行动计划（2023—2025 年）》（以下简称《计划》），提出坚持提升能力原则，统筹教师、教材、课程、学科、专业等建设，加强学生心理健康工作体系建设，全方位强化学生心理健康教育。《计划》是对党的二十大精神的具体落实，也为加强新时代学生心理健康工作提供了新的思路。

《大学生心理健康》是依据《计划》精神，结合大学生身心发展特点和社会实际，专门为高等院校大学生编写的具有理论性和操作性的心理健康教育课程教材。内容包括“探索美好生活——从‘心’开始”“做最好的自己——健全自我意识”“展现个性魅力——优化人格发展”“突破困境封锁——应对压力与挫折”“驾驭学海方舟——构建学习心理”“提升情商指数——掌控情绪管理”“与人正确相处——和谐人际关系”“破解爱情密码——提升爱的能力”“‘互联网 +’时代——健康网络心理”“呵护生命之花——树立正确生命观”共 10 个项目。通过较为全面的分析与探讨，对大学生将会涉及的心理问题进行细致的分析。

具体来说，本书具有以下特色：

（1）体系完整，内容丰富。在内容安排上，根据大学生在大学阶段容易出现的各个成长性主题进行分类，紧扣大学生日常生活中的心理困扰，各部分内容环环相扣、步步深入。

（2）凸显学生的主体性，增强学生的参与感。以简单明了的心理学知识点结合大学生的具体问题呈现学习内容，把提高大学生对心理问题、心理障碍的应对和调适能力作为重点进行阐述，培养学生自主学习的能力，提升学生心理健康素养，引导学生自助、助人。

（3）内容新颖，版式活泼。在编写过程中，坚持贯彻党的二十大精神，落实课程思政协同育人理念，系统性挖掘了职业素养、团结奋斗、遵纪守法等思政元素，致力于实现课程与思政课程同向同行、协同育人总目标。在呈现形式上，每个项目以“学习目标”“项目概述”“情景再现”开篇，以“思政之窗”“心灵氧吧”结束，各任务中设有“心理剧场”“互动课堂”“自我测评”“知识扩展”等栏目，内容上既有心理知识的传授、心理活动的体验，还有心理案例的分享。

我们在编写的过程中参阅了大量有关大学生心理健康方面的著作，同时也引用了许多专家和学者的研究成果，在此表示衷心的感谢！由于时间较为仓促，作者水平有限，书中难免有疏漏与不足，恳请广大读者、高校心理健康教育工作者和专家学者不吝指正，以便本书日后的修改与完善。

编 者

# 目　录
# CONTENTS

# 目 录
# CONTENTS

# 项目一

# 探索美好生活——从“心”开始

## 学习目标

**★知识目标**

1. 掌握健康和心理健康的含义与标准。
2. 了解大学生心理健康的影响因素。
3. 了解大学生心理健康的标准。

**★能力目标**

1. 能积极调整自己的心态。
2. 当心理压力过大无法自我调节时，能积极寻求心理帮助。

**★素质目标**

1. 培养健康良好的心理状态。
2. 保持身心健康，保持乐观的心态面对生活。

## 项目概述

当前社会，很多人都关注自己的心理状态，那么我们是心理健康的人吗？如果我们出现了郁闷、难受、烦躁不安的情绪状态是心理出现问题的表现吗？对于一个刚刚失恋的人，痛苦、难过，甚至彻夜难眠，这是否代表他已经出现心理问题了呢？想要了解这些问题，首先要了解什么是心理健康。本项目将从“心”开始，探索美好生活。

## 情景再现

某高校中文系一名大二女生，长期营养不良导致身体虚弱、精神不济，学习成绩下降，人际关系紧张。辅导员与女生详谈后得知，女生家庭贫困，在校期间，她兼职做家教，用家教工资维持日常开销，还要给一个在读高中的弟弟攒学费。因此，该女生总觉得同学都瞧不起她，她感到很自卑，也很痛苦。原本这名女生成绩不错，大一时曾获学校二等奖学金，同学对她评价都很好，可她却固执地认为同学都因她家庭困难而看不起她，也没有男生追求她。为了改变现状，获得同学的"羡慕"与"尊重"，她常常连续一个月不吃肉，节约伙食开支，购买漂亮衣服……这样的"牺牲"并没有让她感觉到自己的处境有任何好转，反而发现同学投来异样的眼光，心情越来越糟。由于长期节食，她患上了严重贫血，常常头晕目眩，上课注意力难以集中，记忆力减退，学习成绩大滑坡，以致补考多门而成为班上的"困难"学生，烦恼、自卑、懊悔一直在吞噬着她不甘人后的自尊心，她却力不从心。

**【心理课堂】**

和案例中女生类似的心理状态在大学里并不少见，只是表现形式与程度不同而已，这是自我认识的偏差而导致自尊与自卑的矛盾体验。为了掩饰自己的自卑，常常拒绝帮助、语言尖刻、防御多疑、封闭自我，就其内心体验而言是痛苦不堪的，外表的自尊无法欺骗自己真实的内心体验，她们在自卑与自尊的矛盾中挣扎，最后以偏颇的方式来解决问题，使自己越陷越深。就如这位女生，偏颇地以为穿几件漂亮衣服就能得到同学的尊重。事实上，在她做这些之前，同学对她的评价还是不错的，是她的自我认识走入了误区，导致后来的恶性循环。由此可见，自我认识基础上的自我体验直接影响着人的心理健康。

# 任务一　"心"的呼唤——心理健康概述

一切成就、一切财富都源于健康。古希腊哲学家赫拉克利特（Heraclitus）说过：人如果没有健康，智慧就难以表现，文化无从施展，力量不能战斗，财富会变成废物，知识无法利用。关注心理健康，就是关注我们自身生存的状态。

## 一、健康

### （一）健康的含义

我们每个人都在追求健康，失去了健康，生命也将失去色彩，所以，在逢年过节或者亲友生日的时候会祝福他们“身体健康”，随着社会的进步和人类对自身认识的不断加深，人们的健康观念也在逐步发生着变化。

20 世纪初，《简明大不列颠百科全书》将健康定义为“没有疾病和营养不良以及虚弱状态”。这一观点形成了“无病即健康”的传统健康观，从最初只关注身体健康到后来将健康视为“身体健康、心理健康和社会适应良好”。1989 年世界卫生组织将健康的定义明确为“一个人只有在身体健康、心理健康、社会适应良好和道德健康四个方面都健全，才算得上是完全健康的人”。其中道德健康是不能损坏他人的利益来满足自己的需要；能按照社会认可的行为道德规范来约束自己及支配自己的思维和行动，具有辨别真伪、善恶、荣辱的是非观念和能力。据测定，违背社会道德的人、触犯法律的人往往会导致内疚、自责、紧张、恐惧、焦虑不安、失眠、神经衰弱，甚至痛不欲生等严重心理问题，从而引发神经系统、内分泌系统等功能紊乱失调，免疫系统的防御能力下降，进而导致身体素质下降。

进入 21 世纪，人们为健康赋予了新的内涵，出现了五维健康观，增加了行为健康的观点。行为健康体现在 6 个方面：有利性，行为对自身、他人和环境有利；规律性，饮食、休息有规律；理性，行为表现被自己、他人和社会理解和接受；常态性，行为表现在正常范围内，能够保持积极状态；同一性，外在行为与内在思维动机协调一致，与所处环境没有冲突；和谐性，个人行为与环境或者他人发生冲突时能够包容和适应。

总之，健康是身心健康的有机统一，是人与周围环境的良好适应，是心理健康与道德健康的完美结合，是行为表现和内心世界、外部环境的和谐。

### （二）健康的标准

随着社会的发展，人们越来越习惯于从多个角度来考虑健康的内涵，包含了生物、医学和社会学模式的健康概念是目前公认的生物—社会—医学模式。其中，最为权威的是 1978 年世界卫生组织（WHO）提出健康的 10 条标准：

（1）精力充沛，能从容不迫地应对日常生活和工作的压力而不感到过分紧张。

（2）处世乐观，态度积极，乐于承担责任，事无巨细不挑剔。

（3）善于休息，睡眠良好。

（4）应变能力强，能适应环境的各种变化。

（5）能够抵抗一般性感冒和传染病。

（6）体重正常，身材均匀，站立时头、肩、臂位置协调。

（7）眼睛明亮，反应敏锐，眼肌轻松，眼睑不发炎。

（8）牙齿清洁，无空洞，无痛感；齿龈颜色正常，不出血。

（9）头发有光泽，无头屑。

（10）肌肉、皮肤富有弹性，走路轻松有力。

## 互动课堂

### 你真的健康吗？ BMI 来告诉你

身体质量指数（Body Mass Index，BMI），简称体质指数，又称体重指数，是用体重（千克）除以身高（米）的平方得出的数字，是目前国际上常用的衡量人体胖瘦程度以及是否健康的标准。其主要用于统计用途，当我们需要比较及分析一个人的体重对于不同高度的人所带来的健康影响时，BMI 是一个中立而可靠的指标。

身体质量指数概念由 19 世纪中期的比利时通才凯特勒最先提出，它的定义如下：

身体质量指数 = 体重（kg）÷ 身高（m）$^2$

比如，一位体重 70 kg，身高 1.75m 的男士，他的 BMI 为 $70^2 \div 1.75^2=22.86$。

根据世界卫生组织规定的标准，亚洲人的 BMI 若高于 22.9，则属于过重。亚洲人和欧美人属于不同人种，WHO 的标准不是非常适合中国人的情况，为此制定了中国参考标准（表 1-1）：

表 1-1 BMI 标准

| 类型 | WHO 标准 | 亚洲标准 | 中国标准 | 相关疾病发病危险性 |
|---|---|---|---|---|
| 偏瘦 | <18.5 | | | 低（其他疾病危险性增加） |
| 正常 | 18. 5～24.9 | 18. 5～22.9 | 18. 5～3.9 | 平均水平 |
| 超重 | ≥ 25 | ≥ 23 | ≥ 24 | |
| 偏胖 | 25. 0～29.9 | 23～24.9 | 24～27.9 | 增加 |
| 肥胖 | 30. 0～34.9 | 25～29.9 | ≥ 28 | 中度增加 |
| 重度肥胖 | 35. 0～39.9 | ≥ 30 | — | 严重增加 |
| 极重度肥胖 | ≥ 40.0 | | | 非常严重增加 |

不适人群（并不是每个人都适用 BMI 的）：

（1）未满 18 岁；

（2）运动员；

（3）正在做重量训练；

（4）怀孕或哺乳中；

（5）身体虚弱或久坐不动的老人。

如果认为 BMI 计算的结果不能正确反映体重问题，应带着结果与医师讨论，并要求做体脂测试。

## 二、心理健康

### （一）心理健康的含义

有人认为，心理健康就是没有心理疾病。其实不然，有些人虽然没有心理疾病、没有精神疾病，也没有神经症或者变态人格，但是他们缺乏积极的生活态度，认为生活没有意义，拒绝与人交往，情绪控制能力差，遭遇不幸时一蹶不振，这些都是心理不健康的表现。

早在1946年的第三届国际心理卫生大会将心理健康的定义为“在身体智能以及情感上与他人的心理健康不相矛盾的范围内，将个人心境发展为最佳状态。具体表现为：身体、智力、情绪十分协调；适应环境，人际关系中能彼此谦让；有幸福感；在工作和职业中，能充分发挥自己的能力，过有效率的生活”。

世界卫生组织认为，心理健康就是人们在学习、生活和工作中的一种安宁平静的稳定状态。

《简明大不列颠百科全书》将心理健康定义为“个体心理在本身及条件许可范围内所能达到的最佳功能状态”。

心理学家英格里希认为“心理健康是指一种持续的心理情况，当事者在那种情况下能做出良好的适应，具有生命力，并能充分发展其身心的潜能，这是一种积极丰富的情感，而不仅仅是免于心理疾病”。

社会工作者波姆认为，心理健康是合乎一定水准的社会行为，一方面能为社会所接受，另一方面能为自身带来快乐。

我国的百度百科上将心理健康定义为：从广义上讲，心理健康是一种高效而满意的、持续的心理状态，从狭义上讲，心理健康是指人的基本心理活动的内容完整、协调一致，即认知、情感、意志、行为、人格完整和协调，能适应社会，和社会保持一致。

较为普遍的观点认为，心理健康是能够充分发挥个人的最大潜能，以及妥善处理和适应人与人之间，人与社会环境之间的相互关系。具体来说，与绝大多数人相比，其心理功能是正常的，无心理疾病；能积极调节自己的心理状态，顺应环境，能有效地富有建设性地完善个人生活。因此可以看出，心理健康的基础是没有心理疾病，核心是能够积极地面对生活，包括生活中的苦难和挫折。

### （二）心理健康的标准

心理健康是一种持续的积极的心理状态，不是固定不变的，而是一个动态变化的过程。随着人的不断成长，生活环境的变化，生活经验的积累，其心理健康状况必然会不断发生变化。世界上公认的经典的心理健康的标准是由人本主义心理学家马斯洛提出来的10条标准，具体如下：

（1）有足够的自我安全感。

（2）能充分地了解自己，并对自己的能力作适当的估价。

（3）生活理想切合实际。

（4）不脱离周围现实环境。

（5）能保持人格的完整与和谐。

（6）善于从经验中学习。

（7）能保持良好的人际关系。

（8）能适度地发泄情绪和控制情绪。

（9）在符合集体要求的条件下，能有限度地发挥个性。

（10）在不违背社会规范的前提下，能恰当地满足个人的基本需求。

心理学家马斯洛认为，人生最大的满足来自自我实现，大部分情况下，当一个人满足了自身的基本需求之后，会有更高层次的追求。大学生要在不违背社会规范、法律道德的前提下，努力实现自己的理想，接纳自己，善待他人，感受自尊，体验爱与被爱，追求自我实现。

心理健康标准是一个理想状态，现实生活中每个人都会面对各种各样的事情，心理状态也在不断发生变化，因此即使现在不能满足上述标准，也不要过分担心，每个人在特定时期内出现一定的心理波动和心理上的困惑属于正常现象。心理健康的标准为每个人指出了提高心理健康水平的努力方向。

## 知识扩展

### 心理健康的“灰色带”

心理健康与不健康、正常心理与异常心理、变态心理与常态心理之间并没有绝对的界限，只是程度上的不同。从心理健康的诸项标准来看，很多人在其中的一个或几个方面出现了偏差，但其他方面都比较正常，这是比较常见的。按照我国学者的观点，如果将人的心理完全健康比作白色，精神疾病患者比作黑色，在白色和黑色之间有一个很大的缓冲区域——灰色带。灰色带又可以进一步分为浅灰色带与深灰色带。位于浅灰色带的人只有心理冲突而无人格异常，主要表现为失恋、丧亲、人际关系不佳、夫妻纠纷、家庭不和、工作不顺心等生活矛盾而带来的心理不平衡与精神压抑。处于深灰色带的人通常患有严重心理问题，如强迫症、恐惧症、焦虑症等。浅灰色带和深灰色带之间也无明确界限，是一个渐进的演变过程，如图 1–1 所示。

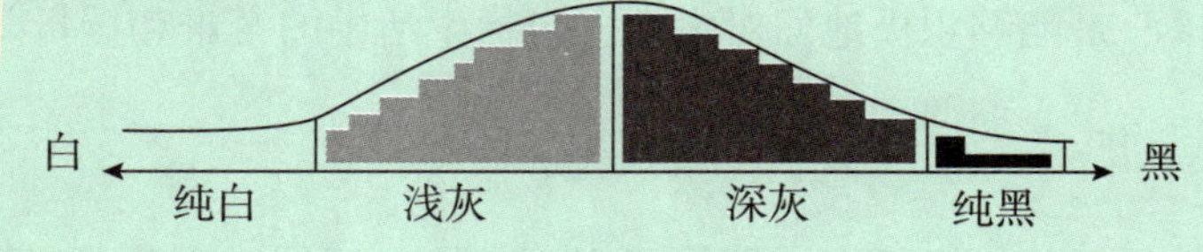


图 1–1　心理健康“灰色带”示意

世界上纯白的——心理完全健康和纯黑的——精神疾病的人极少，事实上很多人都会在生活的某个阶段处在灰色地带。也就是说，人在一生中，生活、工作中的某些事件经常会导致心理出现问题，这是很正常的现象。出现问题如何正确对待、如何调节，使自己从低谷中走出来，才是我们应该思考和学习的方向。

# 任务二　“心”的探秘——大学生的心理健康

当代大学生有当代大学生的观念、情感、追求，也有当代大学生的苦闷和彷徨，他们渴望心理健康，期盼心理健康知识的帮助和导引。因此，把握健康及心理健康的标准，了解当代大学生的心理健康状况，掌握增进心理健康的方法途径，是当代大学生的共同心愿，也是当代大学生成长的必要课题。

## 一、我国大学生心理健康现状

随着我国社会经济发展速度加快，整个社会的利益格局初步形成。急剧的社会变迁和社会问题引发的心理问题也日益增多，心理障碍和精神疾病已经成为现代社会影响人们健康的主要因素之一。近年来，我国教育发展迅速，各类高等学校大规模扩招，大学教育已从精英教育转变为大众教育。大多数青年有机会进入大学学习，大学生不再是“天之骄子”，而是回归平凡，大学生活也不再是梦想之旅，而是更多地承载着理想与现实的冲突。大学校园不再是“象牙塔”、不再是世外桃源，社会问题和矛盾必然会对大学生的精神生活产生冲击，引发各种各样的心理问题。

大学阶段是人生发展的转折期和关键期，大学生作为文化层次较高的年轻群体，富有理想和激情，其性格极具创造性和挑战性，还融合了内心敏感、情绪丰富等特性。但是，他们面对瞬息万变的社会环境、日趋激烈的社会竞争，以及来自学习、专业、就业、经济和情感等诸多方面的压力，往往不知所措，加之人生阅历较少，容易产生各种不良的心理反应而引发心理问题，甚至罹患心理疾病。

对于大学生的心理健康状况近年来有大量的调查研究，结果表明，我国当代大学生的心理健康状况不尽如人意，有相当数量的在校大学生存在不同程度的心理健康问题，有的已经出现了不同程度的心理障碍，如屡见报端的大学生伤害同学案件。此外，近几年我国还发生了多起在校大学生因心理问题而跳楼的事件。当代大学生的心理健康问题引起了社会各界的广泛关注，这不仅对我国高等教育提出了严峻的考验，而且对构建和谐社会产生了严重的不良影响。

当代大学生的心理素质问题不仅影响到他们自身的发展，而且关系到全民族素质的提高。一项关于当代人主要素质的调查表明，一些人不能适应社会进步和发展的需要，其最大的问题是心理素质较差，具体表现为：意志薄弱，缺乏挫折承受能力、适应能力和自立能力，缺乏竞争意识和危机意识，缺乏自信心，依赖性强等。究其原因，与教育不重视人的心理素质的培养与塑造有关。在大学生中，有人因自我否定、自我拒绝而几乎失去从事一切活动的愿望和信心；有人因考试失败或恋爱受挫而产生轻生念头或自毁行为；有人因现实不理想而玩世不恭或万念俱灰；有人因人际关系不和谐而逃避群体、自我封闭。大量调查表明，目前影响我国大学生健康成长的主要原因是心理障碍，精神疾病已成为大学生的主要疾病，具体表现为恐怖、焦虑、强迫、抑郁和情感危机、神经衰弱等。

大学生心理问题概括起来可以分成两大类：一类是成长性心理问题，有心理障碍倾向但并不严重，大学生的心理问题主要表现为此类问题；另一类则是障碍性心理问题，即出现了不同程度的心理障碍。

成长性心理问题主要包括：环境改变与心理适应的问题，学习心理调适不当而出现的心理问题，情绪控制、自我认知、人格发展、意志品质相对较弱而造成的人际交往、恋爱、性心理等方面出现的心理与行为偏差。障碍性心理问题主要包括：严重的心理异常，如精神分裂症、躁狂抑郁性精神病、偏执性精神病、反应性精神病、病态人格和性变态等；轻度的心理异常，如神经衰弱、癔症、焦虑症、强迫症、恐惧症、疑病症、抑郁症等；心身障碍，如与躯体疾病伴发的精神障碍，包括肝、肺、心、肾、血液等内脏疾病，内分泌疾病，周期性精神病等。

## 二、大学生心理健康的影响因素

大学生心理困扰和心理问题是所处的特殊年龄阶段和特殊生活环境以及社会因素相互作用的结果。影响大学生心理健康的因素分为外在因素和内在因素。

### （一）心理健康的外在影响因素

#### 1. 家庭因素

一个人对客观现实的认识往往是从家庭生活、家长的言行举止开始的。现代心理学的研究表明，家庭环境对人的一生发展会产生重大的影响，特别是早年形成的人格结构会在以后的心理发展中打下深深的烙印。父母的期望值对学生的心理健康有很大的影响，当今社会家长望子成龙、盼女成凤的心态普遍存在。为了子女的学业，许多家长省吃俭用、煞费苦心。这样一种来自父母的强烈期望，一方面可以成为大学生们勤奋学习的动力，另一方面也可能成为大学生难以承受的心理负担。家庭经济压力也会影响心理健康，就高校贫困生而言，尽管谁也不愿意被贴上“贫困生”的标签，他们除了参与学业竞争外，还得承受学费和生活开支带来的经济方面的压力，容易导致心理上的不平衡。

#### 2. 学校因素

学习生活环境引起心理不适应。很多人因第一次离开父母而缺乏生活自理能力和过不惯集体生活、孤独寂寞而感到压抑和焦虑。在大学里，竞争的内容不仅局限于学习成绩，眼界学识、文体特长、社交能力、组织才干都成了比较的内容。很多大学生在高中阶段是学校中的佼佼者，带着骄傲和自信进入大学后，发现很多同学比自己优秀，对自己进行整体否定，从而产生心理落差。人际关系的变化也会对大学生的心理健康状态产生影响。来自不同地域的大学生，文化背景、价值观念不尽相同，个性特征、生活习惯更是千差万别，极易产生矛盾和摩擦。很多同学一方面渴望友谊，渴望与每个同学处理好关系、成为朋友，小心翼翼地跟同学相处；另一方面却发现不知为什么总是得不到同学的认可和理解，经常因为宿舍关系、同学关系处理不好而让自己心神不宁、寝食难安，出现不同程度的人际关系焦虑。

#### 3. 社会环境因素

社会环境因素主要包括政治、经济、文化、教育、社会关系等，这些因素使人们的思想、观念、心理、行为发生了一系列变化。深刻的社会变革对大学生的心理产生了强烈的冲击，原有的心理平衡被打破，心理平衡尚未建立，心理上产生了各种矛盾和冲突。当代大学生处在东西方文化交叉、多种价值观冲突的时代，面对不同于以往的文化背景和多种价值选择，学生常常感到茫然、疑虑、混乱。求新求异的心理容易使大学生盲目追求西方的文化，导致大学生陷入混乱、紧张、压抑、空虚的状态，长时间的心理失调必然带来心理上的冲突，出现适应不良的各种反应。大学生处在长知识、长身体的阶段，好奇心强、精力充沛，对业余生活的多样化要求迫切，尤其是网络时代，丰富的网络游戏和网络信息常常强烈地吸引大学生的注意力，这给大学生带来了丰富的信息资源可供学习和参考，但同时也容易产生网络依赖和网络成瘾等问题。

### （二）心理健康的内在影响因素

#### 1. 生理因素

生理因素主要是指生物遗传因素。特别是个体躯体、气质、智力、神经过程的活动特点等，受遗传因素的影响更为明显。除了遗传因素，生理因素还包括病菌或病毒感染、脑外伤或化学中毒以及躯体疾病或生理机能障碍等。例如，严重的躯体疾病或生理机能的障碍是造成心理障碍和精神失常的原因之一。

#### 2. 心理因素

心理因素主要包括认知因素、情绪因素和个性因素等。认知因素主要有感知、注意、记忆、想象、思维、言语等。一旦某一认知因素发展不正常或某几种认知因素之间的关系失调，就会产生认知矛盾和冲突。如果这种需要和动机长时间得不到满足，那么可能就会产生心理偏差或心理障碍。严重的认知失调还会损害人格的完整性和协调性。人的情绪体验是维持身心健康的重要因素。积极稳定的情绪使人心境愉快、精力充沛、身体舒适，而消极情绪往往使人心境压抑、精力涣散、身体衰弱。个性因素包括性格、气质、能力、动机等，是心理活动因素的核心，它对一个人的心理健康影响最大。同样一种生活挫折，对不同个性的人其影响程度完全不同。研究表明，特殊人格特征往往是导致相应精神疾病特别是神经症的发病基础。关于影响心理健康的心理因素在后面的章节会做具体的解释，这里不再赘述。

## 三、大学生心理健康的标准

心理健康对大学生的成长与发展有着重要影响，健康的心理是大学生完成学习和发展任务的基本前提及保证。作为一名当代大学生，又应该具备怎样的心理水平才符合健康心理的表现呢？综合国内外专家学者的观点，根据大学生这一特殊群体的年龄特征，一般认为我国当代大学生心理健康水平可以从以下几个方面进行评估。

### （一）智力正常

智力是人的观察力、记忆力、思维力、想象力与注意力等多种能力的综合。正常的智力是人从事学习、工作、生活等各种社会活动的必要条件，也是反映一个人心理健康的核心标准。智力正常包括两个方面：一是，组成智力的各种要素如观察力、记忆力、思维力、注意力等应该得到均衡发展；二是，一个人的智力发展水平应基本符合其年龄的特征。对于大学生而言，智力正常的关键是：看大学生的智力是否充分地发挥了其效能，是否有强烈的求知欲和浓厚的探索兴趣；智力结构中各要素在其认知活动和实践活动中是否都能积极协调地参与并正常地发挥作用；是否乐于学习，充分体验到学习的乐趣。

### （二）情绪稳定、乐观

情绪健康是大学生心理健康的一个重要指标。大学生的情绪健康表现见图 1–2。如果一个大学生经常“无故寻愁觅恨，有时似傻如狂”，喜怒无常、悲观失望，那他的心理肯定是不健康的。

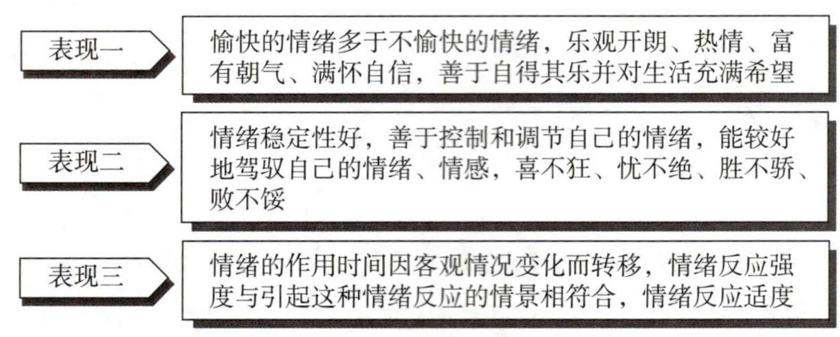


图 1–2　大学生的情绪健康表现

### （三）意志健全

意志是指人在完成一种有目标的活动时进行选择、决定和执行的心理过程。意志健全的人在行动的自觉性、果断性、顽强性和自制力等方面都会表现出较高的水平。意志健全的大学生在生活、学习、工作等各种活动中都有明确的目的性，并能脚踏实地地去实现这些目标；能遵守社会规范，约束自己的行为；在困难和挫折面前冷静、果断，能够采取合理的反应方式解决所遇到的各种困难；能在行动中控制自己的情绪和言行，既不盲目行动、顽固执拗、言行冲动，也不优柔寡断、轻率鲁莽、害怕困难、意志薄弱。如果一个大学生在自然、社会和他人面前总是处于盲目被动状态，或者优柔寡断、缺乏独立意志，随波逐流甚至草率行事，或一遇挫折即放弃目标，无所适从，就是意志不健全的表现。

### （四）人格完整

人格在心理学上是指个体比较稳定的心理特征的总和。人格完整是指有健全统一的人格及个人的所思、所说、所做协调一致，人格构成要素的气质、能力、性格和理想、人生观等各方面平衡发展。大学生人格完整的主要标志见图 1–3。

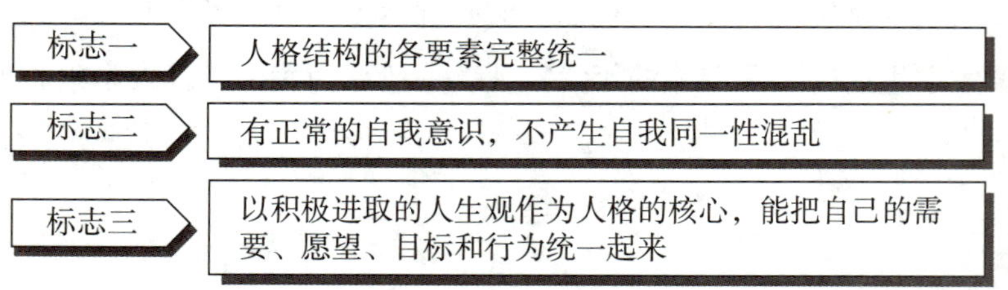


图 1–3　大学生人格完整的主要标志

### （五）人际关系良好

人际关系状况最能体现和反映一个人的心理健康水平。和谐的人际关系既是大学生心理健康不可缺少的条件，也是大学生获得心理健康的重要途径。大学生和谐的人际关系表现为：乐于与他人交往，能认可别人存在的重要性和作用；能以尊重、信任、理解、宽容、友善的态度与人相处，宽以待人、乐于助人，积极的交往态度多于消极的交往态度；能分享、接受、给予爱和友谊，能与集体保持和谐的关系，可与他人同心协力、合作共事；有稳定的人际关系，拥有可信赖的朋友，社会支持系统强而有力。

### （六）自我意识明确，并能悦纳自己

自我意识是个体对自己的认识和评价。心理健康的大学生会对自我有一个适当的了解和恰当的评价，并有愉悦的接纳态度，即知己所长所短，不苛求自己，对自己的优点感到欣慰并产生相应的自尊感，对自己的缺点也不妄自菲薄，自信乐观，愿意扬长避短，开发潜能，即使对自己无法补救的缺陷也能坦然面对。

### （七）良好的环境适应能力

环境适应能力包括正确认识环境及正确处理个人与环境的关系。心理健康的大学生是环境的良好适应者，对所处的环境能够有客观的认识和评价，使自己与社会保持良好的接触；生活理想不脱离现实，能面对现实修正自己的需要和欲望，使自己的思想、行为与社会协调一致；对生活、学习和工作中的各种困难和挑战都能妥善处理。

### （八）心理行为表现符合大学生的年龄特征

人在生命发展的不同阶段均应有相应的心理行为表现。大学生是一个处于特定年龄阶段的社会群体，他们的认识、情感、言行、举止应具有与其年龄和社会角色相适应的心理行为特征，如精力充沛、勤学好问、反应敏捷、喜欢探索等；具备独立的生活能力和独立的思考判断能力；其行为具有理智性和一贯性，能合理地控制自己的情绪。

事实上，心理健康的标准不像生理健康的标准那样具体、精确和绝对，心理健康与否、正常与否的界限是相对的，以上心理健康标准仅仅反映了大学生个体良好地适应社会生活所应有的心理状态的一般要求，而不是最高境界。

心理健康是较长一段时间持续的心理状态，一个人偶尔出现的一些不健康的心理行为并不意味着心理不健康。心理健康状态是不断变化的，既可以从不健康转变为健康，也可以从健康转变为不健康。如何把握大学生心理健康的标准，我们认为应掌握三个方面，即相对性、整体协调性和发展性。大学生在发展中面临许多人生的课题，心理危机与心理困难也都是在发展的大背景下产生的。

## 任务三　“心”的修炼——促进心理健康的方法

大学生应具有良好的心理品质和阳光心态，只要他们树立科学的健康观，学会积极寻求外界帮助，

自觉维护和增进自身的心理健康，就有能力调节和处理成长过程中所遇到的各种压力和问题，成为社会和时代所需要的复合型人才。那么如何积极维护大学生心理健康呢?

## 一、掌握一定的心理卫生知识

心理卫生知识的获取大致有三个渠道，见图 1–4。

|  |  |
|---|---|
| 渠道一 | 阅读相关的书籍、报刊，浏览网络信息等 |
| 渠道二 | 认真学习心理健康教育方面课程，如听讲座、听报告等 |
| 渠道三 | 参加校内外各种心理健康方面的社团及实践活动，如心理沙龙、心理健康主题班会、心理剧表演、心理知识竞赛、“525”大学生心理健康节教育日活动等 |

图 1–4　心理卫生知识获取渠道

李丽佳与戴冰倩是某艺术院校大三的学生，同住一个宿舍。入学不久，两个人便成了形影不离的好朋友。李丽佳活泼开朗，戴冰倩性格内向、沉默寡言。戴冰倩逐渐觉得自己像一只丑小鸭，而李丽佳却像一位美丽的公主，心里很不是滋味。她认为李丽佳处处都比自己强，风头占尽，于是戴冰倩对李丽佳渐渐冷言冷语起来。大学三年级，李丽佳参加了学院组织的服装设计大赛并得了一等奖，戴冰倩得知这一消息先是痛不欲生，而后妒火中烧，趁李丽佳不在宿舍之际将她的参赛作品撕成碎片。李丽佳发现后不知道怎样面对戴冰倩，更想不通为什么她会遭受这样的对待。

李丽佳与戴冰倩从形影不离到反目成仇令人十分惋惜。引起这场悲剧的根源，关键是两个字——嫉妒。

嫉妒是指人们为竞争一定的权益，对幸运者或潜在的幸运者怀有的一种冷漠、贬低、排斥甚至是敌视的心理状态，俗称“红眼病、吃醋、吃不到葡萄说葡萄酸”，等等。嫉妒就内心感受来讲，前期表现为由攀比到失望的压力感，中期表现为由羞愧到屈辱的心理挫折感，后期则表现为由不服不满到怨恨憎恨的发泄行为。

## 二、对自我进行积极调整

### （一）树立正确的人生观与世界观

大学生要摆脱心理上的困惑，就要为自己设定一个远大的目标。当然，目标并非越大越好，如果大到做不到，目标本身就失去了价值和意义。这个目标，既要有能达到的把握又存在适度的风险，既能通过自己的努力得以实现又能在实现后使自己感到满意。

人具有一切动物所没有的“灵魂”，即人独有极其复杂、丰富的主观内心世界，而它的核心部分即是一个人的人生观和世界观。人有了正确的人生观和世界观，就能对社会、人生、世界上的任何事物有正确的认识和了解，并能采取适当的态度和行为反应；就能站得高、看得远，并正确地体察和分析客观事物，做到冷静而稳妥地处理事情；同时也能心胸开阔，保持乐观主义的态度，提高对心理冲突和挫折的耐受能力，从而防止心理障碍问题的发生，保持心理健康。

树立正确的人生观、世界观有利于大学生确定积极的人生目标，而积极的人生目标往往能提高大学生承受压力与挫折的能力，使其保持积极乐观的精神。

### （二）正视现实，适应环境

部分大学生入学后，对新的环境、新的人际关系及与以往学校不同的教学模式、教学风格有诸多不适应，由此产生了困惑，造成了心理失衡，认为现在的环境不如以前的好，进而出现一种莫名的孤独感。这种心理失落所带来的孤独感往往会困扰他们一段时间，心理学上把这一现象叫作“心理回归”。

此时，首先应学会正视现实。大学是一个适应社会的基础阶段，大学生要改变消极的认知态度，尽快适应新的生活方式。其次，应尽快在自己身边找一个好朋友，缩减独处的时间，不要过久地沉浸在自己的孤独之中，要及时排解内心的抑郁，及时和老师、同学沟通，获得他们心理上的理解、支持和帮助。最后，应多参加班级或学校的活动，在活动中建立新的亲密感和安全感。

### （三）建立和谐的人际关系

在一个人的成功中，专业知识占 15%，人际关系占 85%。处理好人际关系也是大学生在校期间必须做的。要想拥有良好的人际关系，也要遵循一定的原则和技巧。

大学生个性较强，与人接触又密切，会不可避免地产生矛盾。这就要求大学生在交往中不要斤斤计较，而要谦让大度、克制忍让，不计较对方的态度、不计较对方的言辞，并勇于承担自己的行为责任。宽容、克制并不是软弱、怯懦的表现，相反，它是有度量的表现，是建立良好人际关系的润滑剂，能够让大学生赢得更多的朋友。

### （四）提高情绪调节能力

大学生正值青春年少，情绪容易受环境的影响，出现负面情绪十分正常。大学生最常见的负面情绪有焦虑、抑郁、愤怒、嫉妒等，学会调节情绪是大学生必须面对的一项任务。

遇到负面情绪时，首先要学会宣泄。当某种情绪积压到一定程度、无法控制住的时候，应该找某种途径把坏情绪宣泄出来，如跑步、爬山或者大声地呐喊。当情绪宣泄完毕后，人就会变得平静下来，只有心静下来了，才能够进行有效的思考，才不容易冲动行事。

其次，应适当转移注意力。当我们需要宣泄情绪的时候，也可以找一些有意义的事情来做，如看书、听音乐、助人为乐等。当人集中做某一件事的时候，情绪是可以有效地进行转移的。而且大学生一般课余时间比较多，学业压力相对较小，不妨利用课余时间多做一些有意义的事情，这样在提高自身能力的同时，还能有效地缓解不良情绪。

最后，寻求心理咨询也是一种明智的选择。跟随心理咨询师梳理情绪的来龙去脉，寻找情绪改变的突破口，根据心理咨询师的建议和帮助，制订控制情绪的计划，循序渐进，对情绪调节具有极大的帮助。

### （五）增强自身的实力及职业规划意识

首先，要构建合理的知识结构。大学生要将已经积累的知识科学地进行重组，将知识结构合理化，以求最大限度地发挥知识的整体效能。其次，要培养社会需要的实践能力。综合能力和知识面是用人单位选择大学生的依据。

当代大学生必须充分认识到职业生涯规划的重要性，提高自己的职业规划意识，同时还要加强职业生涯规划的学习，多与老师、同学交流，提高自己对职业生涯规划的认识和能力。

## 三、寻求心理帮助

当人们在生活中遇到困扰、挫折与打击，感到压抑、焦虑、绝望时，当人们的心理压力过大无法自我调节时，接受心理咨询和心理治疗是最好的选择。

### （一）什么是心理咨询

心理咨询是心理咨询师协助求助者解决各类心理问题的过程。心理咨询的完整概念为：心理咨询师运用心理学的原理和方法帮助求助者发现自身的问题和根源，从而挖掘求助者本身潜在的能力，来改变原有的认知结构和行为模式，以提高对生活的适应性和调节周围环境的能力。

**知识扩展**

**对心理咨询的误解**

（1）心理咨询就是聊天，不如找朋友——咨询不是简单的聊天，而是有技术含量的“聊天”，咨询师的任务不是说服你，而是助人自助。

（2）心理咨询就是浪费时间，没用——所谓磨刀不误砍柴工，有时候打开了心结，做事效率会高很多。

（3）心理脆弱的人才会去心理咨询——求助是强者的行为，成功人士往往都懂得求助。

（4）有问题扛一扛就过去了，不用去心理咨询——关注今天的心理健康就是为明天的健康买保险，不要等到问题很严重了才去解决它。

（5）去找心理咨询师的人都是不正常的人——心理咨询面对的大部分工作对象是正常人，是那些希望获得更多成长或在某方面表现更好的人，这部分工作对象和疾病一点儿关系都没有。

（6）一个人得了心理问题就完蛋了，要躲他远远的——关注他人的心理健康就是为建设和谐生存环境做贡献，对他人伸出援助的手，表示接纳和尊重，就是在为自己的和谐生存环境做贡献。

### （二）心理咨询适应的人群

心理咨询的主要对象可分为两大类：一是正常人群，遇到了与心理有关的现实问题并请求帮助的人群，或者是希望在某一方面做得更好的人群；二是心理问题，但是并非精神异常的人群。

心理咨询最一般、最主要的对象是健康人群，或者是存在心理问题的亚健康人群，而不是人们常认为的“病态人群”。病态人群是指如精神分裂症、抑郁症等患者，是精神科医生的工作对象。

### （三）心理咨询可以解决的问题

健康人群会面对婚姻家庭、择业、亲子关系、子女教育、人际关系、学习、恋爱性心理、自我发展、情绪管理、压力应对等问题，他们会期待作出理想的选择，顺利地度过人生的各个阶段，求得内心平衡，以及自身能力的最大发挥和寻求良好的生活质量。这时他们就可以寻求心理咨询的帮助。

个体遇到的问题分为发展性问题和障碍性问题。

发展性问题是在某一发展阶段遇到的问题，如果不能顺利完成这个发展阶段的任务，就可能会出现问题，这些问题是常人都可能会遇到的。每个人都需要适应发展阶段的任务，增进身心健康、提高生活质量、实现自我价值是心理咨询的宗旨。生涯规划、恋爱关系、新生入学适应、人际关系等，都属于发展性问题。

障碍性问题是人们在生活、学习、工作及各种人际关系中出现的困难和烦恼，心理难以适应，导致较严重的心理障碍问题。

心理咨询主要解决的是发展性问题。心理咨询帮助来访者了解自己处在什么样的发展阶段，需要发展哪些心理品质，以及怎样发展这些心理品质，以便顺利地发展自己，取得更大的成功。重点在帮助来访者更好地认识自己和社会，增强社会适应能力，充分开发潜能，促进人的全面发展、早日成功和成才。

## 四、做自己的心理咨询师

生活中每个人都会遇到一些心理困惑，因此应掌握一些心理调适的方法，帮助自己调出好心情，享受生活的快乐，成为自己的心理咨询师。

### （一）善待自己的心灵

学习一些心理学知识，掌握一些心理调节方法，随时调适自己的心情，善待自己的心灵。

### （二）在困惑中成长

人生永远不可能摆脱压力和困惑，人生之海总是因为有波澜才有气势，生活之路总是因为有艰难的处境和挫折才有动人的故事。当我们经历每一次的困惑和烦恼时，若把它作为个人成长和发展的机会，就会积极面对，找到解决它们的方法，我们就能成长和成熟了。

### （三）换一种思考问题的方式

许多类似的心理困扰都与封闭、简单、绝对化的思维方式有关。如果我们不再固执地坚持自己惯有的思维方式，而采用开放、弹性的思维方式思考问题，也许烦恼就会变成快乐。转换一种思考问题的方式，每一种困惑都可以找到解决的方案。

# 自我测评

## 大学生人格问卷（UPI）

【测试目的】

本调查问卷是为了解并增进你的身心健康而设计的调查。

【测试要求】

请你按照题号顺序阅读（表 1–2），在你最近一年中，常常感觉到、体验到的项目的题号选择“是”，没有感觉过的项目的题号上选择“否”，在空格中打“√”即可。注意只有两种选择。

【测试内容】

表 1–2　大学生人格问卷（UPI）

| 序号 | 题目 | 是 | 否 |
|---|---|---|---|
| 1 | 食欲不振 | | |
| 2 | 恶心、胃口难受、肚子痛 | | |
| 3 | 容易拉肚子或便秘 | | |
| 4 | 关注心悸和脉搏 | | |
| 5 | 身体健康状况良好 | | |
| 6 | 牢骚和不满多 | | |
| 7 | 父母期望过高 | | |
| 8 | 自己的过去和家庭是不幸的 | | |
| 9 | 过于担心将来的事情 | | |
| 10 | 不想见人 | | |
| 11 | 觉得自己不是自己 | | |
| 12 | 缺乏热情和积极性 | | |
| 13 | 悲观 | | |
| 14 | 思想不集中 | | |
| 15 | 情绪起伏过大 | | |
| 16 | 常常失眠 | | |
| 17 | 头痛 | | |
| 18 | 脖子、肩膀酸痛 | | |
| 19 | 胸痛憋闷 | | |
| 20 | 总是朝气蓬勃 | | |
| 21 | 气量小 | | |
| 22 | 爱操心 | | |
| 23 | 焦躁不安 | | |

续表

| 序号 | 题目 | 是 | 否 |
|---|---|---|---|
| 24 | 容易动怒 | | |
| 25 | 想轻生 | | |
| 26 | 对任何事都没兴趣 | | |
| 27 | 记忆力减退 | | |
| 28 | 缺乏耐性 | | |
| 29 | 缺乏决断能力 | | |
| 30 | 过于依赖别人 | | |
| 31 | 为脸红而苦恼 | | |
| 32 | 口吃、声音发颤 | | |
| 33 | 身体忽冷忽热 | | |
| 34 | 常常注意排尿和性器官 | | |
| 35 | 心情开朗 | | |
| 36 | 莫名其妙地不安 | | |
| 37 | 一个人独处时感到不安 | | |
| 38 | 缺乏自信心 | | |
| 39 | 办事畏首畏尾 | | |
| 40 | 容易被人误解 | | |
| 41 | 不相信别人 | | |
| 42 | 过于猜疑 | | |
| 43 | 厌恶交往 | | |
| 44 | 感到自卑 | | |
| 45 | 杞人忧天 | | |
| 46 | 身体倦乏 | | |
| 47 | 一着急就出冷汗 | | |
| 48 | 站起来就头晕 | | |
| 49 | 有过昏迷或惊厥 | | |
| 50 | 人缘好受欢迎 | | |
| 51 | 过于拘泥 | | |
| 52 | 对任何事情不反复确认就不放心 | | |
| 53 | 对脏很在乎 | | |
| 54 | 摆脱不了毫无意义的想法 | | |
| 55 | 觉得自己有怪气味 | | |
| 56 | 别人在自己背后说坏话 | | |
| 57 | 总注意周围的人 | | |
| 58 | 在乎别人的视线 | | |
| 59 | 觉得别人轻视自己 | | |
| 60 | 情绪易被破坏 | | |

续表

| 序号 | 题目 | 是 | 否 |
|---|---|---|---|
| 61 | 你感到自身健康方面有问题吗 | | |
| 62 | 你曾觉得心理卫生方面有问题吗 | | |
| 63 | 你曾接受过心理咨询与治疗吗 | | |
| 64 | 你有健康或心理方面想咨询的问题吗 | | |

**【测试标准】**

## 一、评分标准

UPI 分为两部分：第一部分是 UPI 问卷本身，第 1 ～ 60 题。其中有 4 个测伪题（第 5、20、35、50 题）不计分。除测伪题（第 5、20、35、50 题）以外的其他 56 道题，选择“是”计 1 分，选择“否”计 0 分，并求总和。UPI 总分最高为 56 分，最低为 0 分。第二部分是附加题，第 61 ～ 64 题。主要是了解被测者对自身身心健康状态的总评价以及是否接受过心理咨询的治疗，有什么咨询要求。这部分不用计分。

## 二、UPI 的筛选规则

（一）A 类筛选标准（满足下列条件之一者应归为第一类）

1．UPI 总分在 25 分（包括 25 分）以上者；

2．第 25 题做肯定选择者；

3．辅助题中同时至少有两题做肯定选择者。

（二）B 类筛选标准（满足下列条件之一者应归为第二类）

1．UPI 总分在 20 ～ 25 分（包括 20 分，不包括 25 分）之间者；

2．第 8、16、26 题中有一题做肯定选择者；

3．辅助题中只有一题做肯定选择者。

（三）C 类筛选标准

不属于第一类和第二类者应归为第三类。

## 三、UPI 解释和建议

A、B、C 三类判定主要是根据心理咨询师的经验，下面的特征仅供参考：

A 类：心理异常，明显影响正常生活者。

处理建议：建议进一步预约心理咨询，或转介至当地心理门诊或精神科。

B 类：心理正常，但存在一定程度的心理问题（严重或一般心理问题），如人际关系不协调，新环境不适应等，有一定时间的病程，但心理问题没有充分泛化，仍能够维持正常学习和生活。

处理建议：建议进一步预约心理咨询，直到情况明显好转或消失。

C 类：心理正常。

处理建议：排除 A、B 类可能性后，提醒该类学生在出现心理困扰时可以及时向学院心理健康教育中求助。

## 思政之窗

教育部先后印发《中小学心理健康教育指导纲要》（教基〔2002〕14 号）、《中小学德育工作指南》（教基〔2017〕8 号），教育部党组 2018 年 7 月印发《高等学校学生心理健康教育指导纲要》（教党〔2018〕41 号）等文件，指导各地各校将心理健康教育工作列入工作计划，纳入学校督导评估内容中，加强制度建设、课程建设、心理辅导室建设和心理健康教师队伍建设。国家卫生健康委员会（简称国家卫健委）指导各地深入贯彻落实由 22 个部门共同印发的《关于加强心理健康服务的指导意见》（国卫疾控发〔2016〕77 号），《健康中国行动（2019—2030 年）》《健康中国行动——儿童青少年心理健康行动方案（2019—2022 年）》（国卫疾控发〔2019〕63 号）等文件要求，不断加强儿童青少年心理健康服务，提升大众对青少年心理健康的关注度和识别能力，为促进儿童青少年心理健康工作提供技术支持和保障。

要预防心理疾病，学生一是需要培养良好的品质，提高自身对挫折的认识水平和承受能力，建立科学的世界观和人生观，积极参加各项实践活动，丰富人生阅历；二是，通过对课堂心理健康知识的学习和对课外心理学知识的涉猎，理解基本的心理健康知识，掌握一定的心理调适方法，在遇到各种困惑时，能正确分析产生的原因，用自己所学，进行必要的自我调适，将一些不良的情绪消灭在萌芽状态，维护身心的健康；三是，在出现心理问题而自己又没办法调整过来的时候，应该主动寻求帮助，避免负面情绪的累积和加重；四是，对于患有精神障碍的学生要从思想上正确看待疾病本身，积极主动寻求医生的帮助，坚信疾病能够治愈，提高自己对治疗的依从性，改善治疗的效果。

## 心灵氧吧

### 1. 书籍：《心理学改变生活》（第 9 版）

本书是由伊斯特伍德·阿特沃特、卡伦·达菲著，邹丹，张莹等译，世界图书出版公司 2011 年出版的。本书写给那些有兴趣在生活中应用心理学的知识和原理，更好地认识自己、更好地生活的读者。

心理学看似神秘，实则有迹可循。人作为个体参与社会，从小到大、从恋爱到结婚、从职场到生活，无数磕碰与烦恼，无数自省与调节，都有心理学的踪影。心理学渗透在生活的各个领域，影响和改变着我们的人生。

本书从个人、职场、商场、恋爱、家庭等方面，多角度、多层次地讲解了心理学对生活的巨大影响，结合大量真实心理案例，向读者传授了多种控制负面情绪、走出抑郁生活的实用心理调节技巧，再辅以丰富多样的人格测试和心理测验，帮助读者在轻松阅读中激励心智，增长智慧，让生活变得轻松自如。

### 2. 电影：《美丽心灵》

《美丽心灵》是由朗·霍华德执导，罗素·克劳、艾德·哈里斯、詹妮弗·康纳利、保罗·贝坦尼、亚当·戈德堡、贾德·赫希、乔什·卢卡斯、安东尼·拉普、克里斯托弗·普卢默等主演的剧情片。

故事的原型是数学家小约翰·福布斯·纳什。英俊而又十分古怪的纳什早年就展现出了惊人的数学才能，开始享有国际声誉。但纳什出众的直觉受到了精神分裂症的困扰——原来纳什的挚友查尔斯、查尔斯可爱的小侄女和威廉·帕彻都是纳什的幻觉。在妻子艾丽西亚的支持下，纳什受到了她那坚贞不渝的爱情和忠诚的感动，最终决定与这场被认为是只能好转、无法治愈的疾病作斗争。

处在病魔的重压之下，他仍然被那令人兴奋的数学理论驱使着，他决心寻找自己的恢复常态的方法。通过意志的力量，他接纳他所出现的幻觉，与幻觉共存，他一如既往地继续进行工作，并于1994年获得了诺贝尔奖。与此同时，他在博弈论方面颇具前瞻性的工作成为20世纪最具影响力的理论，而纳什也成了一个不仅拥有美好情感，并具有美丽心灵的人。

# 项目二
# 做最好的自己——健全自我意识

## 学习目标

**★知识目标**

1. 了解自我意识的概念、结构及相关理论。
2. 知道自我意识与心理健康的关系。
3. 熟悉大学生自我意识发展的基本规律。
4. 了解大学生常见的自我意识偏差。
5. 了解大学生健康自我意识培养的途径和方法。

**★能力目标**

1. 能找出自己的自我意识偏差。
2. 能通过自我意识完善的方法健全自我意识。

**★素质目标**

1. 增强自我心理调适能力。
2. 防治心理疾病，维护心理健康。

## 项目概述

人自诩为万物之灵，总想探究宇宙自然的奥妙。然而曾几何时，人类发现“自我”的存在才是谜中之谜。进入大学的学生处于自我意识发展的重要时期，健全的自我意识是大学生心理健康的重要标志。“一个人真正伟大之处，就在于他能够认识自己。”那么，今天的“我”从哪里来？“我”又要到哪里去？现在就让我们走进自我意识，在这个广袤的世界中开启一趟自我发现之旅。

## 情景再现

一名青年向一位禅师求教："大师，有人赞我是天才，将来必有一番作为；也有人骂我是笨蛋，一辈子不会有多大出息。依您看呢？"

"你是如何看待自己的？"禅师反问。

青年摇摇头，一脸茫然。

禅师说："譬如同样一斤米，用不同眼光去看，它的价值也就迥然不同：在炊妇眼中，它不过做两三碗大米饭而已；从农民来看，它最多值 1 元钱罢了；在卖粽子人的眼里，包扎成粽子后，它可以卖出 3 元钱；从制饼干者来看，它能被加工成饼干，卖 5 元钱；在味精厂家眼中，它提炼出味精，卖 8 元钱；从制酒商来看，它能酿成酒，勾兑后，卖 40 元钱。不过，米还是那一斤米。"

禅师顿了顿，接着说："同样一个人，有人将你抬得很高，有人把你贬得很低，其实，你就是你。你究竟有多大出息，取决于你到底怎样看待自己。"

青年豁然开朗。

**【心理课堂】**

认识自己有时候的确比较难，一般来说，周围的人对我们的态度和评价能帮助我们认识自己、了解自己。我们要尊重他人的态度与评价，冷静地分析。对他人的态度与评价我们既不能盲从，也不能忽视。

# 任务一　认识自我——了解自我意识

自我意识的发展是大学生心理健康的基础，在大学生人格形成和人格结构中占有极其重要的地位。大学生只有比较客观准确地认识自我和了解自我，秉持一种接受和开放的态度，才有可能发掘自己的潜能，幸福快乐地生活，才有可能保持心理健康，顺利成长和成才。

## 一、自我意识的概念

自我意识也称自我，是个体意识发展的高级阶段，是对自我身心活动的觉察，即自己对自己的认识。与自我意识相对应，人们对自身以外的世界的认识称为对象意识。

从古希腊哲学开始，人类就把自我意识作为哲学思考及研究的对象，自我意识是哲学的一个重要概念。苏格拉底在普罗泰戈拉"人是万物的尺度"思想的基础上提出了"认识你自己"的命题，这个命题是自我反思意识的提升，突出了人的自我意识价值。亚里士多德认为自我意识是经验和知识的前提。笛卡儿的“我思故我在”是自我意识概念的继承和发展。康德在《纯粹理性批判》中进一步改造了自我意识的概念，他比笛卡儿更清楚自我意识的结构和功能，更强调自我意识的能动性。

弗洛伊德认为自我是根据现实原则调节本我和超我矛盾冲突的人格结构部分，在与由快乐原则支配的本我和由道德原则支配的超我比较中，自我是人类生活选择中居首要地位的人格部分，因此，它的完备与否直接关系到一个人的生活质量和品位。姚本先教授总结了我国心理学界对“自我”的理解，认为“自我意识是指个体对自己的身心状况、自己与周围世界关系的认知、情感以及由此而产生的意向”。

综合国内外专家的观点，现在较普遍的观点为：自我意识是人对自身以及对自己同客观世界的关系的意识，是一种多维度、多层次的心理系统，是人格调控系统的核心。

## 二、自我意识的结构

自我意识的结构主要是指自我意识具有哪些表现形式以及自我意识包括哪些心理成分。从自我意识的表现形式来看，自我意识可以分为自我认知、自我体验和自我调控；从自我意识的心理成分来看，自我意识可以分为生理我、社会我和心理我；从自我观念的角度来看，自我意识可以分为现实我、投射我和理想我。不可否认的是，无论从哪个角度来分析自我意识的结构，都要清楚地认识到自我意识的内部结构是错综复杂的，自我意识本身是一个各种“我”相互用的综合心理系统。

### （一）自我认知、自我体验和自我调控

从意识活动的形式看，自我意识有认知的、情绪的和意志的三种形式或知、情、意三个维度，即自我认知、自我体验和自我调控。

#### 1. 自我认知

自我认知是自我意识的认知成分，它是主体自我对客体自我通过分析、判断、比较等思维活动得到的感知、评价等，既包括对自己的身高、体形、样貌等外形特征的认识，对自己正在进行的记忆、分析、判断等心理活动的认识，还包括对自己的言谈举止、仪态风度等外显行为的认识。自我认知的意识过程可以明确地告诉个体“我是谁”“我是什么样的人”。自我认知包括自我概念、自我感觉、自我观察、自我分析和自我评价等，其中自我概念和自我评价是自我认知最主要的方面，反映了自我认知甚至是自我意识的发展水平。自我认知是自我意识的首要成分，是自我体验的前提，也是自我调控的基础。

#### 2. 自我体验

自我体验属于自我意识的情绪成分，是一个主观的心理过程，是个体在自我认知的基础上对自身产生的一种情绪体验。这种情绪体验既可以是正面的，如自尊、自爱、肯定、接纳、优越感等，也可以是负面的，如自卑、否定、不满意等。如果个体感知的现实自我比理想自我好，就比较容易产生正面的情绪体验；如果个体感知的现实自我没有理想自我好，则容易产生负面的情绪体验。自我体验以情绪体验的形式来表现个体是否悦纳自己，主要涉及“我是否满意自己或悦纳自己”等问题。良好的自我体验有助于个体进行自我调控。

#### 3. 自我调控

自我调控体现的是意志的维度，是指个体对自己的外显行为和心理活动的制止和发动过程，表现为个体对自我的认知、情绪、行为、动机等有一定的控制能力，包括自我监督、自主、自立、自我塑造、自我克制、自我教育等。自我调控能力较强的个体，在做事的过程中更加自制、自律、独立和坚定，往往有详细的计划，不太容易受内在和外界影响；自我调控能力较弱的个体更容易受到内部情绪的阻力和外在因素的诱惑，往往会缺乏主见，遇到困难容易产生退缩和畏难情绪。

综上所述，自我认知是自我体验和自我调控的基础，自我体验强化着自我认知，并决定了自我调控的方向和行动力度，自我调控又对自我认知、自我体验起着调节作用。

### （二）生理我、社会我和心理我

生理我是指个体对自己生理属性的意识，包括个体对自己的身高、容貌、舒适感、病痛感等方面的意识；社会我是指个体对自己的社会属性的意识，包括个体对自己在各种社会关系中的角色、地位、权利、义务、人际距离的意识等；心理我是指个体对自己的心理属性的意识，包括对自己的人格特征、心理状态、心理过程、行为表现等的意识。

自我意识的这三个维度体现了自我意识的发展历程。个体首先是对生理我的认识，然后在社会实践过程中逐渐认识到社会我，最后在生理和心理日渐成熟的时候认识到心理我。

### （三）现实我、投射我和理想我

现实我是个体站在现实的角度所认识到的真实的自我，是对个体的现实状况和实际行为的最真实的反映；投射我是个体想象中的他人眼中的自我，与现实我可能存在差距，但是对于现实我的形成起着非常重要的作用，因为人们总是把他人对自己的看法和评价作为重要参考来形成对自我的认知；理想我是指个体经由理想或为满足内心需要而在意念中建立起来的有关自己的理想化形象，由于人们总是按照理想我来塑造自己，因此理想我往往是现实自我努力的方向。正常情况下，当理想我的形成建立在对现实我有较为客观的认识基础之上时，理想我和现实我就会慢慢协调一致，从而使自我意识得到健康而良好的发展。

总之，自我意识作为一个复杂的、高级的心理系统，无论从哪个角度分析它的结构，都会得出不同的结论。事实上，每一种结构都是一个健全的自我意识必不可少的一部分，这些不同的“我”互相作用、互相平衡、互相联系、互相补充，从而形成一个完整的自我意识体系。

## 三、自我意识的相关理论

自从苏格拉底两千多年前提出了“认识你自己”，人们便开始了对自我不断地探索。真正较为科学、系统地对自我进行研究，却只有近百年的历史。关于自我意识的形成与发展，心理学家们从不同的角度进行了探索。

### （一）弗洛伊德的人格三分结构论

奥地利著名心理学家弗洛伊德在其人格结构理论和人格发展理论中都强调了自我意识的健康发展是

以后心理健康的关键，认为人格由本我（id）、自我（ego）、超我（superego）三部分构成。人出生时有一个本能的我，即本我，它由先天的本能、原始的欲望所组成，处于最底层，只知道满足和释放而不知道约束自己，其遵循的原则只有快乐；它像一个幼儿，容不得紧张、欲望得不到满足，易冲动，无组织，非理性。自我是本我在与现实打交道的过程中分化出来的，因为本我这种原始的快乐欲望，在现实生活中是行不通的，所以经过大脑思考就产生了一种自我的意识，让它来解决本我与现实的矛盾和冲突，这就是自我。自我遵循现实原则来适应环境中的一些条件和限制，是人与外部世界的媒介，是一个人具有的符合现实生活的理智思维。超我是人格中最文明、最有道德的部分，是社会道德的化身，按照道德原则行事。

### （二）詹姆斯的自我理论

著名心理学家威廉·詹姆斯在《心理学原理》一书中首次提出了将自我分为主我（the“I”）与客我（the“me”）两个方面，这是在科学心理学创立之后首次真正地从科学心理学的角度来阐述与研究自我问题。詹姆斯对自我进一步研究，他认为自我的客体是由物质、社会和精神三部分组成的。物质包括个人的身体、衣物、房屋、家庭、财产等；社会是指得到他人的认可，如声誉等；精神包括个人的意识状态、特质、态度、气质等。相应地，他将自我划分为物质自我、社会自我及精神自我。詹姆斯的自我结构理论的提出对后来学者对自我的研究起到了很大的推动作用，奠定了心理学领域对自我研究的基础。即使现在，他的这一理论对自我的研究仍然有着巨大的影响力。

### （三）埃里克森的自我发展理论

埃里克森关于自我的形成与发展的理论，实际上就是他的关于人格的形成与发展的理论。他认为，在人格发展过程中逐渐形成的自我意识在个体与周围环境的交互作用中起着主导和整合的作用。埃里克森认为，个体在成长的过程中通常会体验生物的、生理的、社会的、事件的发展顺序，并按照一定的成熟程度分阶段地向前发展。埃里克森在《童年与社会》一书中将人的发展分为 8 个阶段，各个发展阶段之间既相互依存，又会形成独特的自我特征。在这 8 个阶段中，每一阶段都存在着心理与社会的危机，如果危机顺利解决，则形成这一阶段积极的自我；反之，则形成这一阶段消极的自我。埃里克森的这一理论是以个体成长到某一阶段就会有相应的社会环境及需求与之相适应为前提的，这一点过于理想化。尽管他的理论缺乏严格的论证，但对于青少年自我意识的发展仍然有着深刻的影响。

## 四、自我意识与心理健康的关系

自我意识是人区别于动物的根本所在，也是人的心理、思想具有多样性的原因之一。自我意识不但是人认识客观世界、改造客观世界的前提，而且是一个人能否获得主观幸福感、保证心理健康的关键所在。

### （一）自我意识是心理健康的重要标志

无论是东方还是西方的心理学家，在界定心理健康的标准时都不约而同地将良好的自我认知作为心理健康的重要指标。例如：心理学家马斯洛就把有充分的自我安全感、能充分了解自己和恰当估计自己的能力，作为两条重要的心理健康标准；奥尔波特认为，健全人格应具备的特点包括扩展的自我、自我接纳与安全感；我国学者王登峰博士也把“了解自我、悦纳自我”作为心理健康的首要指标。

完好的自我意识是心理健康的重要标志。大学生只有客观准确地认识和了解自我，并对自己的经验持一种接受和开放的态度，才有可能充分发掘自己的潜能，使自己成才；反之，则会影响到自己的身心健康和个人发展。

### （二）良好的自我形象是成功的基础

自我形象不仅影响人的心理健康，而且影响人的成就水平。正如马斯洛所指出的那样，一个有稳固基础的自我形象是迈向自我实现的先决条件。只有具备良好的自我形象的人，才会有勇气和信心面对一切，不畏困难，实现自己的奋斗目标。反之，对自己信心不足的人即使本身具有极高的素质也会畏缩不前、瞻前顾后，错失大好的机会，最后与成功擦肩而过。

### （三）不良的自我意识会导致心理疾病

在实际生活中，有些人因为错误的自我概念而产生各种各样的心理问题，如自卑、自责等，严重的还会发展成恐惧症、抑郁症等心理疾病。

### （四）影响心理健康的客观因素是通过个体的自我意识而起作用的

影响心理健康的因素是多种多样、非常复杂的，既有生物因素、家庭环境与教养方式、人际关系以及社会区域文化等客观因素的影响，也有气质、性格、情绪等主观因素的影响；既有压力和挫折事件等直接因素的影响，也有对直接因素的不同认知风格和体验的间接因素的影响。身处相同的环境、面对同样的压力和挫折，不同的人有着不同的心理感受，主要是因为影响人的心理健康的客观因素是通过个体的自我意识这一人格调控系统的核心而起作用的。

自我意识越成熟、越完善的人，其自我认知、自我体验和自我控制越能够协调一致。他们对生活中的负性事件的认知比较客观，情绪体验较适度并能积极地进行调节和控制。他们表现出较强的心理承受能力和自我调节能力，因此能够经常保持心理健康。自我意识不成熟或自我意识本身就有障碍的人，由于其对自身都无法正确地认识，也就无法客观地分析、评价生活中的负性事件，要么产生歪曲的认知，要么情绪反应过激，要么缺乏行动的动机，因而他们的心理素质较差，心理健康水平也较低。

## 五、大学生自我意识发展的基本规律

大学阶段是个体自我意识急剧增长、迅速发展和趋于完善的重要时期，该阶段的自我意识发展表现出与其他阶段不同的特征，是自我意识发展较为特殊的一个阶段。大学阶段是自我意识稳步发展的阶段，自我认识、自我体验、自我控制逐渐协调一致。大学生自我意识发展的基本规律表现为分化—矛盾—统一。

### （一）大学生自我意识的分化

大学生自我意识的发展是从明显的自我分化开始的，表现为以往那种笼统的、完整的“我”被打破，出现了两个“我”——主观的“我”和客观的“我”及“理想中的我”和“现实中的我”，其中主观的我处于观察者的角度，而客观的我则处于被观察者的角度。自我意识的分化是自我意识走向成熟的标志，随着自我明显的分化，大学生开始主动、迅速地关注自己的内心世界和行为，对生理自我、心理自我、社会自我每一个细微变化产生新的认识和体验，自我反省能力增强，自我形象的再认识更加丰富、完整和深刻，由此而来的激动、焦虑、喜悦等情绪增加，自我体验更加丰富多彩，自我思考增多，自己应该怎样做、能怎么做、不应该怎么做、不能怎么做等成为经常思考的问题，开始要求有属于自己的一片天空和世界，渴望得到理解和关注。

### （二）大学生自我意识的矛盾

自我意识的分化，使大学生开始注意到自己以往不曾留意的许多方面，同时也意味着自我矛盾冲突的加剧，即主观自我与客观自我、理想自我与现实自我的矛盾冲突的加剧。由自我意识的分化带来的矛盾是大学生自我意识发展过程中的必然现象，虽然它会给大学生带来不安、疑惑与困扰，可能还会影响到他们的心理健康与心理发展，但它更会促使大学生努力解决矛盾，实现自我意识的统一，从而推动自我意识向着成熟发展。自我意识中常见的矛盾主要有以下五种。

#### 1. 主观自我与客观自我的矛盾

一方面，作为同龄人中能够接受高等教育的人，大学生对自我有较高的积极评价，但由于他们远离社会，缺乏社会经验，在校园浓郁的学术与文化氛围中成长，对社会的了解缺乏客观的眼光与切肤的体验。另一方面，随着高等教育大众化进程的推进、适龄青年接受高等教育机会的增加，社会对大学生的评价更趋客观，大学生回归本位，身上光环的消失使他们容易产生失落感。

#### 2. 理想自我与现实自我的矛盾

在现实生活中，理想自我与现实自我总是存在着一定的差距。合理的差距能够使人不断进步、奋发有为，但是，如果差距过大，则有可能引起自我的分裂，导致一系列心理问题。

#### 3. 独立与依附的矛盾

一方面，大学生生理与心理的成熟使他们渴望以独立的个体面对生活、学习与工作中遇到的问题，但由于长期的校园生活使其缺乏社会阅历与经验，当应急事件出现时，他们却又希望亲人、老师和同学能够替自己分忧。另一方面，大学生心理上的独立与经济上的不独立也形成了明显的反差。在他们迫切希望摆脱约束、追求独立的同时，却又不可能真正摆脱家长和老师的支持与帮助。特别是对于某些独生子女来说，由于长期受到父母的宠爱甚至溺爱，独立与依附的矛盾就表现得尤为突出。

#### 4. 渴望交往与心灵闭锁的矛盾

一方面，没有哪个时期比青少年时期更加渴望友情与爱情，更加渴望获得同辈群体的认同。在这个时期，每个人都渴望爱与友谊，渴望交往与分享，渴望自我价值得到实现，渴望探讨人生的真谛、寻找人生的知己，希望成为群体中受尊敬与受欢迎的人；另一方面，大学生的自我表露又受到心灵闭锁的影响，总是不经意地将自己的心思深藏起来，与同学有意无意地保持着一定的距离，存在着戒备心理，不能完全敞开心扉交流和沟通思想。这也是大学生常常感到的大学交往不如高中那么自如真诚的原因所在。

#### 5. 理智与情感的矛盾

大学生情绪的一个显著特点是容易两极分化，或高或低，波动性大，易冲动，不易控制。但随着身心的发展和认知水平的提高，大学生会渐渐成熟起来，在遇到客观问题时，既想满足自己的情绪与情感的需求，又想服从于社会及他人的需求。特别是当遇到失恋等人生打击时，尽管理智上能够理解，感情上却难以接受。

### （三）大学生自我意识的统一

自我意识的矛盾冲突常常会给大学生带来不安或心理痛苦，他们总是力图通过自我探究来摆脱这种不安与痛苦。在自我意识的矛盾冲突中，大学生的自我意识也在不断调整和发展着。在自我意识的不断调整和发展过程中，他们极易寻找新的支点，寻找自我意识的统一点，统合自我意识。自我意识的统一有多种形式，既有积极的、和谐的、有利于心理健康发展的统一，也有消极的、不协调的、不利于心理健康发展的统一。自我意识统一的过程也是自我同一性发展的过程，即主观自我与客观自我的统一，理想自我与现实自我的统一，自我认知、自我体验、自我监控的统一。这种统一是在自我评价、他人评价（包括群体评价和评价他人）的过程中逐步实现的。

#### 1. 积极自我的建立——自我肯定

自我肯定，即对自我的认识比较清晰、客观、全面、深刻。这种积极自我的特点是，在经过痛苦的选择与调整之后，大学生逐渐成长起来，使理想自我与现实自我趋于统一、主观自我与客观自我趋于一致，对自我的认识更加深刻、客观和理性。积极的自我不仅了解自己的长处与优势，也了解自己的不足与劣势，能够分析哪些是通过努力可以达到的，哪些是属于无法企及的，从而进行积极的自我肯定，向着理想自我迈进。

#### 2. 消极自我的建立——自我否定

消极的自我意识分为自我贬损型与自我夸大型两个方面。自我贬损型的人由于总在积累失败与挫折的经历，对现实自我的评价较低，并时常伴有缺乏价值感、自我排斥、自我否定。他们不但不接纳自己，甚至自我拒绝、自我放弃，表现为没有朝气、随波逐流、缺少激情，生活没有目标，其行为结果表现为更加自卑，从而失去进取的动力。自我夸大型的人正好相反，他们对自我的评价非常高，往往脱离客观实际，常常以理想自我代替现实自我，盲目自尊，虚荣心强，心理防御意识强。行为结果要么表现为缺乏理智、情绪冲动，忘记现实自我而沉浸于虚无缥缈的自我设计中；要么自吹自擂、自我陶醉，却不去为实现自我做出努力。自我贬损型与自我夸大型的共同特点是对自我评估不正确、理想自我不健全，缺乏实现理想自我的手段，形成后的自我虚弱且不完整，是一种不健康的自我统合。虽然大学生中这种类型的人较少，但严重者可能会用违反社会规范或以违法犯罪的手段来谋求自我意识的统合。

#### 3. 矛盾自我的建立——自我冲突

自我冲突是难以达到统合的自我意识，表现为自我评价始终在真实自我上下徘徊，自我认知或高或低，自我体验或好或坏，自我控制时强时弱，心理发展极不平衡，有时显得自信而成熟，有时又表现出自卑而不成熟，让人无法评估。

## 互动课堂

完成以下填空，看一看你理想中的自己和现实中的自己是什么样的。

1. 现实的我

我的外貌（身高、体重、体形等）是：

我的性别是：________________

我有以下这些能力：________________

我有以下兴趣爱好：________________

我的性格是：________________

我的人际关系状况是：________________

在群体中我的形象和地位是：________________

2. 理想的我

我希望我的外貌是：________________

我希望我的性别是：________________

我希望我有以下能力：________________

我希望我有以下的兴趣爱好：________________

我希望我的性格是：________________

我希望我的人际关系状况是：________________

我希望我在群体中的形象和地位是：________________

3. 我对自己的情感是（正面还是负面，积极还是消极，满意还是不满意，自豪还是自卑等）：________________

________________

________________

________________

4. 我对自己的行为（能够控制还是无法控制）：________________

5. 我对现实的自己是否能够接纳？________________

我对理想中的自己是否能够悦纳？________________

完成这些填空后你有怎样的感受？现实的你和理想的你差距大吗？这说明什么？对你有怎样的启发？

________________

________________

________________

# 任务二　探索自我——调整自我偏差

自我意识不是生来就有的，而是伴随着人的生理成长和社会化进程而不断展现的。大学生时期正是自我意识发展成熟的关键时期。大学生的自我意识发展过程中经历着分化与矛盾冲突到整合的过程，在这个过程中，有的大学生会因为各种各样的因素而出现发展偏差，常见的大学生自我意识偏差有自尊心过强或低自尊，孤独感和羞怯、虚荣等表现。

## 一、大学生常见的自我意识偏差

### （一）自尊心问题

自尊是一个人对自己的评价。自尊心每个人都有，有的同学受到别人的奚落或者嘲笑的时候会说“伤自尊”，自尊的人总是能够感觉到自信、自重和自豪，低自尊的人则会缺乏自信，不停地进行自我批评，总是觉得焦虑和不愉快。当一个人体验到成功的时候，会感觉到自尊水平上升，有能力、有效率、受人敬仰的人往往有高自尊水平。低自尊的人则对自己不够了解，自尊感对大学生心理发展和成长具有积极的意义。自尊心强的同学为了维护自尊心，以高度的责任感对待学习和工作，严格要求自己，尊重他人，妥善处理人际关系。但是，如果自尊心过强，则会产生以自我为中心的倾向，不能顾及他人。

自尊心由价值观、归属感和控制感三部分构成。当我们出现自尊心过强或低自尊的时候，就要及时调整自己的自尊心水平，正确评价自己，重新回归正确的自我认识。

### （二）孤独感

孤独的人似乎随处可见，每个人也都能体会到孤独感的存在。孤独感或许出现在你遇到困难，想要求助却无人可说的时候；或许出现在翻看通信录，却不知道打电话给谁的时候；也或许出现热闹的同学聚会，看到别人聊得开心，却不知道如何进入他们的话题的时候……孤独感的产生不取决于你是否在人群里，而是取决你是否得到他人思想上的理解和情感上的共鸣。

如何消解孤独？我们似乎都在等待一个朋友走过来，打开我们的心扉，被动等待的过程就像是守株待兔，不如主动走过去，寻找你志同道合的朋友，倾诉自己的心声，他（她）的回应或许能够让你获得心灵的触动，燃起友谊的温暖火苗。

学会与自己相处，也可以消除孤独感。当你一个人的时候，是否懒得出去吃饭，懒得自己一个人逛街，懒得一个人去上课，觉得自己一个人的时候是孤单的、无助的、被世界遗忘和抛弃的。那么不妨换个角度，一个人的时候，学会和自己独处，享受一个人的静谧时光。你可以将注意力投注在身边的事物，也可以享受自己的安然状态，没有人陪的时候，恰恰是我们和自己对话的好时光，因为有了自我，才能感知这个世界，独处的时候，尝试去享受，而不是排斥，或许你会感受到不一样的生活。

### （三）羞怯

羞怯主要表现为不敢在公共场合发表意见，害怕和陌生人说话，路上遇见异性同学可能会手足无措，见到老师会难为情，在和不熟悉的人尤其是异性说话时，感觉自己非常紧张，不知道说什么，手心出汗，心跳加速等。害羞是一个人自我防御过强的结果，害羞的人通常在日常生活中比较胆小和被动，总觉得自己随时都处在众目睽睽之下，过度关注自己，自信不足，时常感到拘束，做事情总是喜欢瞻前顾后，左思右想。

羞怯可能是面对异性的时候一种自然的心理生理反应，会担心自己在他人面前出丑，会担心自己笨嘴拙舌，给人留下不好的印象，克服羞怯的方法有很多种，首先要积极地评价自己，可以适当学习人际交往的技巧，真诚对待他人，寻求他人的支持和理解，寻找适当的场合和机会锻炼自己，逐渐消除羞怯心理。

### （四）虚荣

虚荣经常和自尊、自卑伴随出现。虚荣心强的同学一般情感脆弱，多愁善感，虽然心理上自卑，但是又担心被别人伤到自尊心，总是过分在意别人的评价，与人交往的时候不能真心投入，时常带有防备心。经常故意高估自己的形象，也通过一些手段来让别人高估自己。虚荣心强的人往往捍卫的是一个虚假的、脆弱的、不健康的自我，导致无暇顾及真实的自我。

网络上的一幅图片曾经引发热议，一双布满皱纹和水泥的手，背后的故事是一个农民工父亲每天在工地上打工 14 小时，为自己的孩子在一个大城市首付了一套房子，还要每个月还 2 200 元的贷款；一个女孩子看到宿舍里的同学都有 iPhone，自己也特别想要一个，家境贫寒的父亲为了满足孩子的愿望，拿出了家里所有的积蓄，iPhone 的柜台上，摆满了他带来的钱币，皱皱巴巴的纸币甚至还有一摞摞的硬币……很多普通的家庭在用父母的血汗钱满足一个孩子的虚荣心，所以，正确看待自己，正确看待自己和他人的差距，在自己可以做到的方面，依靠自己的能力去追赶别人，在自己做不到的方面，正确看待，不要为了一时的“面子”，为享受一时的快乐，而让家人背负更沉重的负担。

我们要认清虚荣心的本质，在自我认知与评价的过程中树立自信，建立健康的荣誉之心，不要盲目地接受外界的影响和他人的评价，正确对待个人的得失，不局限于对物质的追求和攀比。

## 二、影响大学生自我意识发展的因素

### （一）情境性因素

#### 1. 学习环境因素

在大学阶段，学生的学习开始由高中的以基础知识和基本技能为主要内容向理论的系统化、专业化、技能化和高级化方向转变，这既是一个学习方式和学习思维转变的过程，又是一个从单一文化知识层面的学习到理论与技能学习并重并且尽可能进行知识复合的过程，同时还是一个由单纯业务学习到丰富自身综合素质与内心世界、陶冶情操、健全人格的过程。这样一个复杂的转变过程，难免会对大学生产生一些心理上的影响。

#### 2. 生活环境因素

进入大学校园，大学生开始了集体生活，由“两耳不闻窗外事，一心只读圣贤书”到自己独立支配生活费及料理自己的生活。陌生的气候以及风土人情等都可能会给每个大学生带来由依赖到独立的过渡期的某些不适，因而大学新生必须自觉地调整自己，主动适应新的生活方式。

#### 3. 社会环境因素

人们常爱把大学生所处的环境称作“象牙塔”，然而它并不是一个封闭的环境。随着信息化社会的发展及通信手段的日益丰富，社会环境的影响无孔不入地渗透进日益开放的大学校园。不断改变的生活方式、不断加快的生活节奏，裹挟着大量的信息扑向大学生，这就迫使他们更加强烈地寻求社会适应，寻找个人与社会的结合点。在这一过程中大学生的心理自然会不同程度地承受一定的压力，不得不反过来更为严格地审视自己。

#### 4. 人际交往因素

大学生对人际交往有着强烈的渴望和要求，希望得到他人的认同和理解。然而，由于受到自尊心等因素的影响，大学生并不能轻易地向别人敞开心扉。同时，大学生往往具有很强的个性，不能轻易接受别人的行为与观点，因此在人际交往过程中容易与他人产生冲突与矛盾，进而影响到其自我观念的形成与发展。

### （二）主观性因素

#### 1. 自我期望值的高低

大学生自我期望值的高低直接影响着其自我塑造的信心与决心。自我期望值高的人，不容易达到自己的目标，易对自己产生失望的情绪，因此倾向于形成较低的自我评价；自我期望值低的人则容易形成较高的自我评价，能够接受自己。

#### 2. 自我评价能力的发展

能不能对自己有一个科学、合理的认识与评价，关系到大学生自我意识能否健康发展。特别是进入大学后，他们自身的优势发生变化，在新的起点应该怎样进行新的开始，也成为大学生意识发展过程中一个新的考验。在实际生活中，大学生很少有意识地进行自我评价，而且在以往的学习和生活过程中他们并没有学习到正确的自我评价的方法，因此大学生本来所具有的自我评价能力就成为制约他们能否进行正确自我评价的关键因素。

## 三、自我意识的调适

自我意识健康的人能保持自我认识、自我体验和自我调控协调一致，正确评价和发展自我，能够协调理想自我和现实自我的关系，又能积极地肯定自我，保持自我和外界的一致性。每个大学生都应该在自我发展的过程中努力完善自我意识。完善自我意识的途径如下：

### （一）全面认识自我，正确评价自我

#### 1. 自我反省

大学生的思维发展到逻辑思维阶段，已经具备独立的思考能力和一定的批判能力，能够通过总结和反思，认识自我以及我与客观世界的关系，大学生还可以在自我反省，分析自己的长处和不足中，了解理想自我和现实自我的差距，通过自我约束、自我激励完成既定目标，最终达到现实自我和理想自我的统一。

#### 2. 积累丰富的社会经验

从社会实践中积累丰富的社会经验，从类型多样的社会实践中认识不同情境中的自我，综合考虑自我的不同方面，同时，通过增加生活阅历，扩展交往空间，体验自信，积累多样的自我评价，对自己的不同方面得以认知。

#### 3. 合理利用他人评价

大学生会在班级、社团、学生组织、社会团体中与他人接触，团体和他人都会给你一个评价，这些评价就像是不同角度放置的镜子，可以照出你的现实表现。他人评价在我们的成长过程中也起着非常重要的作用，认真对待那些对你来说很重要的人的评价，你能获得更加客观的自我认识。大学生要正确对待他人评价，要从他人评价中更进一步认识自我，不要因为别人指出自己的缺点就耿耿于怀，也不能因为一个夸奖就沾沾自喜，要不断地调整自我和完善自我。

#### 4. 觉察和改变自我设置障碍的习惯

你喜欢走路的时候，给自己在前面放一个大的障碍物，然后把自己绊倒吗？答案当然是否定的，你会怀疑："天哪，哪个傻瓜会想要把自己绊倒？"但是，在我们的日常生活中，很多人都会给自己设置障碍，这是为什么？

举个例子，明天你要参加一场关系到未来工作的面试，这份工作对刚毕业的你来说非常重要，它的薪资待遇好，晋升渠道明确，总之公司的各方面条件你都非常中意，唯一一点就是你的这场面试竞争非常激烈，而且你的对手都是在学业背景或者能力方面比你更强的人。我们会考虑，既然竞争如此激烈，我当然要好好准备，争取能够拿下这个职位。但是，有的人在这个时候就会给自己设置一个无法绕开的障碍。九点就要开始面试了，你在自己的床上睁开双眼，赫然发现已经九点十分了，"我睡过了！我竟然错过了如此重要的面试！我究竟做了什么，还没去参加面试就被淘汰了！"为什么会错过面试？因为，我们在重大的压力情境面前给自己设置了一个障碍，这个障碍让我们避开了产生压力的情境。此时，面对失败，我们得出一个结论："哦，我没成功，因为我睡过了。"这个结论要比"哦，我没成功，因为参与这场面试的竞争者都比我强！"更容易被自己接受。我们宁可认为自己是一个心大而错过考试的人，也不愿意认为自己是一个不如别人的人。其实我们在设置障碍的时候，是内心发现一个巨大的压力情境，想要避免失败，避免失败后归因自己是一个"失败的人"，主动为自己设置障碍，从而减少归因于自己"不行"时产生的挫败感和失落感，属于人的自发性的防御机制。但是，这种不成熟的防御机制危害真

的很大，如果这场面试你参加了，或许成功应聘的人是你，而自我设置障碍保护自己的时候其实也放弃了一个重大的挑战机会。

## （二）积极接纳自我，恰当展示自我

积极地接纳自我是人本主义的核心观点，就是要无条件地接受自己的一切，无论是普通的背景还是就读的普通大学，无论是好的还是坏的，成功的还是失败的，都要以平静的心态来接受，理智地对待自己，既不使用虚假的想象来自我欺骗，也不盲目地自怨自艾，应坦然地面对和发展自己。

### 1. 合理比较

每个人都是通过别人来反映自己，将自己和他人进行比较。在比较的过程中找到自己在社会的位置，但是我们想要正确地评价自己，还需要一定的技巧。如果你想积极进取，就找“向上”的榜样，给自己树立一个榜样和目标，寻找自己的短处，努力改进，提升自己；如果你想增强自信心，就要找“向下”目标，和不如自己、境遇比自己差的人比较，这样才能让我们心存感激，珍惜现在所拥有的。合理使用“向上”“向下”比较，不要单向比较，形成正确的自我体验。

### 2. 从成功中体验自信

每次成功带来的喜悦和满足感都会成为继续前进的强大动力，寻找自己的优势参加一些活动，体会成功带给你的愉悦和满足，增强自己的自信心。

## （三）有效调控自我

### 1. 调整自己的期望

自我期望和实际的成就之间的差距会产生成功和失败的体验。当自我期望值小于实际成就时，就会体验到成功的喜悦；但是自我期望值高于实际成就，就会体验到失败。合理的差距应该是自我期望的设置经过艰苦的努力可以达到，体验通过努力获取的成功喜悦。过高的自我期望会造成所有努力都会失败的后果，影响自信心；过低的自我期望则很容易达成目标，不容易有明显的进步。

### 2. 重视行动过程

所有的巨大成功都是由一步步小的行动积累而来的。哲学上讲究量变达到质变的过程，其中就是行动的作用。“不积跬步，无以至千里”，行动就是一步一步从目标走向成功，大学生要积极运用自我激励、自我约束、自我体验等方式帮助自己实现理想抱负。

### 3. 培养健全的意志品质

意志品质健全的人能够有效管理自我，实现理想自我，一方面可以坚定地为自己的目标努力，另一方面能够排除可能阻碍目标实现的行动。大学阶段是自我意识发展的重要阶段，塑造健全自我意识就要正确地认识自我，积极悦纳自我，努力完善自我，最终超越自我，实现自我价值。

### 4. 盲目心理和消极懒惰

大学生还有一种常见的心理偏差就是对自我缺乏正确的评价，导致盲目心理。这类学生进入大学校园后，对什么都感兴趣，什么都想学，什么都想去尝试，结果往往导致学习成绩或工作效率受到影响，本来想“面面俱到”，却成了“面面不到”。

消极懒惰混日子是另一种缺乏目标意识、不能形成积极的理想自我的心态。有的大学生认为寒窗十余载，到了大学可以轻松自在了，对学习不感兴趣，自我发展目标不明确，很少对个人发展、个人和社会的关系进行主动积极的自我探索，不能主动把自我的命运与集体和国家民族的命运结合起来。他们或者无所事事、虚度光阴，或者沉溺于游戏、玩乐之中，丝毫体现不出年轻人蓬勃的朝气与振奋的精神。

#### 5. 任性与逆反

当代大学生，大多数是独生子女，加上“大学生”这个头衔的光环，使得他们往往集家长的溺爱、老师的宠爱和社会的关爱于一身，在顺境中长大，缺乏挫折的磨炼，极易养成任性孤傲的性格，往往想问题和做事都从“我”出发，不能进行客观的思考和分析，人际关系不易达到和谐。

逆反则是大学生在摆脱依赖、走向独立的过程中，有时矫枉过正，表现出过分的独立意向，导致产生逆反心理，对正面教育和宣传表现出一种怀疑、不认同的态度，对社会、人生和个人前途显出玩世不恭的态度，常表现出有意违拗的行为和放任不羁的倾向，消极作用很大。

## 任务三　控制自我——完善自我意识

大学时期是建立自我意识的重要时期，大学生应该更关注自己的内心世界，并努力培养正确的自我认识、自我评价和自我调控。

### 一、健康自我意识的标准

健康的自我意识是个体健康成长、全面发展、走向成功的必备要素。把握健康自我意识的标准，培养健康的自我意识对大学生来说十分重要。

通常衡量自我意识的标准有以下几点：

（1）自我意识健康的人，应该是一个有自知之明的人，既知道自己的优势，也知道自己的劣势，能正确评价和发展自我。

（2）自我意识健康的人，应该是自我认识、自我体验和自我控制协调一致的人。

（3）自我意识健康的人，应该是积极自我肯定的、独立的并与外界保持协调一致的人。

（4）自我意识健康的人，应该是理想自我与现实自我统一的人，有积极的目标意识和内省意识，积极进取，永无止境。

## 心理剧场

小唐的父母是大学教师，对他一直疼爱有加。他一直快乐地成长着，从小学开始就在市里的重点学校学习，直至考上大学。然而，由于高考的失误，他虽然进入了大学，却不是梦想中的学校。在接到录取通知书的那一刻，他很绝望，甚至不和其他同学联系，害怕听到同学到名牌大学读书的消息，担心自己的失败成为同学的笑料。当九月明媚的阳光照在开心的大学新生脸上时，他却丝毫也高兴不起来。虽然他进入了大学学习，但心中的结并没有解开。由于盲目确信自己的高考成绩超出其他同学 80 分，完全有能力胜任大学的学习，因此他学习没有了动力，生活没有了目标，如大海上漂浮的小舟，完全失去了原来的方向，在茫然徘徊中迎来了期末考试，结果考试成绩不及格。但他并没有认真反思自己，而是将这一切归咎于没有考取理想的大学，归咎于命运的不公平。第二学期，百无聊赖的他又在网上找到了久违的自信与上进心，开始彻夜上网聊天、打游戏，在游戏中体验虚拟世界的成功。可想而知，第二学期他的 5 门功课同时亮起了“红灯”。

此时，学校向他发出了退学的指令。小唐追悔不已，第一次深深自责。直到此刻，他才发现大学的灯光是那么明亮，校园是那么美丽，而大学生活是如此让人难以割舍……

大学阶段是自我意识迅速发展的阶段，也是自我意识确立的关键时期。在这个时期，自我意识趋于稳定、全面、丰富和深刻。但同时由于大学生生活阅历的局限，在发展自我意识的过程中难免有许多矛盾和冲突，这些矛盾和冲突会影响到大学生的心理健康、学业发展以及人际关系等。案例中的小唐正是不能正确处理现实自我与理想自我之间的矛盾，不能采取适当的方法调节自己，导致悲剧的发生。因此，大学生应该培养健康的自我意识，积极悦纳自我，有效地提升和完善自我。

## 二、大学生健康自我意识培养的途径和方法

自我意识作为人的心理调控系统，构成了人格的核心，对大学生的成长和发展起着重要的作用。从某种意义上说，一个大学生有什么样的自我意识，他的人格就会向什么方向发展，他的生活情态和人生成败将被打上深刻的人格烙印。从自我认识来说，当一个大学生自认为是个正直的人时，他在生活中就会坚持真理，维护正义，见义勇为，而不去做那些他认为不正直的事。从自我体验来说，当一个大学生见到别人的不幸就感同身受般地觉得痛苦时，他就会情不自禁地去帮助别人，而不会视若无睹、无动于衷。从自我实现的意向来说，当一个大学生立志要做一个对社会、对国家有贡献的人时，他就会勤勤恳恳地为人民服务，而不会见利忘义，去做违背祖国和人民利益的事情。

反之，如果大学生的自我意识是另外一种情况：他认为自己是一个对社会不能有所作为的人，体验到的是一种自卑的情绪，只想找个谋生的职业平庸地度过一生，那么，他的整个人格显然就会向另一种方向发展。

要培养大学生健康的自我意识，应从以下三个方面入手。

### （一）教育

人是教育的产物，教育是加速人社会化进程的最佳途径。一个人自我意识水平的提高和完善从本质上来说就是其接受社会影响并将这种影响与自己合而为一的过程。因此，在这个过程中一个人所受到的社会影响的内容、方式等都会直接影响到其自我意识是否可以顺利完成统一。对于大学生来说，接受高等教育的机会为其自我意识的培养和完善提供了最好的契机。从培养和完善自我意识的角度来说，教育需要达到两个目的：一是建立自我导向系统；二是建立自我调节系统。

#### 1. 建立良好的自我意识发展导向系统

从当代大学生自我意识发展的规律入手，教育和引导当代大学生树立正确的人生价值观，帮助大学生建立良好的自我意识导向系统。

教育实践证明：对教育效果起决定作用的环节，是被教育者根据自己的需要有选择地接受社会道德规范、价值观念等要求，使之“内化”为自己的思想品德意识，再“外化”为自己的道德行为。这种“内化”和“外化”作用是任何他人都无法替代的心理过程。一方面，在价值观教育中可充分利用大学生自我意识分化、矛盾的积极因素，并排除其消极方面，以促进大学生自我心理的调节；另一方面，可使其矛盾中的“理想的自我”和“现实的自我”逐步走向统一，达到自我教育的最高境界，为其自我意识的完善奠定良好的基础。在对大学生进行正确人生观和价值观的教育中，除正确认识集体主义和个人主义、划清正当的个人利益与个人主义的界限、摆正金钱在人生追求中的位置外，重点应从有志者应追求最大限度地实现自己的人生价值入手进行积极引导。应当引导学生明确，一个不甘碌碌无为的有志者，要想最大限度地实现自己的人生价值，就要做到，当现实由不得自己“自由选择”时，无论在什么地方、什么岗位上都能够认真地做好每一件该做的事情，发挥应有的作用。这是实现自我价值最基本的途径。

由于大学生的自我意识中有明确的自我观念，其独立意识及观察、分析、解决问题的能力也已有了较高程度的发展，他们愿意用自己的眼光去看社会并解释问题，不愿受他人的干涉。由于大学生的自我评价趋于成熟，并意识到自己应该承担一定的社会义务和责任，应将所学的知识贡献给社会，他们便通过各种手段观察和分析自己，评价自己的才能、品格以及自己在社会中的价值，最后将评价结果主动付诸行动，从而产生出一种拼搏的力量，并为其自我意识的最终完善作出明确的导向。

#### 2. 构建良好的自我调节系统

学校应根据大学生自我意识发展趋于成熟和大学生自我认识水平显著提高的特点，从大学生的自我认识特征入手，进行行之有效的自我意识培养。

（1）培养学生带头人，提高大学生的自我约束意识。大学的辅导员队伍虽然年纪轻、学历层次高、思想素质过硬，但每个年级通常只设一位辅导员，学生多，老师管理难度大，再加上学生刚来到大学校园后常有松口气的思想，出现了学习积极性淡薄、纪律松弛等现象，在这种情况下，学校要培养高素质的创新人才，应在学生管理上转变观念，由老师管理向学生自我管理转化，即使学生从他律向自律转化，使学生从自我约束行为向自觉行动转化，学会自我管理、自我约束、自我服务、自我提高。这是“三育人”理念的理论根源，也是“三育人”思想的教育要求。

（2）在培养学生带头人的同时，培养一般学生的民主监督意识。一方面积极配合学生干部的管理；另一方面强化学生的自我民主管理，让学生在学会慎独的同时学会合作和管理，使其在参与班级集体活动的过程中用实践来促进自我意识的强化和成熟。

（3）通过人际交往和交流的方式，培养大学生良好的自我意识。学校应根据大学生自我评价和他人评价基本一致的特点强化大学生的合作意识，使其在合作中观照自我、认识自我，培养良好的自我意识。

针对大学生自我意识中存在的情绪与理智、幻想与现实、强烈的青春意识与社会规范的矛盾，大学老师要做学生的贴心人、知心人，培养创新人才，提高大学生自我管理意识，使素质教育健康推进。

为了不断提高大学生的素质、能力，各高校还应开展丰富多彩的校园活动，根据大学生的兴趣和爱好，培养大学生的特长，创造一种和谐奋进的群体生活，如成立书画协会、科普协会、史学社、文学社、理论研讨社等各类大学生自己组织、自己管理的学生社团，为大学生提升自己提供舞台空间。此外，还可以通过精心设计各种形式的演讲比赛、主题班会、学习经验交流会、大学生辩论会、老教师报告会、普通话大赛和卡拉 OK 比赛等，培养大学生的创新思维和实践精神，给大学生创设自由宽松的环境，使他们在自由的天地里自我发展、自我提高。有些学校通过举办一年一度的校园文化活动，涌现出了一大批学有专长、具有奉献精神的大学生，他们是大学生中的优秀代表，他们以自己的行动和创造精神影响和带动了一批大学生积极进取、不甘沉沦。一些班级、寝室通过办专栏、手抄报，组织学生参加通讯报道等活动，激发了学生的积极性，开发了学生的思维潜能和创新精神，锻炼了学生的实践能力，真正使大学生在知识和实践的沃土中茁壮成长。

大学生阅历浅，明辨是非的能力差，容易产生各种思想问题和心理问题。要想及时掌握大学生中的新情况、新问题、新苗头，就要与他们进行心灵上的沟通，对其不良情绪进行及时的疏导。各高校应根据大学生的需要，成立心理健康教育中心，设立心理咨询室，鼓励大学生学会向老师和同学倾诉，从而及时有效地缓解心理压力，消除心理困惑。通过开展多种形式的个体或团体辅导活动，增强大学生的心理承受能力，提高他们的综合心理素质。

同时，教师要学会用自己的人格魅力去教育学生。教育是人格培养人格的过程，是灵魂塑造灵魂的过程。一个有人格魅力的教师对学生来说是最大的财富，他会让学生知道真实而不会趋向谬误，知道什么是正确的追求而不迷失方向，知道奋斗不息而不懈怠自满。因此，教师应该主动培养和塑造自己的人格，用自己良好的人格魅力去创造“润物细无声”的教育效果。

（4）通过疏导的方式，使大学生的自我意识获得发展。随着知识经济时代的到来、网络技术的发展，人类进入了信息社会，人们的生活实现了高度的现代化，与此同时社会也充满着残酷的竞争。人们将直面一个梦想与艰难、挑战与希望、希望与绝望、快乐与痛苦、幸福与苦难并存的多元化选择的时代，也是“人为什么活着”与“人怎样活得更好”两种价值取向与观念激烈冲突与裂变的时代。于是，各种心理问题应运而生，并且伴随着时代的前进而不断产生新的变种，从而影响着人们的健康成长。与社会的适应性矛盾的冲突，使大学生的自我意识表现出独特的心理特征，见图 2-1。

当代大学生容易接受新事物，解决新问题，但是他们解决问题的能力相对较差，因此，教师的引导非常关键。习近平同志指出“高校思想政治工作，要因事而化、因时而进、因势而新”，所以，及时调整工作思路，作出应对之策。

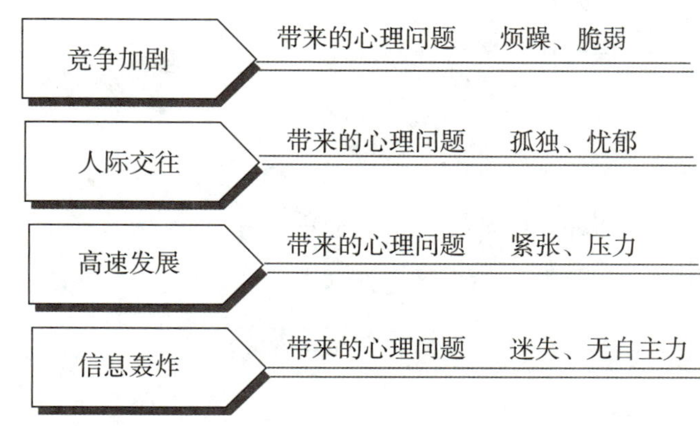


图 2-1　大学生独特的心理特征

必须强化大学生的国际竞争意识，使其认清复杂多变的国际形势，主动迎接国际竞争的挑战；必须树立竞争意识，认清竞争是社会发展的必然趋势。当代大学生必须善于学习，勤于学习，掌握科学学习的方法，安排好学习的内容和时间，不断地学习当代最先进的科学文化知识，为祖国复兴而奋斗。

教师职业的竞争日趋激烈，从小学到大学的老师，逐步实行了聘任制，给大学生自我竞争意识薄弱敲响了警钟。用身边老师的知难而进、勇于创新的精神启发大学生，用老师的示范性鼓舞大学生，能够对大学生的思想产生潜移默化的影响。管理人员的勤恳工作、表现出的奉献和敬业精神，也能对大学生的学习产生很大的推动作用，促进校园学风的形成。

大学生的就业竞争表现得越来越激烈。因为高校的办学、招生、培养、就业，已由计划转到市场，由原来的分配工作转到自谋职业或竞争上岗。只有成为复合型或一专多能的高素质创新人才，才能受到社会的欢迎。只有人才形成合理的流动，大学生才能找到自己的位置。大学生走向社会后要想永远在竞争中立于不败之地，必须培养独立思考的能力和实践能力，不断地探求新知，以求持续发展。持续发展是一种新的价值观和发展观，已普遍为人们所接受。大学生要想实现自身的持续发展，就必须树立终身学习的思想，把当前的学习与未来的发展结合起来设计自己的未来；还必须和老师一起，学习专业最前沿的知识，使自己的知识面加宽、加深。大学生研究探索攻关课题，写科研论文，培养创新能力和创新思想及创新精神，既会使自己终身受益，也会对社会做出重大贡献。大学生通过分析形势，既能增强竞争意识，又能调动学习的积极性，形成创新学习的氛围。

## 知识扩展

### 做最好的自己

（美）道格拉斯·马拉赫

张丽　译

假如无法成为山顶的青松，
就在山谷里做棵小树，
但要做小溪边最好的那棵小树。

假如无法做一棵小树，

那就做一丛灌木；
假如无法成为一丛灌木，
做一片小草地也足够欢喜。

假如无法成为一条大梭鱼，
那就做一条小鲈鱼，
但要做湖里最欢快的鲈鱼。

不可能人人都是船长，
也得有人做船员。

有很多事情等着我们，
有大事要做，有小事要做，
最重要的是你身边的事。

假如无法成为公路，
那就做一条小径；
假如无法成为太阳，
那就做一颗星星。

赢还是输并不取决于你的大小，
而取决于能否做一个最好的你。

### （二）环境

环境是一个人成长的空间载体，我们不赞成环境决定论，但是环境在一定意义上甚至很大程度上影响和决定着个人的成长和发展。大学生所处的环境从空间范围上来划分，可以分为宏观环境和微观环境，健康自我意识的培养离不开这两个环境。

从宏观环境的角度来说，需要营造一个良好的有利于个人成长成才的社会氛围。从这点看，我们欣喜地看到，党和国家、社会正在努力为青年人的发展创造越来越优越的条件。从科教兴国战略到人才强国战略，从党的十八大到党的十九大，无一不把人才发展和培养战略放在非常重要的高度来认识和加强。整个社会尊重知识、尊重人才的氛围越来越浓，为大学生的成长和成才创造了令人鼓舞的社会环境。大学生应该清醒地认识到这样的环境对自己的作用，充分把握社会业已出现或者潜在的各种机会和机遇，把自己的理想和社会发展趋势相结合，正确处理个人与社会的关系，学会与环境共处，在澎湃的社会发展潮流中绽放青春的风采，书写人生华丽的篇章。

从微观环境的角度来说，大学生需要重视自己的家庭环境、学校环境、班级环境、寝室氛围、朋辈群体氛围等与自己生活、成长密切联系的环境和氛围，能正确认识和面对复杂多变的微观环境，用理性的姿态去审视微观环境中的优劣得失，充分把握环境氛围对自己的影响度，尽力化消极为积极、转不利为有利，在变化的环境氛围中不断实现自我完善、自我成长，学会与自己共处，既不强求自己十全十美，又不甘落后，勇于进取；既不沉迷空想，又能根据实际自我规划，利用环境中的各类因素实现自我的飞跃。

### （三）修养

自我意识的成长与完善是在一个变化的过程中实现的，它既培养人的修养，又受个体修养水平的限制。加强自身修养是培养健康自我意识的最直接和最有效的途径。下面从自查、自警方面来谈谈通过加强自身修养来培养自我意识的问题。

自查就是自我检查，即通过自我检查来综合认识自我。具体来说，就是认识生理自我、社会自我和心理自我的状态及其相互关系。从当代大学生的年龄段和所处的社会状况来看，生理上的健康状态和功能上的协调基本没有问题，加上大学生自我意识的内隐性特征，决定了大学生关注的重点不是在自身健康上，而是在社会自我和心理自我上。他们关注社会状态对其自身发展的影响，关注自身心理品质及道德水平是否适应社会发展需要。通过一系列的综合评估检查，大学生会更加客观地认识自我。客观而又正确地认清自我是重塑完美自我的前提。因此，自查会培养大学生良好的自我概念，使得其自我意识水平大大提高。

自警就是自我警告、自我鞭策。在正确认识自我的基础上，大学生应该清晰地认识到自己的弱点和不足，当客观环境或者生活事件刺激了这些弱点和不足的时候，能够控制自己的情绪，能够及时警告自己不做出冲动行为，将自己的言行举止控制在正常范围内。这就是自我意识中自我控制环节的意志力量的魅力所在。

通过自我检查正确认识自我，通过自我警告鞭策自我，这些环节的长期坚持、反复锻炼，必然能够大大提高大学生的自我意识水平，帮助他们从内心深处培养出健康的自我意识。

## 自我测评

### 自我和谐量测试

**【测试目的】**

“自我与经验的不和谐”反映的是自我与经验之间的关系，包含了对能力和情感的自我评价、自我一致性、无助感等。它所产生的症状更多地反映了对经验的不合理期望。“自我的灵活性”与敌对和恐怖的相关性显著，可以反映自我概念的刻板与僵化。“自我的刻板性”不仅同质性信度较低，而且与偏执显著相关，使用仍在探索中。

【测试要求】

自我和谐量表表 2–1 是一些有关个人对自己的看法的陈述。选择时，请你看清楚每一句话的意思，然后圈选一个数字以表示这句话与你现在对自己的看法的符合程度（1 表示完全不符合，2 表示部分不符合，3 表示不确定，4 表示部分符合，5 表示完全符合）。每个人对自己的看法都有不同，因而没有对错可言，请如实回答。

【测试内容】

表 2–1 自我和谐量表

| 序号 | 问题陈述 | 选择 | | | | |
|---|---|---|---|---|---|---|
| 1 | 我周围的人往往觉得我对自己的看法有些矛盾 | 1 | 2 | 3 | 4 | 5 |
| 2 | 有时我会对自己在某些方面的表现不满意 | 1 | 2 | 3 | 4 | 5 |
| 3 | 每当遇到困难，我总是先分析造成困难的原因 | 1 | 2 | 3 | 4 | 5 |
| 4 | 我很难恰当地表达我对别人的情感反应 | 1 | 2 | 3 | 4 | 5 |
| 5 | 我对很多事情都有自己的观点，但并不要求别人也和我一样 | 1 | 2 | 3 | 4 | 5 |
| 6 | 我一旦形成对事物的看法就不会再改变 | 1 | 2 | 3 | 4 | 5 |
| 7 | 我经常对自己的行为不满意 | 1 | 2 | 3 | 4 | 5 |
| 8 | 尽管有些时候得做一些不愿意的事，但我基本上是按自己愿望办事的 | 1 | 2 | 3 | 4 | 5 |
| 9 | 一件事好就是好，不好就是不好，没什么可以含糊的 | 1 | 2 | 3 | 4 | 5 |
| 10 | 如果我在某件事上不顺利，我就往往会怀疑自己的能力 | 1 | 2 | 3 | 4 | 5 |
| 11 | 我至少有几个知心的朋友 | 1 | 2 | 3 | 4 | 5 |
| 12 | 我觉得我所做的很多事情是不应该的 | 1 | 2 | 3 | 4 | 5 |
| 13 | 不论别人怎么说，我的观点决不改变 | 1 | 2 | 3 | 4 | 5 |
| 14 | 别人常常误解我对他们的好恶 | 1 | 2 | 3 | 4 | 5 |
| 15 | 很多情况下我不得不对自己的能力表示怀疑 | 1 | 2 | 3 | 4 | 5 |
| 16 | 我的朋友中有与我截然不同的人，但这并不影响我们的友谊 | 1 | 2 | 3 | 4 | 5 |
| 17 | 与别人交往过多，容易暴露自己的隐私 | 1 | 2 | 3 | 4 | 5 |
| 18 | 我很了解自己对周围人的情感 | 1 | 2 | 3 | 4 | 5 |
| 19 | 我觉得自己目前的处境与我的要求相距甚远 | 1 | 2 | 3 | 4 | 5 |
| 20 | 我很少去想自己所做的事是否应该 | 1 | 2 | 3 | 4 | 5 |
| 21 | 我所遇到的很多问题都无法自己解决 | 1 | 2 | 3 | 4 | 5 |
| 22 | 我很清楚自己是什么样的人 | 1 | 2 | 3 | 4 | 5 |
| 23 | 我能够很自如地表达我想要表达的意思 | 1 | 2 | 3 | 4 | 5 |
| 24 | 有了足够的证据，我也可以改变自己的观点 | 1 | 2 | 3 | 4 | 5 |
| 25 | 我很少考虑自己是什么样的人 | 1 | 2 | 3 | 4 | 5 |
| 26 | 把心里话告诉别人不仅得不到帮助，还可能招致麻烦 | 1 | 2 | 3 | 4 | 5 |
| 27 | 在遇到问题时，我觉得别人总离我很远 | 1 | 2 | 3 | 4 | 5 |
| 28 | 我觉得自己很难发挥出应有的水平 | 1 | 2 | 3 | 4 | 5 |
| 29 | 我很担心自己的所作所为会引起周围人的误解 | 1 | 2 | 3 | 4 | 5 |
| 30 | 如果我发现自己在某方面表现不佳，总希望尽快弥补 | 1 | 2 | 3 | 4 | 5 |

续表

| 序号 | 问题陈述 | 选择 | | | | |
|---|---|---|---|---|---|---|
| 31 | 每个人都在忙自己的事情，很难与他们沟通 | 1 | 2 | 3 | 4 | 5 |
| 32 | 我认为能力再强的人也会遇到难题 | 1 | 2 | 3 | 4 | 5 |
| 33 | 我经常感觉到自己是孤立无援的 | 1 | 2 | 3 | 4 | 5 |
| 34 | 一旦遇到麻烦，无论怎样做都无济于事 | 1 | 2 | 3 | 4 | 5 |
| 35 | 我总能清楚了解自己的感受 | 1 | 2 | 3 | 4 | 5 |

**注意事项**

1. 目前主要的常模来自大学生和军事飞行员样本，在应用于其他样本的时候还应该进一步地标准化。

2. 自我和谐量表仅能够解释身心症状的一部分方差（10%～20%），因此用于身心疾病的评估还应与其他量表结合。

【测试标准】

各分量表的得分为其所包含的项目分直接相加。三个分量表及其所包含的项目和题号如表 2-2 所示。

表 2-2 三个分量表及其所包含的项目和题号

| 因子 | 题号 | 自测分数 |
|---|---|---|
| 自我与经验的不和谐 | 1、4、7、10、12、14、15、17、19、21、23、27、28、29、31、33，共 16 项 | |
| 自我的灵活性 | 2、3、5、8、11、16、18、22、24、30、32、35，共 12 项 | |
| 自我的刻板性 | 6、9、13、20、25、26、34，共 7 项 | |

此外，还可以计算总分，方法是将“自我的灵活性”反向计分，再与其他两个分量表得分相加。得分越高，表明自我和谐程度越高。在大学生中，低于 74 分为低分组，75～102 分为中间组，103 分以上为高分组。

## 思政之窗

为深入开展党史学习教育，切实将“我为群众办实事”活动落到实处，某武术学院邀请心理学专业教师，为民族传统体育专业学生做了题为《塑造健康魅力人格》的大学生心理健康教育讲座。

讲座中老师从大学生自我意识、大学生情绪管理、大学生人际交往、大学生爱情心理、大学生学习心理、互联网与大学生心理健康、大学生常见异常心理、大学生幸福心理等方面给学生做了一场生动有意义的心理健康知识讲座。通过经典案例的借鉴思考，让学生对心理健康的重要性、紧迫性有了更深刻的认识。

通过本次心理健康教育讲座，使学生更深地了解了心理健康教育的价值和意义，进一步掌握了在日常学习生活中维护心理健康的方法和自我调适的策略。通过培训学习帮助大学生正确认识、评价、控制自我，积极调节个人的心理状况，促进心理健康，增强适应时代、社会发展和变化的能力。

通过心理健康培训学习进一步引导大学生熟悉、把握健康心理的标准，正确认识自我心理发展的现状及存在的问题，并自觉进行调整，从而更好地适应社会的发展、变化，并以积极、乐观、自信、创新、宽容、向善的心态投入学习、工作、生活中；进一步引导大学生学会从交往对象的言行正确把握交往对象的心理，并从把握自我的心理期求中理解、尊重和保护对方的心理期求，以培养创造团结、友善、积极向上的人际交往氛围的能力。

## 心灵氧吧

### 1. 书籍：《人性的优点》

《人性的优点》是2010年4月中国友谊出版公司出版的图书，作者戴尔·卡耐基。此书汇集了卡耐基的思想精华和经典励志内容。

本书问世于1948年，是卡耐基成人教育班的三种主要教材之一，这是一本关于人如何征服“忧虑”的书，它的唯一目的就是帮助人们解决所面临的最大问题：如何在日常生活、商务活动及社会交往中与人打交道，并有效地影响他人；如何击败人类的生存之敌——忧虑，以创造一种幸福美好的人生。解决好这些问题之后，其他问题也就迎刃而解了。

### 2. 电影：《楚门的世界》

《楚门的世界》是由彼得·威尔执导，金·凯瑞、劳拉·琳妮、诺亚·艾默里奇、艾德·哈里斯等联袂主演。影片讲述了楚门是一档热门肥皂剧的主人公，他身边的所有事情都是虚假的，他的亲人和朋友都是演员，但他本人对此一无所知。最终楚门不惜一切代价走出了这个虚拟的世界。

一个自认平凡无比的30岁美国男人，有一天突然发现自己的生活并不普通，甚至可以用匪夷所思来形容。某一天，他突然发现自己30年来一直生活在镜头之下，日常的每个细节都被直播，身边的全部亲人、好友都是演员……他有勇气向现有的一切发起挑战，放弃安逸的生活和多年累积的明星名望，毅然开启真实的崭新人生吗？

我们对自己的身份认同，来自我们所在的群体。如果我们所在的环境是被预设的，我们身边的人只是在配合我们出演既定的角色，那么我们又该站在哪个维度上去定义真实的自己？有关本片，自我认同、身份、社会权威与规范、从众效应、需要层次、人际关系等社会学与心理学的观点与理论都可以从中窥见制作团队的思考与个性化的解读。

# 项目三
# 展现个性魅力——优化人格发展

## 学习目标

**★知识目标**

1. 了解人格的定义、特征和结构。
2. 了解影响人格的因素。
3. 了解人格的发展历程。
4. 掌握健全人格的培养方法。

**★能力目标**

1. 尊重他人和自己的人格。
2. 了解自己的人格特质。

**★素质目标**

1. 培养良好的个性心理品质。
2. 健全人格、完善人格，促进身心健康协调发展。

## 项目概述

心理学家在研究个体成长时发现，人格对心理健康的影响非常深远，良好的人格能改善心理状况，而不良的人格则会带来身心疾病，甚至会产生人格障碍，影响个体的一生。大学生只有充分了解自己的人格特征，才能针对人格不足之处用科学的方法加以改造和不断完善，提高心理素质，发挥内在潜能。因此，深刻认识大学生良好人格的内涵及其重要性，科学选择人格教育的方式，具有重要的理论价值和现实意义。

## 情景再现

地点：某剧场门口。

时间：演出开始十分钟后。

人物：查票员和四位迟到的观众。

情节：剧场规定演出开始十分钟后不许入场。四位迟到者面对查票员的同一说明，表现各不相同。

第一位：大吵大嚷，怒发冲冠。

第二位：软硬兼施，找机会溜进去。

第三位：不吵不嚷，虽然感到遗憾但还是理解剧院的做法，并自我安慰“好戏都在后头”。

第四位：垂头丧气，委屈万分，认为自己总是很倒霉。

**【心理课堂】**

正如同一个哈姆雷特，在不同读者中却呈现出不同的形象，上述四位迟到的观众遇到同样情形却有着不同的表现，正是性格不同的表现。

## 任务一　面具与真我——人格概述

“人格”是我们日常生活中经常使用的词汇，如“他具有健全的人格”“他的人格高尚”“他出卖了自己的人格”……这些描述包含了人格的多重含义，有法律意义上的人格，有道德意义上的人格，也有社会学意义上的人格，那么在心理学中人格的准确含义是什么呢?

### 一、人格的定义

人格一词最初源于古希腊语 persona，此词的原意是指希腊戏剧中演员戴的面具，面具随人物的角色的不同而变换，体现了角色的特点和人物性格，就如同我国戏剧中的脸谱一样，不同的面具体现了不同角色的特点和人物性格。

人格是心理学中探讨完整个体差异的一个领域。到目前为止，由于心理学家各自的研究取向不同，因而对人格的看法有很大的差异，综合各家的看法，可以将人格的概念界定为构成一个人的思想、情感及行为的特有模式，这个独特模式包含了一个人的区别于他人的稳定而统一的心理品质。

从定义中可以看出，心理学沿用了面具的含义，转意为人格，其中包含了两个意思：一是指一个人在人生舞台上所表现出来的各种言行，即人遵从社会文化习俗的要求而做出的反应，人格所具有的“外壳”，就像舞台上根据角色要求所戴的面具，表现出一个人外在的人格品质；二是指一个人某种原因不愿展现的人格成分，即面具后的真实自我，是个体的真实内心世界、本来面目，这是人格的内在特征。内外两个方面相结合，就构成了现实生活中的人。

**知识扩展**

**人格面具和阴影**

**人格面具和阴影是荣格人格理论中的重要概念。人格面具使人们扮演特定的角色，采取某种约定俗成的集体态度，以及表现出社会与文化的刻板现象，并不是真正的我。**

**同时，荣格用阴影来描述我们自己内心深处隐藏的或无意识的心理层面。阴影的组成或是由于意识自我的压抑，或是意识自我从未认识到的部分，但大多数是让我们的意识自我觉得蒙羞或难堪的内容。**

**阴影与人格面具的内容和特质，是由自我发展的过程所选择的。自我意识拒绝的内容便成为阴影，而它积极接受、认同和吸纳的内容则变成它自己以及人格面具的一部分。荣格发现人格面具的两个来源：符合社会条件与要求的社会性角色，一方面受到社会期待与要求的引导，另一方面受到个人的社会目标与抱负的影响。**

**当人格面具与阴影发生冲突时，自我面临个体化的危机，同时也是透过整体成长的机会。解决之道就在于“自我”能开创出一个能包容二者并引领向前的真空地带，使无意识得以在此以新的象征形式有创意地解决问题。也就是说，发展并穿戴新的人格面具，同时整合先前不能被自我接受的部分。作为适应工具的人格面具改变的潜力相当大，只要自我愿意改变旧的模式，它便可以越来越具有弹性和灵活性，能适应变化的情境。**

## 二、人格的特征

一般来说，人格具有以下四大特征。

### （一）独特性

我们经常说的“人心不同，各如其面”，“千人千面”就是指人格的独特性。遗传、教育和环境的不同，使每个人形成了各自独特的人格。个人的人格可能表现出与某些人相似，但经过观察后会发现他们还是有差别的。比如方毅和陈佳都属于开朗活泼类型的人，但是了解以后就会发现他们还是有所不同的：方毅在对待一般的朋友时比较大方客气，他的活泼一般在和亲近的朋友相处时才表现出来；陈佳对任何人都是自来熟，在任何朋友前都表现出幽默感、机灵活泼。

### （二）稳定性

“江山易改，本性难移”强调了人格的稳定性，人格的稳定性指一个人经常表现出来的特点，是其一贯的行为方式的总和，一般具有生物学基础。人格的稳定性表现为：跨时间的稳定性，比如今天的你和昨天的你大致一样；跨情境的一致性，比如性格外向的你在家里和学校都表现出喜欢与人交流的倾向。但是，稳定性并不意味着人格不可改变，人格同时具有可塑性。一般而言，儿童的人格正在形成中，还不稳定，容易受环境影响而发生变化；成年人的人格比较稳定，但是还可以自我调控。比如《国王的演讲》中的主人公经过自己的练习和努力最终克服了口吃，发表了激动人心的演讲。

### （三）统一性

人格是由气质、性格、能力、兴趣、爱好、需要、理想、信念等成分构成的，这些成分或特征却不是孤立地存在着，具有内在统一性。正常人能够正确地认识和评价自己，能及时地调整在自己内心世界中出现的相互矛盾的心理冲突。一个人如果失去了人格的内在统一性，就会出现人格分裂现象。例如，美国著名的电影《搏击俱乐部》的主人公就表现出典型的人格分裂，他一方面是都市白领“杰克”，做着一成不变的工作，患有严重的失眠症；另一方面却分裂出另一个人格“泰勒”，成立了地下搏击俱乐部，疯狂地发泄情绪。

### （四）功能性

人们常说人格或性格决定了一个人的生活方式，进而决定一个人的命运，就是强调了人格的功能性。一个人的人格功能发挥正常的时候，人表现为健康而有力；人格功能受损会影响一个人的社会功能和生活，人表现出怯懦、无力、失控或病态。

## 三、人格的结构

### （一）气质

气质是表现在心理活动的强度、速度、灵活性与指向性等方面的一种稳定的心理特征。即我们平时所说的脾气、秉性，人的气质差异是先天形成的，受神经系统活动过程的特性所致的，孩子刚出生时，最先表现出来的差异就是气质差异，有的孩子爱哭好动，有的孩子平稳安静。

气质这一概念源于古希腊医生希克里特（Hippocrates，公元前 460—公元前 377）的体液说，他认为人体内有黏液、黄胆汁、黑胆汁、血液四种液体，这四种体液的配合比率不同，形成了四种不同类型的人，500 年后，罗马医生盖伦（Galen，130—200）进一步确定了气质类型，提出人的四种气质类型是胆汁质、多血质、黏液质和抑郁质。

现代的气质学仍将气质分为四种典型的类型：

胆汁质：这种人情绪体验强烈、爆发迅猛、平息快速，思维灵活但粗枝大叶，精力旺盛，争强好斗，勇敢果断，为人热情直率、朴实真诚、表里如一，行动敏捷、生机勃勃、刚毅顽强；但这种人遇事常欠思量，鲁莽冒失，易感情用事，刚愎自用。

多血质：这种人情感丰富、外露但不稳定，思维敏捷但不求甚解，活泼好动，热情大方，善于交往但交情浅薄，行动敏捷、适应力强；他们的弱点是缺乏耐心和毅力，稳定性差，见异思迁。

黏液质：这种人情绪平稳，表情平淡，思维灵活性略差但考虑周到，安静稳重，踏踏实实、沉默寡言、喜欢沉思，自制力强，耐受力高、内刚外柔，交往适度，交情深厚；但这种人行为主动性较差，缺乏生气，行动迟缓。

抑郁质：这种人情绪体验深刻、细腻持久，情绪抑郁、多愁善感，思维敏锐，想象丰富，不善交际、孤僻离群，踏实稳重、自制力强；但他们的行为举止缓慢，软弱胆小，优柔寡断。

在现实生活中单一气质的人并不多，绝大多数的人是四种气质互相混合，渗透，兼而有之的。我国一项有关大学生气质的研究表明，复旦大学、南开大学、四川大学、空军军医大学、安徽大学 5 所高校的 364 名大学生中，单一气质的人占 34.07%，混合气质的人占 65.93%。

气质是人的天性，无好坏之分。它只给人们的言行涂上某种色彩，但不能决定人的社会价值，也不能直接具有社会道德评价含义。一个人的活泼与稳重不能决定他为人处世的方向，任何一种气质类型的人既可以成为品德高尚、有益于社会的人，也可以成为道德败坏、有害于社会的人。气质不能决定一个人的成就，任何气质的人都可能经过自己的努力在不同实践中取得成就，也可能成为平庸的人。

巴甫洛夫用高级神经活动类型学说解释气质的生理基础，他依据神经过程的基本特性，即兴奋过程和抑制过程的强度，平衡性和灵活性，划分了四种类型。兴奋过程和抑制过程的强度是大脑皮质神经细胞工作能力或耐力的标志，强的神经系统能够承受强烈而持久的刺激。平衡性是兴奋过程和抑制过程的相对力量，二者力量大体相同是平衡，否则是不平衡。不平衡又可分为两种情况，一种是兴奋过程相对占优势，另一种是抑制过程相对占优势。灵活性是兴奋过程和抑制过程相互转换的速度，能迅速转化是灵活的，不能迅速转化则是不灵活的。高级神经活动类型与气质类型对应关系见表 3–1。

表 3–1　高级神经活动类型与气质类型

| 高级神经活动过程 | 高级神经活动类型 | 气质类型 |
| --- | --- | --- |
| 强、不平衡 | 不可遏制型 | 胆汁质 |
| 强、平衡、灵活 | 活泼型 | 多血质 |
| 强、平衡、不灵活 | 安静型 | 黏液质 |
| 弱 | 抑郁型 | 抑郁质 |

### （二）性格

性格是一种与社会相关最密切的人格特征，性格表现了人们对现实和周围世界的态度，并表现在他的行为举止中，是个体对社会、对自己和对他人的一种心理倾向，它包括对事物的评价、好恶和趋势等方面。例如，当国家和集体财产遭受损失时，有人不惜献出自己的生命奋起保卫，有人则退缩自保，有人甚至趁火打劫。这就是人格对同一事物的不同态度，这些不同的态度表现在人们的不同行为方式中，它们构成了人的不同性格。

性格表现了一个人的品德，受人的价值观、人生观、世界观的影响，如有的人大公无私，有的人自私自利。这些具有道德评价含义的人格差异称为性格差异。性格是在后天社会环境中逐渐形成的，是人的核心的人格差异。性格能最直接地反映出一个人的道德风貌。

德国心理学家斯普兰格依据人类社会文化生活的六种形态，将人划分为六种性格类型，不同的性格类型具有不同的价值观成分。这六种类型是：①经济型，这种人注重实效，其生活目的是追求利润和获得财富，如实业家等；②理论型，这种人表现出具有探究世界的兴趣，能客观而冷静地观察事物，力图把握事物的本质，尊重事物的合理性，重视科学探索，以追求真理为人生的目的，如思想家、科学家等；③审美型，这种人对现实生活不太关注，富于想象力，追求美感，以感觉事物的美作为人生的价值，如艺术家等；④权力型，这种人倾向于权力意识和权力享受，支配性强，其全部的生活价值和最高的人生目标就在于满足自己的权力欲望，得到某种权力和地位；⑤社会型，这种人能关心他人，献身于社会，助人为乐，以奉献社会为人生追求目标；⑥宗教型，这种人信奉宗教，相信神的存在，把信仰视为人生的最高价值。

## 四、影响人格的因素

在一个人的人生发展历程中有许多因素会影响到人格的发展，人格的塑造是先天、后天因素共同作用的结果，研究表明：人格是环境与遗传交互作用的产物，在人格培养过程中，既要看到个体的生物遗传的影响，更要看到社会文化的决定作用。

### （一）生物遗传因素

心理学家对“生物遗传因素对人格具有何种影响”的研究已经持续了很久，由于人格具有较强的稳定性特征，因此人格研究者也会注重遗传因素对人格的影响。

双生子的研究被许多心理学家认为是研究人格遗传因素的最好的办法，并提出了双生子的研究原则。同卵双生子既然具有相同的基因形态，那么他们之间的任何差异都可以归于环境因素造成的。而异卵双生子的基因虽然不同，但在环境上有许多相似性，如出生顺序、母亲年龄等，因此也提供了环境控制的可能性，系统研究这两种双生子，就可以看出不同环境对相同基因的影响，或者是相同环境下不同基因的表现。研究结果表明：遗传是人格不可缺少的影响因素，但遗传因素对人格的作用程度因人格特征的不同而不同，通常在智力、气质这些与生物因素相关较大的特征上遗传因素较为重要，而在价值观、信念、性格等与社会紧密的特征上后天环境因素更重要，人格发展过程是遗传与环境交互作用的结果。遗传因素影响人格发展方向及形成的难易。

### （二）社会文化因素

人一出生，便置身于社会文化之中并受社会文化的熏陶与影响，文化对人格的影响伴随着人的终身，社会文化塑造了社会成员的人格特征，使其成员的人格结构朝着相似性的方向发展，而这种相似性又具有维系一个社会稳定的功能，这种共同的人格特征又使得个人正好稳稳地“嵌入”整个文化形态里。社会文化对人格的影响力因文化而异，这要看社会对文化的要求是否严格，社会文化的制约作用越大，其影响力就越大。影响力的强弱也视其行为的社会意义的大小，对于不太具有社会意义的行为，社会允许有较大的变异；但是，若个人极端偏离其社会文化所要求的人格基本特征，不能融入社会文化环境之中，可能就会被视为行为偏差或心理疾病。

社会文化对人格的影响力一直被人们认可，它对人格的形成与发育具有重要的作用，特别是后天形成的一些人格特征，如性格、价值观等。社会文化因素决定了人格的共同性特征。它使同一社会的人在人格上具有一定程度的相似性，如民族性格等。

### （三）家庭环境因素

家庭常被视为人类性格的“加工厂”，它塑造了人们不同的人格特征，家庭虽然是一个微观的社会单元，但它对人格的培育起到了至关重要的作用，家庭是社会的细胞，家庭不仅具有其自然的“遗传”因素，也有着社会的“遗传”因素。这种社会遗传因素主要表现为家庭对子女的教育作用，俗话说“有其父必有其子”，不无一定的道理。父母按照自己的意愿和方式教育孩子，使他们逐渐形成了某些人格特征。

孩子的人格是在与父母持续相互作用中逐渐形成的，富于感情的父母将会示范并鼓励孩子采取更富情感性的反应，因此也加强了孩子的利他行为模式而不是攻击行为模式。孩子的人格就是在父母与他们的相互磨合中形成的。孩子在批评中长大，学会了责难；在敌意中长大，学会了斗争；在虐待中长大，学会了伤害；在支配中长大，学会了依赖；在干涉中长大，学会了被动又胆怯；在娇宠中长大，学会了任性；在否定中长大，学会了拒绝；在鼓励中长大，增强了信心；在公平中长大，学会了正义；在宽容中长大，学会了耐心；在赞赏中长大，学会了欣赏；在爱中成长，学会了爱人。这样的说法不无道理。由此可见，家庭是社会文化的媒介，它对人格具有强大的塑造力。其中，父母教育方式的恰当性与否会直接决定孩子人格特征的形成。父母在养育孩子的过程中表现出了自己的人格，并有意无意地影响和塑造着孩子的人格，形成家庭中的“社会遗传性”。

### （四）学校教育因素

学校教育对适龄儿童的人格形成具有重要的作用。学校的生活扩大了儿童的生活范围，丰富了他们的活动内容，对他们也提出了更高的要求与更为实际的工作任务。这样，在知识传授的课堂教学中，让学生在克服困难的过程中培养勇敢、顽强、坚定的性格特征。

教师是学生学习的榜样，在学生人格形成中起着极为重要的作用。有人研究了教师对学生的态度对学生性格的影响。研究表明：教师的态度是专制的，学生表现为情绪紧张、冷淡、带有攻击性、自制力很差；教师的态度是民主的，学生表现为情绪稳定、积极、态度友好、有领导能力；教师的态度是放任的，学生表现为无组织、无纪律、自由散漫。不仅如此，教师还会以全部行为和整个人格来影响学生。他的高尚人格，如思想进步、强烈的责任心、富有同情心、谦虚、朴素等，会对学生产生深刻而积极的影响。而学生所不喜欢的教师，他的教育使学生不愿意接受，他的消极的人格，如粗暴、自私、神经质等，会对学生产生自暴自弃、不求上进的不良影响。

### （五）自我调控因素

上述各因素体现的是人格培养的外因，而外因是通过内因起作用的。人格的自我调控系统就是人格发展的内部因素。人格调控系统是以自我意识为核心的。自我意识是人对自身及对自己同客观世界的关系的意识，具有自我认知、自我体验、自我控制三个子系统。自我调控系统的主要作用是对人格的各个成分进行调控，保证人格的完整、统一、和谐，它属于人格中的内控系统或自控系统。

自我认知是对自己的洞察和理解，包括自我观察和自我评价，其中自我评价是自我调节的重要条件。自我观察是对自己的感知、期望、行为以及人格特征的评价和评估。当一个人不能正确地认识自我，只看到自己的不足，觉得处处不如人，就会自卑，丧失信心，做事畏缩不前，甚至失败；相反，过高地评价自己，盲目乐观，也会导致出现失误。因此，准确地认识自我，实事求是地评价自己，是自我调节和人格完善的重要途径之一。

自我体验是自我意识在情感上的表现，是伴随自我认识而产生的内心体验。当一个人对自己做正向评价时，就会产生自尊感；做负向评价时，便会产生自卑感。自我体验的调节作用体现在它可以使自我认识转化为信念，进而指导其言行；同时，自我体验还能够伴随自我评价，激励积极向上的行为或抑制不当行为。在一个人认识到自己不当行为的后果时，会产生内疚、羞愧的情绪，从而收敛并制止自己不当行为的再次发生。

自我控制是自我意识在行为上的表现，是实现自我意识调节作用的最终环节。当个体认识到社会要求后，会力求使自己的行为符合其社会准则，从而激发起自我控制的动机，并付诸行动。当一个学生意识到学习对于自己的发展具有重要意义时，会激发起他努力学习的行动力，从而在行为上表现为刻苦学习、不怕困难、持之以恒、积极进取。自我控制包括自我监控、自我激励、自我教育等。

## 心理剧场

肖剑是个孤僻的人，从来不主动和同学讲话，同学和他打招呼，他总是好像没看见，男生约他打球，他也借口不去。大家提起他都说，他太冷漠、太内向。直到有一天班上发生了一件事情让大家对他刮目相看。有个女生遭遇男友提分手，男友恶语伤人，她伤心地在班里大哭。班上的男生都摩拳擦掌，想要教训那个男生，女生们也在不停地安慰她。肖剑这个时候却直接出去了，回来的时候，将一瓶碘酒和消毒棉放在女生桌上（大家都没发现这个女生膝盖擦伤了），女生也收到了男友的道歉短信。原来这都是肖剑找那个男生理论的结果，大家这时候发现肖剑还有勇敢、正义、细腻的一面。

其实每个人都有很多面，片面地看到别人的一些行为表现就断定他就是这样的人，非常容易犯经验主义错误。接纳和认可人格框架的每一面才能更好地理解自己和理解他人，而对我们自己来说，看待别人和自己的视角和框架越多、越灵活，适应性也就会越强。

# 任务二　“星座、运势分析”靠谱吗——人格测试与分析

## 一、人格测试面面观

提到心理学，最让大学生感兴趣的就是各种各样的心理测试。网络上、杂志上、心理活动中的各种测试都让大学生乐此不疲，其中有关人格的部分更是广受欢迎，市面上的星座、血型、属相、颜色偏好测试都有为数不少的忠诚粉丝。但是，不管什么测试都需要考虑下面两个问题。

### （一）准不准

解释这个问题，首先需要介绍一个有趣的心理学实验。有位心理学家曾经请一群人填写完明尼苏达多相人格测验（MMPI）表后，拿出两份测验表让参加者判断哪一份是自己填写的。事实上，一份测验表是参加者自己填写的，另一份测验表是这位心理学家把多数参加者的回答综合起来的填写结果。测验表的判断结果让所有参加者都大吃一惊，大部分参加者竟然认为后者更准确地表达了自己的人格特征。这种现象称为“巴纳姆现象”，即人很容易受到来自外界信息的暗示，从而出现自我认知的偏差，认为一种笼统的、一般性的人格描述十分准确地揭示了自己的特点。

下面一段话是心理学家使用的材料，你觉得是否也适合你呢？

你很需要别人喜欢并尊重你。你有自我批评的倾向。你有许多可以成为你优势的能力没有发挥出来，同时你也有一些缺点，不过你一般可以克服它们。你与异性交往有些困难，尽管外表上显得很从容，其实你内心焦急不安。你有时怀疑自己所做的决定或所做的事是否正确。你喜欢生活有些变化，厌恶被人限制。你以自己能思考而自豪，别人的建议如果没有充分的证据你不会接受。你认为在别人面前过于坦率地表露自己是不明智的。你有时外向、亲切、好交际，而有时则内向、谨慎、沉默。你的有些抱负往往很不现实。

其实这只是套用在谁身上都合适的一般性描述，甚至包含了相互矛盾的信息，但是当我们对自己不清楚，或者情绪低落、失意的时候更容易受到影响。算命、星座、生肖等预测除了有心理方面的原因，还可以用概率学来解释。事物都具有两面性，因此这些预测常常有 50% 的胜算。他们提供的往往也是一般性的说明，肯定有些内容非常符合你，有些则不完全符合，这些说明并不能准确反映你的真实人格情况。

### （二）可不可信

除了星座、血型等测试，市面上还有很多的娱乐化的投射测试，如选择什么动物、物品代表了你的什么性格，这些测试可能根本没有研究支撑，就如同上面的例子一样，测试的内容和结论之间根本没有

关系，并不能反映出你的人格特点。但是，很多喜欢研究星座的同学可能并不认可，因为他们发现自己确实真的符合某个星座的描述，几乎一字不差。原因除了上面提到的概率因素外，还有一个期望效应，当你认为自己属于某种类型时，你会在言行上有意无意地做出那种类型要求的举动，如一个生性叛逆的小学生做了班长，他就会变得负责、自律，还被大家认为具有领导才能。

## 二、测试技术

通过娱乐性心理测试来预测人格的方式并不可信，那么有没有可以相信的测试方法呢？心理学家确实开发了各种方法来洞察人心。

### （一）人格测试量表

人格测试量表是特质心理学家采用的基本形式，他们从词典里选出各种描述人格的词语和句子，设计成人格测试量表，让参加者根据自己的真实情况填写，通过分析参加者的答题情况，判断参加者在这些人格特质上的表现。这种通过大样本的调查方式，具有较高的信度和效度，人格测试量表中的每一道题目都是经过筛选的，确保该题和参加者的人格维度高度相关。只要参加者真实作答，问卷就能够相对准确地评估参加者的人格情况。明尼苏达多相人格测验、大五人格测验、16PF 测试都属于这种测试类型。

### （二）投射测验

投射测验是精神分析、心理动力学家喜欢采用的方式，它用间接的方法来揭示人们无意识或内隐的想法、愿望和需要。罗夏墨迹测试就是历史最悠久、使用最广泛的投射测验之一。如图 3-1 所示是一张罗夏墨迹测验中的测试图。心理学家会通过分析参加者对这些模棱两可的图片的解释，探索参加者的若干人格特征。还有一种主题统觉测验，也是一种知名的投射测验，由美国心理学家莫瑞创编。该测验由一系列模糊的图片组成，让参加者根据情境讲故事，故事的差异是参加者内在人格的线索。主题统觉测验常用来测查一个人在支配需要上的差异，以及在人际关系中的情感问题。目前流行的“房树人”绘画测试等也属于投射测验的范畴，这种测试因为是无结构也无固定答案，所以来访者更容易讲出那些困扰他们的问题，临床心理学家通过分析来访者的主要心理冲突，开展有针对性的咨询。投射测验也有明显的缺陷，就是效度不高，不同心理学家对于测验结果的评分的客观性不高，所以这种测验必须由经过培训的专业人士来使用和分析解释。

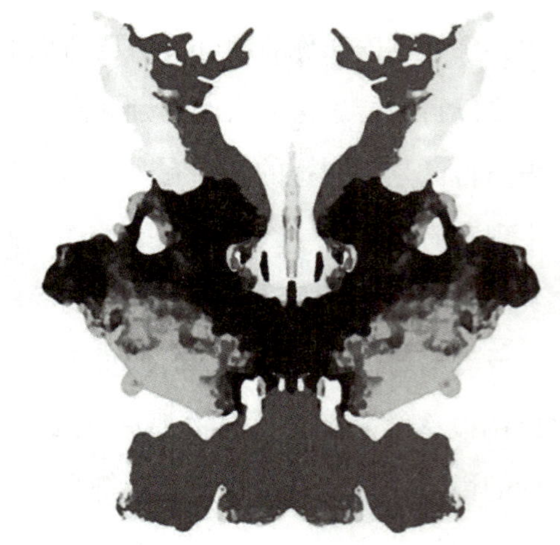
图 3-1　罗夏墨迹测试

### （三）情境测验法

行为流派偏爱情境测验法，他们将参加者置于某种情境，如挫折、压力、诱惑等，观察他们在这种情境下的行为反应，进而了解其人格特点。这不同于我们日常在地铁和公交车上的主观观察，而是带有更多目的性的观察，评分也更为规范。儿童心理学家会通过观察儿童在陌生情境下与母亲的互动发现孩子的人格发展特点；而职业心理学家会在招聘的过程中使用压力测试的方法，观察压力情境下应聘者的反应，以此来推断一个人的人格特点是否与职业要求相匹配。

### （四）访谈法

访谈法就是通过谈话的方式快速判断一个人的人格特点的方法，如在企业招聘的面试环节面试官通过与应聘者谈话，对应聘者的人格做出判断。这种方法具有比较大的主观性，非常容易受到参加者穿着打扮、身份的影响。但是，这种方法能收集到丰富的言语和非言语信息，是纸笔测试所不能达到的。

以上四种或者更多的测试方法都有其优劣之处。不管是人才测评还是心理诊断，人们越来越倾向于使用多种测试技术，所以人格评估往往采用成套测验的方式，既包括初步访谈，又有人格测试量表和投射测验等。这也给大学生一个启示，心理学家评估一个人都需要这么多方式，单凭从网络上的某个测试就能看清楚一个人实在太不现实了。

## 互动课堂

如果我是……

请完成以下一些想象的主题，把句子填写完整：

（1）如果我是任何一种动物，我希望自己是__________

（2）如果我是一种鸟，我希望自己是__________

（3）如果我是一种昆虫，我希望自己是__________

（4）如果我是一朵花，我希望自己是__________

（5）如果我是一棵树，我希望自己是__________

（6）如果我是一种家具，我希望自己是__________

（7）如果我是一种乐器，我希望自己是__________

（8）如果我是一种交通工具，我希望自己是__________

（9）如果我是一个国家，我希望自己是__________

（10）如果我是一部影片，我希望自己是__________

（11）如果我是一种颜色，我希望自己是__________

（12）如果我是一种食物，我希望自己是__________

（13）如果我是一项世界纪录，我希望自己是__________

（14）如果我是一种自然现象，我希望自己是__________

（15）如果我是一本书，我希望自己是__________

这是一个通过比喻的途径来认知自己的方法，借此，你还可以多了解自己想要做什么事，想要成为

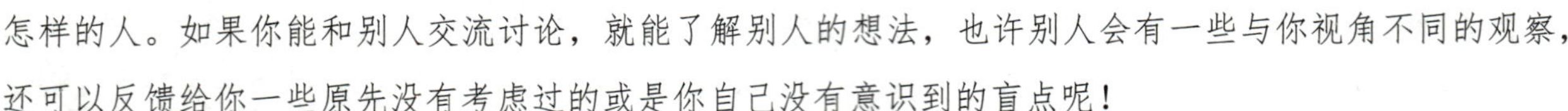

怎样的人。如果你能和别人交流讨论，就能了解别人的想法，也许别人会有一些与你视角不同的观察，还可以反馈给你一些原先没有考虑过的或是你自己没有意识到的盲点呢！

## 三、大五人格量表

每个人内心都会有“认识自己”的声音在召唤，人们渴望了解自己，有效的心理测评能够成为探索自己的工具，并且帮助人们在理解自己的基础上更好地理解他人。

### （一）尽责性

尽责性指人们控制、管理和调节自身冲动的方式，尽责性得分高的人在目标导向的行为上比得分低的人更有条理、认真，也更愿意坚持。这个人格特质与个人学业、职业领域的成就密切相关，它是世俗意义上成功的预测指标之一。得分高的人更可能追求并坚持健康的行为，从而获得长寿。如果得分高的人生活在混乱、不确定和快节奏的环境中，就不一定能成功，反而容易适应不良环境。例如，鲍勃·霍根和乔伊斯·霍根的研究发现尽责性得分低的爵士乐音乐人更有可能获得同伴的认可和好评，特别是在需要即兴演奏的环境中。人格研究需要考虑人格特质与社会生态环境的适应性，看似积极的人格特质有可能只是在适宜的环境条件下起到最大的作用。

### （二）宜人性

宜人性考察的是一个人对其他人的态度，宜人性得分高的人亲近人、有同情心、信任他人、宽容，也容易心软，非常看重合作和人际和谐。它在人的第一印象上起的作用非常重要，但是与其他大五人格特质相比，宜人性对世俗意义上的成功的预测作用最低，宜人性和工作效率的关系并不稳定，太讨人喜欢或太难相处的人工作效率都不高，宜人性得分中等的人工作效率较高。

### （三）神经质

神经质也叫情绪稳定性，反映了一个人的情感调节过程。神经质得分高的人倾向于有心理压力和不现实的想法，可能会有过多的要求和冲动，更容易体验到愤怒、焦虑、抑郁等消极情绪。和其他大五人格特质不同，神经质和个人幸福的关系相当简单明了，那就是神经质得分低的人更容易获得幸福。因为神经质是人格特质中与生物学因素联系紧密的因素，它反映的是人对环境中消极信号的敏感程度，所以神经质得分高的人也是敏感度高的人，他们会更容易发现危险的信号并反复回想琢磨这些信号，一直处于警惕的状态，长期处于压力状态。另外，神经质还是其他人格特质的放大器，尽责性得分高的人如果情绪非常不稳定，就容易出现过度谨慎或者强迫行为。如果一个人的神经质测试结果为高分，是不是就糟糕了？并不能这样简单推论。每一个人格特质都有重要的功能，神经质的人格特质在人类进化的历史上发挥了重要的适应作用，想想人类的祖先，在朝不保夕、危机四伏的恶劣生存环境中，只有具备高敏感性、高警惕性，才能存活下来。

### （四）开放性

开放性描述了一个人开放的认知风格，他愿意接受新的观点、新的人际关系和新的环境，这是与创造力高度相关的特质。开放性不仅仅是对新事物的接受更开放，对情绪也一样，所以开放性得分高的人比得分低的人更容易感受到焦虑、抑郁，同时也容易体验到快乐、喜悦等积极情绪。如果一个人开放性得分很高，那么他就更容易对文化与艺术感兴趣，偏爱奇特的味道或气味，具有更复杂的理解世界的方式。开放性得分高的人对幸福的体验更加细腻。

### （五）外倾性

外倾性也叫外向性，表示个人人际互动的数量和密度、对刺激的需要以及获得愉悦的能力。可以从人际的卷入水平和活力水平两个层面理解外倾性。外倾性得分高的人（外向的人）更愿意与人互动，更主动，一直试图提高自己的活力水平；而外倾性得分低的人（内向的人）则表现为沉默、严肃、腼腆、安静，总是寻求降低自己活力水平的环境。一般来说，咖啡能够让人兴奋，外倾性得分高的人喝咖啡能够更有效地执行任务，而对外倾性得分低的人则不一定有作用。外倾性人格特质的差异是人们生理基础的气质差异造成的，并不能由此判断人的人格特质的优劣，他们处理信息的方式、身体反应、记忆系统、行为方式、交流方式、注意力指向、能量恢复方式均有所不同。其实内向和外向是连续体，纯粹内向或外向的人是很少的，大多数人是介于内向和外向之间。美国的组织心理学家亚当·格兰特发现中间型的人比外向或内向的人更擅长销售。

你了解了大五人格测试的结果和解释后，有什么想法吗？会不会对自己某个人格特质非常喜欢，对另一些人格特质则没什么好感，甚至希望完全改变？

在生活中，很多大学生可能会有一种感觉，有的时候觉得自己是外向的人，有的时候则会非常内向，甚至困惑自己是谁。其实在生活中内向和外向就像人们的左手和右手，都会使用到。有些人在朋友面前是开心果，在长辈面前则尽量降低自己的存在感，表现得像个内向的外向者；有些人喜欢安静独处，但在社交场合也可以如鱼得水，表现得像个外向的内向者。人们虽然有天生的生物学意义上的内向、外向差别，但是为了适应社会，还是会发展出适合当时情境的自由人格特质。

# 任务三　接纳自己的个性——人格的协调发展

## 一、人格的发展

人们成为今天的自己，表现出形形色色的人格特质，其实经历了很多坎坷，人们对这些经历的看法、内化塑造了自己的人格。精神分析流派的心理学家埃里克森描述了人格在一生发展中的模式和特点。在人生的岔路口上总是充满危险和机会，人们解决危机的方式决定了自己的人格发展方向，并影响了自己如何解决今后的危机。表 3–2 列出为埃里克森的心理社会 8 个阶段及其人格发展结果。

表 3–2　埃里克森的心理社会 8 个阶段及其人格发展结果

| 心理社会阶段 | 年龄 | 积极结果 | 消极结果 |
|---|---|---|---|
| 基本信任与不信任的冲突 | 1 岁 | 能够感受到内在的美好，信任自己和他人，积极乐观 | 只有消极感受，不能信任自己和别人，悲观 |
| 自主与害羞（或怀疑）的冲突 | 2～3 岁 | 能够自我控制，做出适当行为和决定 | 僵化，过度自我审查，多疑，感到羞耻 |
| 主动对内疚的冲突 | 4～5 岁 | 能够主动追求目标，积极主动完成任务 | 对追求目标和成就有罪恶感和迟疑 |
| 勤奋对自卑的冲突 | 小学期 | 学习专注，并为出色完成学业感到自豪 | 对自己完成学习和工作的能力没有自信，消极怠工 |
| 自我认同和角色混乱的冲突 | 青少年期 | 自我的各角色间存在一致性和持续性，对未来有信心 | 自我的各角色没有设定和一致性，自觉虚假 |
| 亲密对孤独的冲突 | 成年前期 | 理智成熟和情感丰沛，两者之间平衡适当、相互辅助 | 逃避亲密的人际关系，只维持表面关系 |
| 创造性与停滞的冲突 | 成年期 | 对于工作和生活都充满创造性，张弛有度 | 工作兴趣丧失，人际关系淡薄 |
| 自我实现与绝望的冲突 | 晚年 | 内部充满秩序、意义，对人生感到满足平安 | 对死亡充满恐惧，感觉悲苦，没有实现自己的人生 |

大学生正处于青少年到成年前期的过渡时期，所以既要完成自我认同，避免混乱，又渴望建立亲密的关系，从亲密关系中获得情感的满足，避免肤浅关系带来的孤独。具体来说，大学生要能很好地认识自己，确定自己的优势，知道自己该往哪个方面发展，树立自信；同时也到了渴望恋爱，发展亲密关系的阶段，期待能从恋爱竞争中脱颖而出，这两个任务往往相互影响。

## 知识扩展

### 人格是在何时“定型”的？

一个人的人格是在什么年龄定型的？我们经常会听到说“三岁看大，七岁看老”，说的就是人格变得稳定的意思。从理论上来说，人格在任何年龄都可能发生戏剧性的变化，但是这种情况并不常见。有研究表明，在 20 岁时人格的“模子”开始定型，到了 30 岁时便十分稳定。在 30 岁之后，一般不会再出现大的人格改变。有些人身上发生了人格改变，但那些都是遭受了重大的灾难或者创伤以后造成的。

一般来说，人在 30 岁之后，无论是迁居到一个新城市，还是改变了自己的职业或者结交了新的朋友，那些基本的人格特点都不会再改变。

## 二、人格与健康

快节奏的生活，让人们紧锁眉头，走路的脚步也不自觉地越来越快，身体也越来越不健康。为什么会有这么多压力？人们的压力反应不仅受外界环境的影响，而且存在一些人格因素的影响，有些人更愿意争强好胜，有些人更愿意随遇而安，某些人格因素可能会引发健康问题，甚至某些人格问题可能带来功能不良或毁灭性的后果。

### （一）A–B 型人格

A–B 型人格并不是严格意义上的分类，这个人格维度被称为“心脏病易感性行为方式”，A 型人格的人更容易患心脏病及心血管疾病，B 型人格的人相对不容易。A 型人格的人有强烈的动机克服困难，并会竭尽全力实现目标；他们热爱竞争、权力和被关注，有控制欲也易被激怒；不喜欢等待和浪费时间，喜欢用充满激情的方式迅速、有效地完成事情。A 型人格的人特别不能容忍与从容不迫或拖沓的人相处。B 型人格的人则比较松弛，不急迫，他们可能是勤奋工作的人，但不会像 A 型人格的人表现出那种冲动和激情并存的做事风格，他们会筹谋在先，冷静地推动事情的发展，会为工作留出缓冲和灵活变动的空间。如表 3–3 所示为 A 型人格和 B 型人格的典型特征。

表 3–3　A 型人格和 B 型人格的典型特征

| 序号 | A 型人格 | B 型人格 |
|---|---|---|
| 1 | 竞争性强 | 工作及游戏时都不具竞争性 |
| 2 | 个性倔强 | 态度从容，随遇而安 |
| 3 | 办事速度快 | 做事慢，但有方法 |
| 4 | 在工作环境及社会地位上努力，欲获升迁 | 对于目前工作上及社会上的地位深感满意 |
| 5 | 希望大众对自己的努力加以肯定 | 不追求大众对自己的肯定 |
| 6 | 易被激怒 | 不容易被激怒 |
| 7 | 被迫沉静时会感到心定不下来 | 喜爱悠闲的感觉 |
| 8 | 说话快 | 说话慢 |
| 9 | 一次做好几件事，以力求成长 | 一次只做一件事，但心觉满意 |
| 10 | 走路、行动及进食速度快 | 走路、行动及进食从容不迫 |
| 11 | 对于任何迟缓都不耐烦 | 对于迟缓有耐心且不生气 |
| 12 | 对时间很有概念，做事赶在期限以前完成 | 对时间没概念，不在乎期限 |
| 13 | 约会几乎每次都准时 | 约会经常迟到 |
| 14 | 经常绷着脸握拳头 | 面部表情轻松且不握拳 |

通过对表 3–3 的分析，不难发现 A 型人格的人的生活方式给心脏带来极大的压力，心脏需要时刻做好准备来应对 A 型人格的人“进攻”的步伐。A–B 型人格特质是很多行为倾向的集合体，A 型人格中可能只有一两种成分与健康有关。目前，大量证据证明愤怒和敌意是其中的罪魁祸首。有一项研究用 4 年的时间对 12986 名中年男女进行了调查，发现愤怒特质高的人，患心脏疾病的可能性是不爱愤怒的人的两倍以上。

A 型人格的人容易愤怒和充满敌意该如何调节呢？研究发现，学会愤怒管理非常有效，当一个人学会放松，特别是转换看待挫折的视角时，就能显著减少患心血管疾病的风险。如果你是 A 型人格，但是不具有愤怒、敌意特征，则不一定易患心血管疾病。

### （二）坚韧性

在复杂的环境中，人们普遍压力较大，但是有些人则表现出很强的适应力。原因是他们具备坚强韧性，具体来说包括承诺、控制与挑战三个方面。一个人努力面对生活中的压力和挑战，充分投入，而不是逃避或者自怨自艾，更容易获得健康和长寿。

### （三）人格障碍

人格障碍指一些适应困难的人格类型，按照特质理论的说法就是一些人格特质处于正态分布极端的表现。存在人格障碍的人往往难以适应社会生活，难以与别人和谐相处。虽然这些人格特质一般人可能都有，但是存在人格障碍的人则处于极端。如每个人都可能有多疑敏感的一面，偏执型人格障碍的人会更多疑，过分敏感，对别人有强烈的敌意，无法信任别人。表 3–4 列出了精神疾病诊断标准 DSM- Ⅳ中的一些主要的人格障碍类型及典型行为。

表 3–4 人格障碍类型及典型行为

| 障碍程度 | 障碍类型 | 典型行为 |
|---|---|---|
| 中度障碍 | 依赖型人格 | 过分地服从和依附他人 |
| | 表演型人格 | 过分地向他人表达情感和寻求他人注意 |
| | 自恋型人格 | 妄自尊大，过分地期望别人不断赞扬自己 |
| | 反社会人格 | 不负责任，有反社会行为，如攻击他人、骗人、行为粗暴无礼，对人毫无同情心 |
| 重度障碍 | 强迫型人格 | 行为呆板，一切必须井然有序，绝对完美 |
| | 分裂样人格 | 缺乏情感，人际冷漠，无法与他人建立亲密的人际关系 |
| | 回避型人格 | 在公共场合非常不适，害怕被人评价，极度害羞 |
| 极度障碍 | 边缘型人格 | 行为冲动，在对自我的表象、与他人的关系和心境等方面极度不稳定 |
| | 偏执型人格 | 极度怀疑他人的动机，认为他人所做的一切都是要危害自己 |
| | 分裂型人格 | 与社会隔绝，行为极度怪异，思维混乱，有精神病症状但并非严重精神错乱 |

人格障碍需要专业的精神科医生才能做出诊断，不能仅根据个人行为就判断此人有病。同样，人格障碍也需要专业的机构来治疗。

## 三、健全人格的培养

大学生正处于人格形成的关键时期，塑造健全的人格，能够为大学生的未来发展铺平道路，我们应该积极努力，培养健全的人格，这也是心理健康发展的重要基础。

### （一）正确认识人格的稳定性与发展性

人格具有较强的稳定性，但并不是一成不变的，我们要相信个性和性格虽然是相对稳定的个性心理特征，但是依然具备可塑性。我们作为一个智力正常的人，能够控制自己的发展，青年时期随着自我认识的不断加深能全方位地认知自己的人格特征，正确地认识和评价自我。这有助于我们塑造健康的人格，想要正确地认识这个世界，首先要有健全的人格和正确的自我评价，这样我们才能够把自己放在合适的位置，了解社会发展与个人发展的关系，努力拼搏奋斗，成为一个能够为社会做贡献、为国家发展贡献力量的人才。人格的稳定性和发展性也告诉我们，即使现在自己有人格方面的不足，比如有的同学觉得自己过于内向，影响自己的发展，也可以及时地调整自己的发展方向，主动参与社交活动，把握机会锻炼自己，让自己距离理想自我更近一步。把握人格的稳定性与发展性的辩证关系，朝着积极乐观向上的方向塑造自己的人格。

### （二）拓宽自己的视野

很多人都在思考一个问题：读大学到底读什么？也有观点认为，你们大学生毕业了，还是要给那些没有学历，却在社会上闯荡出事业的“小学同学”来打工，那我上大学的意义是什么？在市场经济条件下，确实有些金钱至上的观点会影响到大学生的选择和未来发展。但是，我们还要用系统全面的观点来看待这个问题。我们在大学里，学习一门专业，开启了一个认识世界的新视角，进入了一个新的工作领域。与那些没有上过大学的人相比，拥有大学学习经历的人更容易感受到幸福，更注重精神享受。大学其实帮我们开启了一扇门，打开了一个未知的新世界，大学里有很多老师，他们是你所学习专业领域的专家，他们勤勉努力，他们的言行举止，都会帮助开阔大学生的视野，认识世界，认识自己，明确怎样做一个幸福的人，一个成功的人。

除了知识方面的学习外，还要积极参与社会工作、志愿服务，了解百姓疾苦，奉献自己的爱心，在知行合一的成长道路上长见识、增才干，我们在大学里学习的、感受的、理解的、思考的，都会帮助我们形成健全的人格。

### （三）承受痛苦，迎接挑战

“人生不如意，十之八九”，没有任何一个人在成长道路上是一帆风顺的。大学生正处在人生独立发展的起步阶段，逐渐离开父母的扶持，走向社会，开始独自掌握人生的航向，难免遇到困难和挫折，如何面对失望、沮丧、哀伤、愤怒？如何面对生活带来的考验和折磨？这是每个人都应该认真思考的问题。有的人说，现在的年轻人是脆弱的，经不起生活的重压。也有人认为，现在的孩子生存压力更大，每个人都背负了太多的责任和负担，所以导致孩子们难以承受挫折和痛苦。大学生要做的就是，学会承受痛苦，可能一时的痛苦会给生活和学习带来苦恼，但是要用积极的心态来迎接痛苦，而不是逃避，如果想要以放弃自己的生活或者生命来应对痛苦，那么就会给自己和家人带来无尽的灾难。我们从小听到大的一句话是“办法总比困难多”。大学生要在痛苦的时候学会承受，并且从痛苦中认识到现在生活出现的问题，分析原因，寻找对策。

人在成年之前，一直是一种获得的状态，我们接受家人的照顾，接受来自生活的馈赠，但是随着年龄的增长，我们会失去一些东西，比如失去童年的欢乐，失去亲人，每一次失去，都会伴随痛苦。有的人在痛苦中一蹶不振，陷入低迷，也有人能够从痛苦的废墟中爬起来，重新拥抱生活。

### （四）始终自律

健全人格的培养离不开顽强的意志品质。一个人始终能做到管理自己的生活，管理自己的情绪和事件，做一个自律的人，才能是一个健康的人。很多新生进入大学生活，出现了不适应，觉得大学的时间很宽松，老师讲课的方式发生了改变，自己可支配的时间变多了，学校内可以参与的各项活动也变多了，却变得无所适从。在高中阶段，学生都是为了高考而努力，时间管理完全交给老师和学校；但是进入大学之后，学习方式的转变，学生的自由时间增多，不会管理自己时间的学生，就会浪费很多时间，虚度时光的人总是会给自己找很多借口。

在时间管理上不自律，就会浪费学习和奋斗的时间。如果在其他方面不自律，容易受到各种诱惑的影响，对自己的安全产生威胁。这几年在校园里悄然流行的校园贷，就是利用了大学生的自律能力差，风险意识低，容易产生攀比心理和超前消费的心理。正是由于大学生对自己的消费行为的不自律，出现超前消费，又对充满诱惑的网络贷款平台没有足够强大的抵制能力，深陷校园贷泥潭，无法自拔，既影响自己的学业，也造成严重的经济损失。也有的大学生在校期间不愿意认真学习专业知识，不愿意吃苦受累，想要一劳永逸，想要一夜暴富，陷入了传销组织，影响了自己的发展。还有的大学生在性行为方面没有做到自律，感染了艾滋病，毁掉了自己的大好前程。做一个自律的大学生，明辨是非，并能够克制自己内心的贪欲，能够将自己的行动和目标统一起来，才能够不断努力，实现自己的理想和抱负。

### （五）感恩爱的滋养

想要做一个人格健全的人，首先要学会感恩，感恩给予你爱和关怀的每个人。我们每个人都是在家人、朋友、师长的关怀之下长大，很多时候也能感受到来自陌生人的关怀和善意。我们要主动发现身边的爱，并且学会感恩。只有这样，你才能成为一个精神富足的人，你才能在自己深陷困境的时候，有勇气和资本对抗生活的考验。有的同学会想，我的家庭并不温暖，我小时候父母总是吵架，他们的婚姻关系破裂了，我在其中深受其害，我感受不到爱，我也不会爱别人，我觉得这个世界都是冷漠的。这些生活在不幸的家庭中的孩子，主动在自己的内心世界筑起了一道篱笆，将自己的感受和这个世界都隔离开来，在未来的生活里，始终背负内心的荆棘，不愿意接受来自他人的关心和温暖。

# 自我测评

## 菲尔人格测试

【测试目的】

这个测试是菲尔博士在著名主持人欧普拉的节目里做的，国际上称为“菲尔人格测试”，它已经成为很多大公司人事部门实际用人的“试金石”。

【测试要求】

认真作答 10 项测试内容后，将所有分数相加。

【测试内容】

1. 你感觉最好的时候是（　　）。

A. 早晨　　B. 下午及傍晚　　C. 夜里

2. 你走路时的状态是（　　）。

A. 大步地快走　　B. 小步地快走　　C. 不快，仰着头面对着世界

D. 不快，低着头　　E. 很慢

3. 和人说话时，你常保持（　　）。

A. 手臂交叠站着　　B. 双手紧握着

C. 一只手或两手放在臀部　　D. 碰着或推着与你说话的人

E. 玩着你的耳朵、摸着你的下巴或用手整理头发

4. 坐着休息时，你的姿势是（　　）。

A. 两膝盖并拢　　B. 两腿交叉

C. 两腿伸直　　D. 一腿蜷在身下

5. 碰到你感到发笑的事时，你的反应是（　　）。

A. 发出一个欣赏的大笑　　B. 笑着，但不大声

C. 轻声“咯咯”地笑　　D. 羞涩微笑

6. 当你去一个派对或社交场合时，你会（　　）。

A. 很大声地入场，以引起注意

B. 安静地入场，找你认识的人

C. 非常安静地入场，尽量保持不被注意

7. 当你非常专心工作时，有人打断你，你会（　　）。

A. 欢迎他　　B. 感到非常恼怒　　C. 在上述两个极端之间

8. 下列颜色中，你最喜欢的颜色是（　　）。

A. 红色或橘色　　B. 黑色　　C. 黄色或浅蓝色

D. 绿色　　E. 深蓝色或紫色　　F. 白色

G. 棕色或灰色

9. 临入睡的前几分钟，你在床上的姿势是（　　）。

A. 仰躺，伸直　　B. 俯躺，伸直　　C. 侧躺，微蜷

D. 头睡在一个手臂上　　E. 被子盖过头

10. 你经常梦到自己在（　　）。

A. 坠落　　B. 打架或挣扎　　C. 找东西或人

D. 飞或漂浮　　E. 你平常不做梦　　F. 你的梦都是愉快的

【测试标准】

1. 测试答案计分方法

（1）选 A 计 2 分，选 B 计 4 分，选 C 计 6 分。

（2）选 A 计 6 分，选 B 计 4 分，选 C 计 7 分，选 D 计 2 分，选 E 计 1 分。

（3）选 A 计 4 分，选 B 计 2 分，选 C 计 5 分，选 D 计 7 分，选 E 计 6 分。

（4）选 A 计 4 分，选 B 计 6 分，选 C 计 2 分，选 D 计 1 分。

（5）选 A 计 6 分，选 B 计 4 分，选 C 计 3 分，选 D 计 5 分。

（6）选 A 计 6 分，选 B 计 4 分，选 C 计 2 分。

（7）选 A 计 6 分，选 B 计 2 分，选 C 计 4 分。

（8）选 A 计 6 分，选 B 计 7 分，选 C 计 5 分，选 D 计 4 分，选 E 计 3 分，选 F 计 2 分，选 G 计 1 分。

（9）选 A 计 7 分，选 B 计 6 分，选 C 计 4 分，选 D 计 2 分，选 E 计 1 分。

（10）选 A 计 4 分，选 B 计 2 分，选 C 计 3 分，选 D 计 5 分，选 E 计 6 分，选 F 计 1 分。

2. 结果分析

（1）低于 21 分：内向的悲观者。你是一个害羞的、神经质的、优柔寡断的人，永远要别人为你做决定。你是一个杞人忧天者，有些人认为你令人乏味，只有那些深知你的人知道你不是这样。

（2）21 ～ 30 分：缺乏信心的挑剔者。你勤勉、刻苦、挑剔，是一个谨慎小心的人。如果你做任何冲动的事或无准备的事，朋友们都会大吃一惊。

（3）31 ～ 40 分：以牙还牙的自我保护者。你是一个明智、谨慎、注重实效的人，也是一个伶俐、有天赋、有才干且谦虚的人。你不容易很快和人成为朋友，却是一个对朋友非常忠诚的人，同时要求朋友对你也忠诚。要动摇你对朋友的信任很难，同样，一旦这种信任被破坏，也就很难恢复。

（4）41 ～ 50 分：平衡的中道者。你是一个有活力、有魅力、讲究实际，而且永远有趣的人。你经常是群众注意力的焦点，但你是一个足够平衡的人，不至于因此而昏了头。你亲切、和蔼、体贴、宽容，是一个永远会使人高兴、乐于助人的人。

（5）51 ～ 60 分：吸引人的冒险家。你是一个令人兴奋、活泼、易冲动的人，是一个天生的领袖，能够迅速做决定，虽然你的决定不总是对的。你是一个愿意尝试机会和冒险的人，周围人喜欢跟你在一起。

（6）60 分以上：傲慢的孤独者。你是自负的自我主义者，是一个有极端支配欲、统治欲的人。别人可能钦佩你，但不会永远相信你，会对与你进行更深入的交流有所顾忌和犹豫。

## 思政之窗

“君子”一词是中国人日常生活中使用频率非常高的词汇，诸如“君子之交淡如水”“君子坦荡荡”“君子一言，驷马难追”“君子成人之美”，等等。千百年来，君子已成为中华优秀传统文化中道德楷模的化身，君子人格已成为中华儿女不断追求的理想人格。作为中国特色社会主义事业建设者和接班人的大学生都应该具有完善的新时代君子人格，为此高校需要特别注重大学生的君子人格培养。

大学生新时代君子人格的培育，既要继承和弘扬中华优秀传统文化中君子人格的优秀成分，更要发展和创新适应新时代君子人格的新内容。社会主义核心价值观是新时代君子人格的价值内核，高校必须注重在大学生中培育和践行社会主义核心价值观。高校要培养大学生坚定的理想信念，引导学生牢固树立对马克思主义的坚定信仰，树立共产主义远大理想，在大学生君子人格的培养中要将理想信念铸魂贯穿其中。通过强化教育教学、价值引导、习惯养成，引领大学生把社会主义核心价值观转化为情感认同和行为习惯，这已经成为高校培养人才的核心责任和使命，也是培育大学生君子人格的必然要求。

立德修身是新时代君子人格的基石。高校要注重加强大学生的立德修身，强调立德为基、修身为本。要从政治品德、社会公德、个人道德、家庭美德、职业道德等方面，引导学生“心不役于形，神不逐于物”，追求高尚的精神境界，追求高尚的道德境界。要加强学生的修身养性，把孔子提倡的“仁者爱人”放在道德的首位，通过“己所不欲，勿施于人”“推己及人”来实现人际关系的和谐。“人而无信，不知其可也”“君子养心莫善于诚”，把诚信、坦诚作为君子人格的灵魂，要心胸坦荡、诚实可靠、光明磊落地做人。通过“好学近乎知，力行近乎仁，知耻近乎勇”，实现“三达德”，确立君子人格的基本要素。

## 心灵氧吧

**1. 书籍：《马斯洛说完美人格》**

《马斯洛说完美人格》是 2012 年 9 月出版的图书，作者是马斯洛。

马斯洛是美国著名心理学家。全书汇集了马斯洛核心的人本主义思想智慧，马斯洛在本书中探讨了健全的人格和健康的关系，他认为我们每个人都有一种内在的本性，在某种程度上是“自然的、内在固有的、大自然赋予的”，并且通常是善的。一个人的这种基本核心一旦遭受否定或被压抑，他就会生病。他强调，如果能允许内在本性来引导我们的生活，那么我们就会变得健康、成功，并且因此而幸福。

**2. 电影：《黑天鹅》**

《黑天鹅》是亨利·金执导，格利高里·派克、Helen Westcott 等主演的西部片。影片讲述了有“第一快枪手”之称的庄尼林哥，意图退隐，却总被一些“初生牛犊”骚扰，要求与他决斗，以求将他击败而一举成名的故事。

本电影通过挑选天鹅舞演员的故事揭示了女主角人性中顺从与阴暗共存的一面。在芭蕾舞《天鹅湖》排练的过程中，因前领舞 Beth 离去，总监 Thomas 决定海选新领舞，且要求领舞要分饰黑天鹅与白天鹅。Nina 在排练过程中从那个循规蹈矩的顺从者，一步步触碰到自己内心所隐藏的激烈的阴暗面，然后撕裂结痂，直击心中的真“恶”，并与之反抗，展现了人性中善恶截然分开所带来的心理折磨。

# 项目四
# 突破困境封锁——应对压力与挫折

## 学习目标

### ★知识目标

1. 了解挫折、压力的含义。
2. 熟悉大学生常见的挫折与压力。
3. 认知挫折、压力对人产生的不同影响。

### ★能力目标

1. 学会应对挫折与压力的技巧。
2. 具备抗压和抗挫折的承受力。

### ★素质目标

1. 优化心理素质，提高心理健康水平和挫折承受力。
2. 提高综合素质，增强社会适应能力。

## 项目概述

压力与挫折，任何人都会遇到，对于涉世不深、正在成长的大学生来说，压力与挫折更会经常遇到。面对压力与挫折，个体会有不同的表现：有的个体将压力与挫折转化为一种动力，积极应对；有的个体失去了信心和勇气；而有的个体则显得不知所措……如何帮助和引导大学生正确认识压力与挫折，掌握正确的应对方法，是一个非常现实而又迫切的课题。

## 情景再现

有一位经验丰富的老船长，当他的货轮卸货后在浩瀚的大海上返航时，突然遭遇到了可怕的风暴。水手们惊慌失措，老船长果断地命令水手们立刻打开货舱，往里面灌水。“船长是不是疯了，往船舱里灌水只会增加船的压力，使船下沉，这不是自寻死路吗？”

看着船长严厉的脸色，水手们还是照做了。随着货舱里的水位越升越高，船一寸一寸地下沉，依旧猛烈的狂风巨浪对船的威胁却一点点地减少，货轮渐渐平稳了。

船长望着松了一口气的水手们说：“百万吨的巨轮很少有被打翻的，被打翻的常常是根基轻的小船。船在负重的时候，是最安全的，空船时，则是最危险的。”

**【心理课堂】**

这就是“压力效应”。

那些得过且过，没有一点压力，做一天和尚撞一天钟的人，就像风暴中没有载货的船，一场人生的狂风巨浪便会把他们打翻在地。

# 任务一　源头探秘——挫折、压力从何来

## 一、挫折、压力的含义

### （一）什么是压力

压力这个概念首先由加拿大医师西利（Hans Selye）博士提出。他认为，压力是个体表现出的一种特殊的状态，这种状态是外界刺激引发一系列生理状态的集合。后来，心理学家给予了压力心理学上的定义：压力产生于个体无能力、无资源应对“外在需求”时的一种特定的生理反应。

### （二）什么是挫折

挫折这个词有着丰富的意义，在我国很多古籍中都有记载。《盐铁论·诛秦》中“控弦之民，旃裘之长，莫不沮胆，挫折远遁”。意为失利、失败；《宋史·吴芾传》中“去岁两淮诸城望风奔溃，无一城能拒守者，此秦桧壅塞言路、挫折士气之馀毒也”。意为折断，摧折，损伤；《隋唐嘉话》卷下中“徐大理有功，每见武后将杀人，必据法廷争……终不挫折”。意为屈服；《汉纪·文帝纪上》中“古者大臣……有大罪北面跪而自裁，上不使人挫折而刑之”。意为凌辱。

心理学认为，挫折是指人们在有目的的活动中，遇到阻碍人们达成目的的障碍而产生的情绪和躯体反应，常表现为失望、痛苦沮丧不安等。

大一的马华最近在思考退学的问题。他高考没有发挥好，本来认为应该妥妥地考一本院校的他，最终却只能选择了一个自己并不中意的二本学校。来到这个学校后，发现学校很破旧，完全不是理想中大学的样子，这里的学生似乎也很贪玩，每天都讨论玩游戏，看电影，没有那种一起读书、一起思考的氛围，图书馆里是空空的座位，比起读书，更多的学生喜欢玩手机。马华觉得这都是堕落的表现，自己不该在这样的一所大学度过四年时光，他想自己好好学习，却不知道要学什么，觉得自己的学校很普通，但是自己的分数只能读这样的大学，心情烦闷却无从诉说……

马华的情况很常见，这样的同学在中学的时候对自己的学习要求高，学业期望高，但是高考的时候发挥失利，没有进入理想的高等学府继续深造，充满了对大学的失望和对周围环境的不满，想要顺利地调整挫折反应，就需要调整自己对挫折情境的认知，寻找目前大学的有利一面，通过自己的努力继续去完成中学时候的目标，通过在大学期间好好学习、考研等方式去实现自己对理想学府的向往，才能走出挫折，拥抱大学时光。

## 二、大学生挫折心理产生的原因

### （一）外因性挫折

研究人员经常按照是否与个体本身相关将其分为内部原因和外部原因。外因性挫折是由于外部条件使个体到达目标的进程受阻。例如，上班迟到是因为车胎被扎漏，想要洗澡却发现停水了。通俗地讲，外因性挫折包括失败、拒绝、损失、延误都不是个体本身造成的，而是其他外在原因造成的（图 4–1）。

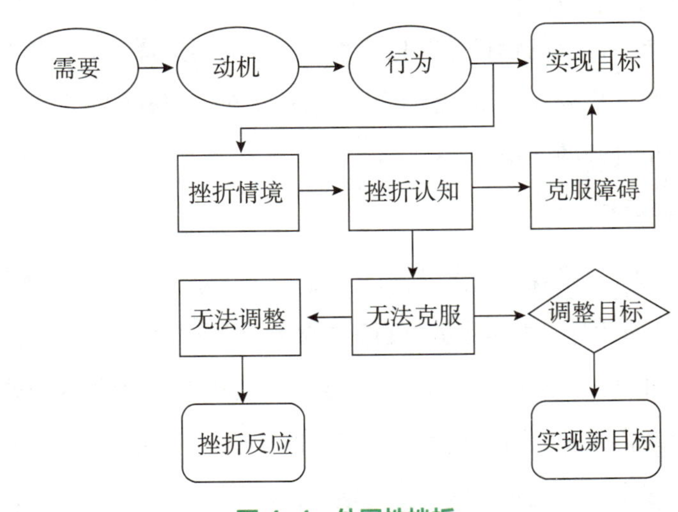


图 4–1　外因性挫折

#### 1. 延迟引起的挫折

大学生处在人生的需求高峰期，无论是物质需求还是精神需求都比其他任何年龄段的人更旺盛。然而，现实生活中大学生并不具备充分满足自身需求的条件，在他们的需求和满足之间形成了一对尖锐的矛盾，导致大学生的需求早该来的还没来，早该有的还没有，从而产生挫折感。除了日常生活中各种期待不能都及时实现外，大学生所遇到的最普遍的延迟挫折是性需要满足延迟，性挫折对大学生身心健康有深刻的影响。

#### 2. 阻挠引起的挫折

阻挠挫折是导致大学生挫折感的最主要原因。它包括个体特征引起的阻挠和外界因素引起的阻挠。个体特征引起的阻挠是指大学生自身容貌、身材、体质、知识、能力、性格等方面的局限，造成的“理想我”与“现实我”的冲突。除了个体特征外，外界因素引起的阻挠则更多。比如，高校规章制度的要求使一些大学生感到约束压抑，几人一室的集体宿舍使一些想住得宽敞、我行我素的人感到不舒适，“三点一线”的生活让一些同学觉得枯燥乏味，文体设施缺乏会使一些文体爱好者难以发展兴趣，等等。

### （二）内因性挫折

基于个体自身原因造成的挫折统称为内因性挫折。例如，一个人考试成绩平平，却非要报考重点大学。特别要说明的是，内因性挫折有时也可以认为是外部原因引起的。

#### 1. 动机冲突引起的挫折

当若干个动机同时存在而难以取舍时，就会形成动机冲突，随着动机的强度、紧迫性或重要性的提高，人的挫折感也会增大。动机冲突有四种基本形式：

（1）双趋冲突：当两个目标都符合需要，并且有相同强度的动机，但只能择其一时，就出现了难以取舍的冲突。

（2）双避冲突：两个目标都不好，都不想要，但非得要一个，“二者必居其一”。

（3）趋避冲突：指某一目标既有利又有害，吸引力与排斥力共存。

（4）双趋避冲突：即两个目标各有所长、各有所短，令人无法选择。

随着社会的发展，大学生面临的选择冲突也会增加，故如何选择，如何把握机会，已成为大学生心理素质的重要组成部分。大学生要充分认识到：每个人的动机、目标的满足和实现，只能局限在一个有限的范围内，心想事成只是良好的愿望。

#### 2. 不合理的认知方式引起的挫折

认知是指人们对事物的认识或观点。大学生认知方式的差异，对同一事物有可能产生不同甚至完全相反的看法，引起不同的心理反应。大学生的挫折感主要源于不合理的认知，主要表现为如下几个方面：

（1）不应发生。人生的航程不是一帆风顺的，会不可避免地遇到各种困难和障碍。每一个步入大学校园的大学生都有一个或长或短的适应过程，适应中的矛盾、冲突、痛苦在所难免，也很正常。然而，一些大学生却不能很好地接受这一现实，常常把生活中的不顺利、不愉快，学习、交往中的失败看作不应该发生的。他们面对考试亮“红灯”，竞选班干部落选，与同学发生矛盾，好朋友有负自己等，要么束手无策，变得烦躁易怒，要么失去信心，抑郁自闭，个别人甚至轻生。

（2）以偏概全。不少大学生一次考试不理想，就认为自己头脑笨，将来肯定不会有什么大的前途；一次失恋，就断定自己不讨人喜欢，对异性没有吸引力。这种以一两件事来评价自己整个人、评价自身价值的认知，很容易使大学生走上自我否定、悲观失望的狭路，引起强烈的挫折反应。

（3）夸大后果。把某一个挫折的发生想象得非常可怕，糟糕透顶。此时的挫折感受主要是想象挫折感受，这比实际挫折所带来的影响要大得多，是一种放大了的挫折。其实，许多事情并不是想象的那么可怕，很多情况下是人们自己在吓唬自己。

## 知识扩展

### 创伤后应激障碍

创伤后应激障碍（PTSD）是指个体经历、目睹或遭遇到一个或多个涉及自身或他人的实际死亡，或受到死亡的威胁，或严重的受伤，或躯体完整性受到威胁后，所导致的个体延迟出现和持续存在的精神障碍。PTSD 的发病率报道不一，女性比男性更易发展为 PTSD。

PTSD 的发生与很多因素相关联，这些因素主要分为家庭、社会心理因素（如性别、年龄、种族、婚姻状况、经济状况、社会地位、工作状况、受教育水平、应激性生活事件、个性特征、防御方式、童年期创伤、家庭暴力、战争、社会支持等）和生物学因素（如遗传因素、神经内分泌因素、神经生化因素等）。其中重大创伤性事件是 PTSD 发病的基本条件，具有极大的不可预期性。

PTSD 的核心症状有三组，即创伤性再体验症状、回避和麻木类症状、警觉性增高症状。但儿童与成人的临床表现不完全相同，且有些症状是儿童所特有的。

创伤性再体验症状。主要表现为患者的思维、记忆或梦中反复、不自主地涌现与创伤有关的情境或内容，也可出现严重的触景生情反应，甚至感觉创伤性事件好像再次发生一样。

回避和麻木类症状。主要表现为患者长期或持续性地极力回避与创伤经历有关的事件或情境，拒绝参加有关的活动，回避创伤的地点或与创伤有关的人或事，有些患者甚至出现选择性遗忘，不能回忆起与创伤有关的事件细节。

警觉性增高症状。主要表现为过度警觉、惊跳反应增强，可伴有注意力不集中、激惹性增高及焦虑情绪。

有些患者还可表现出滥用成瘾物质、攻击性行为、自伤或自杀行为等，这些行为往往是患者心理行为应对方式的表现；同时抑郁症状也是很多 PTSD 患者常见的伴随症状。

儿童的创伤性再体验症状可表现为梦魇，反复再扮演创伤性事件，玩与创伤有关的主题游戏，面临相关的提示时情绪激动或悲伤等；回避症状在儿童身上常表现为分离性焦虑、黏人、不愿意离开父母；高度警觉症状在儿童身上常表现为过度的惊跳反应、高度的警惕、注意障碍、易激惹或暴怒、难以入睡等。而且不同年龄段的儿童其 PTSD 的表现也可能不同。

# 任务二　直面逆境——挫折、压力的影响

压力管理和挫折应对是人生的两个重要的课题。压力与绩效呈一个倒U型的关系，压力太小不利于激发人的动力，压力过大又使人被压抑，导致不能得到高的绩效，所以要有适当的压力才能有一个好的工作绩效。情绪管理是个体能正确地察觉和认知自己的状态，并适度地运用理性克制负面情绪和缓解过重压力，从而形成心平气和的正面情绪和积极向上的心态。格罗斯（James Gross）提出的情绪调节两阶段过程模型把情绪调节策略归为认知重评和表达抑制两大类。认知重评是从认知上改变个体对情绪事件的理解，从而改变其情绪体验，属于先行关注的情绪调节策略；表达抑制是指通过个体的自我控制能力对将要发生或正在发生的情绪表达进行抑制，只是改变了外部情绪表现，情绪体验并没有因此改变，属于反应关注的情绪调节策略。大量研究表明，善于使用认知重评策略的个体其幸福感、抑郁和满意度等，反映心理健康水平的指标较积极（图4–2）。

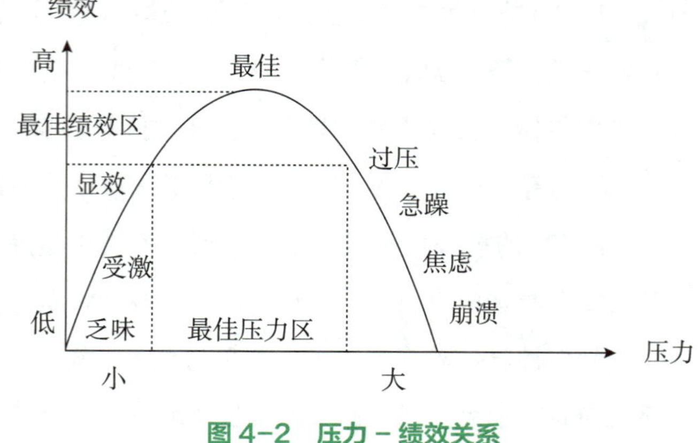


图4–2　压力－绩效关系

## 一、积极影响

### （一）磨炼性格和意志

大学生生活在条件较好的家庭和校园环境里，虽然这种环境有利于他们的成长，但也降低了他们对挫折的承受能力，不利于坚强性格的形成。一旦遇到困难，将承受过大的压力。如果所经历的挫折多了，他们承受压力和挫折的能力就会增强，就能更清醒、更深刻地认识所面对的问题，其性格也就变得更坚强。

### （二）增强情绪反应能力和解决实际问题的能力

大学生面临困难或压力时，其神经中枢受到强烈的刺激会引起情绪激奋、精力集中，整个神经系统兴奋水平提高，在这种情况下，个体表现出精神焕发、思维加快、情绪反应能力大大提高的状态。同时，大学生可以在解决困难和应对压力的过程中获得经验，提高解决问题的能力。

### （三）正确地认识自我，提高生活适应能力

许多大学生对社会、对自己都存在一些不切实际的想法，当他们以这些想法指导自己的行动时，就容易出现挫折。挫折无疑会使他们的头脑更清醒，进而对自身做出合乎实际的评价；同时挫折也使他们对生活和社会有较为客观的认识，从而增强自身适应现实生活的能力。

## 二、消极影响

### （一）降低学习效率

学习是一种积极的思维活动，学习效率除受个体的智力水平和知识水平的制约外，还与学习者的情绪状态、自信心等因素密切相关。在现实生活中，有许多大学生在遇到失恋、考试失败、亲人去世等挫折后，学习成绩明显下降。

### （二）降低思维能力与生活能力

大学生受挫后，容易出现情绪波动和行为偏差。如果持续遭受挫折，神经系统则可能变得混乱。这样不但会大大降低他们的思维创造能力，而且会大大降低他们的生活适应能力。

### （三）性格改变与行为偏差

当大学生遭遇重大压力或持续性挫折而又无法做出相应的调整时，就会使某些行为反应形成相应的习惯模式或个性特征。比如，一位对爱情充满憧憬、热情开朗的女大学生，因恋爱屡次失败，而对爱情不再抱有热情和希望。这种消极态度的持续发展，使其个性从外向热情变得深沉世故。同时，受挫的人处在应激状态下，感情易冲动，自控能力较差，不能正确判断自己的行为及其后果，可能做出违反社会规范的行为。

挫折具有双重效应，大学生要多关注积极方面：挫折能调动大学生的心智，促使大学生更快更好地成熟进步；大学生的挫折承受力只有在挫折经历中才能得到真正的培养和提高。从心理卫生的角度看，多从光明面看问题，多看到挫折所包含的积极意义，有助于减少挫折的消极影响，有益于身心健康。

## 互动课堂

### 寻找压力下的支持力量

请回答以下15个问题，这个测试可以帮助你评估你的社会支持系统是否完善。你一共列出了多少个人？除了家人、恋人，还剩下几个？这些具体的人构成了你的支持系统。

1. 在你的上司当中，你最喜欢谁？
2. 为完成一个重要的使命，你派谁？
3. 为商讨新的观念，你找谁？
4. 郊游消遣，你找谁做伴？
5. 面临严重问题，你会找谁帮忙？
6. 经济拮据时，你向谁开口？
7. 被困孤岛，你巴不得谁在身边？
8. 奉命出国，你把家务托给谁照顾？
9. 倒在病床上，你喜欢谁来照顾？

10．当你与男朋友或女朋友分手时，你会向谁倾诉？

11．若你与家人吵架，你会找谁倾诉？

12．当你获得别人称赞或者嘉许时，你会与谁分享？

13．若你的考试成绩不理想，你会向谁说？

14．当你在功课上有问题时，会向谁请教？

15．若你在事业上要做决定时，会向谁询问意见？

如果少于3人，则表明你的支持系统很不完善；3～5人，则表明你的支持系统不太完善；5～8人，则表明你的支持系统比较完善；8人以上，则表明你的支持系统非常完善。

社会支持系统指的是个人在自己的社会关系网络中所能获得的、来自他人的物质和精神上的帮助和支援。一个完备的社会支持系统包括亲人、朋友、同学、同事、邻居、老师、合作伙伴等，当然，还应当包括由陌生人组成的各种社会服务机构。每一种系统都发挥着不同作用：亲人主要提供给我们物质和精神上的帮助，朋友则承担着较多的情感支持，而同事及合作伙伴则是在业务交流方面给予我们帮助。社会资源利用度也影响着支持系统的力量，如何合理利用社会资源，不能一味拒绝，也不能过度依赖，是需要我们遵守的原则。同样，社会支持系统也需要我们自己去努力建立并维护。每个人都有其局限性，没有一个人能独自解决所有的困难，如何构建并经营好属于自己的社会支持系统是需要方法和策略的。

# 任务三 乐观进取——挫折、压力应对策略

## 一、学会应对挫折与压力的技巧

大学生要应对压力与挫折，必须发挥自身的主观能动性，掌握和运用一些行之有效的技巧和方法。

### （一）正确归因法

归因是指个体依照主观感受或经验对自己或他人行为及其结果发生的原因予以解释与推测的心理活动过程。归因是在个体经验的指导下进行的，因此，结果可能是正确的，也可能出现误差，甚至完全错误。导致挫折的原因很多，可以将其归为两大类：一类是主观原因，如努力不够，能力低下；另一类是客观原因，如生理缺陷、疾病、容貌、身体等条件的限制，以及自然、社会等外部因素的干扰、破坏等。一般来说，倾向于外归因的人，虽然可以保持内心的暂时平衡，但他不能从挫折中吸取教训；倾向于内归因的人，往往承担了过多的责任，容易丧失自信。大学生应对挫折进行正确归因，即对内、外两方面原因加以综合考虑，如从能力、努力、任务难度、运气、身心状况、他人反应几个方面进行恰当的自我

成败归因。正确归因能激发大学生前进的动力，增强战胜压力与挫折的勇气和信心。

### （二）自我暗示法

自我暗示是指用含蓄、间接的方式对自己的心理和行为产生积极影响。当一个人遭遇挫折，受到打击时，要提醒自己："我要振作，我要成功，我定能做到，我要下定成功的决心，失败就永远不会把我击垮。"运用积极的心理暗示可以振作精神，增强信心。

### （三）目标调整法

目标调整法指目标受挫后重新寻找方向，调整期望值，重新确立更切合实际的新目标。目标调整法既能抑制和阻止不符合目标的心理和行动，又能引发和推动人们采取达到目标所必需的行动，从而战胜挫折。当大学生在通向目标的道路上受阻时，如经分析所追求的目标是现实的，就不要放弃，应战胜困难，实现目标。当行为主体由于自身条件或社会因素的限制，经多次努力达不到目标时，可调整目标或降低要求，改变行为方向，缓解心理上的冲突，增强勇气和信心，以达到更切合实际的新目标。

### （四）合理宣泄法

大学生受挫后会产生压抑、焦虑、愤怒和不安等消极情绪，如不妥善化解，会给社会和学生本人带来不良后果。因此，应采取合适的方式，选择适宜的场合和形式宣泄受挫后的情绪，从而恢复理智感和心理平衡。宣泄的方式有倾诉、哭喊、运动、转移等。不论采取何种方式，都要以不损害他人、集体和社会的利益，合乎社会规范，不激化矛盾为原则。

### （五）社会求助法

人是社会性动物，任何人都不能离开他人而生存。人与人之间是需要互相关心、互相帮助、互相爱护的，这是一种社会支持，它可以调适个体的压力和挫折。研究发现，社会支持可以降低压力和挫折对大学生的消极影响，并且降低压力和挫折导致疾病的发生率。因此，对于大学生而言，在面对压力与挫折时，要主动寻求社会支持，如寻求感情、物质及信息方面的支持，对减轻心理压力、降低压力和挫折对个体的消极影响是十分重要的。此外，心理咨询也是寻求社会支持的有效方式之一。

### （六）自我放松法

大学生在面对压力和挫折时最常见的表现是心理和肌肉的紧张。因此，调适压力的一个重要策略就是要学会放松自己，让自己的身体或心理由紧张状态转向松弛，从而逐渐消除紧张。常用的放松方法有游泳、做操、散步、听音乐等。当压力和挫折事件不断涌现时，持续数分钟的放松对缓解不良情绪的作用相当显著。另外，还可以学习一些自己放松的应对压力方法，如深度呼吸训练、肌肉放松训练、静坐训练、意向训练、系统脱敏训练等。

### （七）丰富生活法

课余生活占大学生活的四分之一。健康的课余生活可以愉悦身心、获得朋友、增进友谊、减少压力与挫折导致的紧张感。丰富的课余生活如阅读书籍、报刊，参加各种学术活动，参加志愿者服务活动等，既锻炼了能力，拓宽了知识面，又在一定程度上增强了个体应对压力与挫折的信心和勇气。尤其是适当参加体育锻炼活动，可以使身体健壮、精力充沛、应对能力增强。

## 二、提升抗压力和挫折承受力

生活中，有的人能忍受严重挫折，百折不挠，永不妥协，在逆境中奋起，直到重新获得成功；有的人稍遇挫折即意志消沉，一蹶不振；有的人能承受生活、学习、工作中的压力，却不能忍受自尊心受到点滴伤害；等等。这都是由个体对压力和挫折的承受力决定的。抗压力和挫折承受力是人们适应、抵抗和应对压力和挫折的一种能力，即指个体对压力和挫折的可忍耐、可接受程度的大小。大学生提升抗压力和挫折承受力，可以从以下几个方面入手。

### （一）保持积极乐观的心态

做到失败不失志。面对挫折更加坚定信心、乐观向上、自强不息、顽强拼搏，最终战胜挫折取得成功。

### （二）保持适中的自我期望水平

大学生精力充沛、朝气蓬勃，对生活充满着希望和梦想，对学习、生活往往怀有较高的期望和要求。而通常他们对生活中所遇到的坎坷估计不足，对自己的能力、知识水平也缺乏全面和系统的认识，一旦遭遇压力和不顺就容易产生挫折感。因此，大学生要根据自己的实际情况来确定学习、人际交往、工作以及未来等方面的短期和长期目标，既不要轻易地否定自己，也不要过高地估计自己，尽量保持适中的自我期望水平。

### （三）学会分析压力和挫折

当代许多大学生存在着理想与现实、自尊与自卑等多种心理的矛盾。因此，对于大学生来说，在全面认识自己的基础上，对大学生的不同阶段影响自己成长的主要心理压力和挫折进行分析，对提升抗压力和挫折承受力是至关重要的。譬如：经济压力是来源于贫困，还是过度开支引起的？心理压力是自卑引起的，还是交往不适引起的？通过分析及时找准自己存在的主要心理压力与挫折，然后有针对性地学习、努力提高，适时调整、解决心理压力和化解挫折情景，从而达到提高大学生抗压力和挫折承受力的目的。

### （四）积极投身实践活动

当代大学生没有经历过“激情燃烧的岁月”，大都生活在平静、安逸、舒适的生活氛围中，容易形成安于现状和贪图享受的个性。因此，大学生十分有必要走到教室外面那个无边无际的大课堂，多经风雨、见世面，从“坐而论道”发展到“起而力行”，在实践中受到磨炼和考验，从而变得更加成熟和坚强。为此，大学生可以积极投身校内外社会实践，如科技下乡，参加青年志愿者活动，从事社会调查，进行家教和专业实习，参加讲演竞赛、远足、野营、登山、拉练、军训等专题实践活动。在实践活动中体验压力，面对挫折，磨炼意志，战胜自我，并从中获取社会经验，正视人生舞台后面的许多真实情景，领悟人生的哲理。

# 自我测试

## 压力的测量——PSTRI 压力测量表

【测试目的】

成功的过程是孤独的，更是充满压力的，如果可以挺过去，就会比别人获得更大的成就。每个人的心理承受能力都不同，该测试表可以帮你了解自己所承受的心理压力程度。

【测试要求】

你可以用大约 10 分钟的时间来填写 PSTRI 压力测量表（表 4–1），仔细阅读下列每一条陈述，根据自己的实际情况按发生频率进行打分，填写完毕后将你对每一项目的评分相加计入总分，从分数解释表上找到你的总分所在位置，并认真阅读后面的解释。

【测试内容】

表 4–1　PSTRI 压力测量表

| 序号 | 陈述 | 总是 | 经常 | 有时 | 很少 |
|---|---|---|---|---|---|
| 1 | 我受背痛之苦 | | | | |
| 2 | 我的睡眠不足且睡不安稳 | | | | |
| 3 | 我头痛 | | | | |
| 4 | 我颚部疼痛 | | | | |
| 5 | 若需要等待，我会不安 | | | | |
| 6 | 我的后颈感到疼痛 | | | | |
| 7 | 我比多数人更神经紧张 | | | | |
| 8 | 我很难入睡 | | | | |
| 9 | 我的头感到紧或痛 | | | | |
| 10 | 我的胃有毛病 | | | | |
| 11 | 我对自己没有信心 | | | | |
| 12 | 我会自言自语 | | | | |
| 13 | 我忧虑财务问题 | | | | |
| 14 | 我与他人见面时会胆怯 | | | | |
| 15 | 我怕发生可怕的事 | | | | |
| 16 | 白天我觉得很累 | | | | |
| 17 | 下午我感到喉咙痛，但并非由于感冒 | | | | |
| 18 | 我心情不安，无法静坐 | | | | |
| 19 | 我感到非常口干 | | | | |
| 20 | 我的心脏有毛病 | | | | |
| 21 | 我觉得自己不是很有用 | | | | |

续表

| 序号 | 陈述 | 总是 | 经常 | 有时 | 很少 |
|---|---|---|---|---|---|
| 22 | 我吸烟 | | | | |
| 23 | 我肚子不舒服 | | | | |
| 24 | 我觉得不快乐 | | | | |
| 25 | 我流汗 | | | | |
| 26 | 我喝酒 | | | | |
| 27 | 我很敏感 | | | | |
| 28 | 我觉得自己像被四分五裂了似的 | | | | |
| 29 | 我的眼睛又酸又累 | | | | |
| 30 | 我的腿或脚抽筋 | | | | |
| 31 | 我的心跳快速 | | | | |
| 32 | 我怕结识新人 | | | | |
| 33 | 我的手脚冰冷 | | | | |
| 34 | 我患便秘 | | | | |
| 35 | 我未经医师的指示使用各种药物 | | | | |
| 36 | 我发现自己很容易哭 | | | | |
| 37 | 我消化不良 | | | | |
| 38 | 我咬指甲 | | | | |
| 39 | 我耳中有“嗡嗡”声 | | | | |
| 40 | 我小便频繁 | | | | |
| 41 | 我有胃溃疡的毛病 | | | | |
| 42 | 我有皮肤方面的毛病 | | | | |
| 43 | 我的咽喉很紧 | | | | |
| 44 | 我有十二指肠溃疡的毛病 | | | | |
| 45 | 我担心我的工作 | | | | |
| 46 | 我有口腔溃疡 | | | | |
| 47 | 我为琐事忧虑 | | | | |
| 48 | 我觉得胸部紧迫 | | | | |
| 49 | 我呼吸浅促 | | | | |
| 50 | 我发现很难做决定 | | | | |

【测试标准】

1. 分值统计

总是计为 4 分，经常计为 3 分，有时计为 2 分，很少计为 1 分。

2. 结果解释

下列每段分数都相隔半个标准差，而总平均分数是 54 分。将自己的分数与下列分数做比较，就可以了解自己当前的压力程度。

93 分以上：表示你经受着极度的压力并且它正在危害你的健康。你需要专业的心理医生治疗。

82 ～ 92 分：表示你正经受太多的压力。压力正在损害你的健康并导致你的人际关系发生问题。你的行为既伤害自己，也可能会影响他人。因此，对你来说，学习如何减少自己的压力反应是非常重要的。你可能必须花很多时间做练习，学习控制压力，也可以寻找专业的帮助。

71 ～ 81 分：表示你的压力程度为中等，它可能正开始对你的健康产生不利影响。你可以仔细反省自己对压力是如何反应的，并学习在压力出现时控制自己的肌肉紧张，以消除生理应激反应。求助心理咨询师会对你有帮助，或者选择适合的放松训练方式进行放松。

60 ～ 70 分：表示你生活中的兴奋和压力量也许是相当适中的，偶尔会有一段时间压力太大，但你也许有能力去管理压力，并且能够很快地回到平静的状态。因此，它对你的健康并不会造成威胁。做一些放松训练是有益的。

40 ～ 59 分：表示你能够控制你自己的压力反应，你是一个相当放松的人。也许你对于所遇到的各种压力，并没有将它们解释为威胁，所以你很容易与人相处，可以毫无惧怕地胜任工作，也没有失去自信。

38 ～ 48 分：表示你对所遭遇的压力毫不在乎，好像并没有发生过一样。这对你的健康不会有影响，但你的生活缺乏适度的兴奋。因此，趣味也就有限。

27 ～ 37 分：表示你的生活可能是相当沉闷的，即使刺激或有趣的事情发生了，你也很少有反应。可能你必须参与更多的社会活动或娱乐活动，以增加你的压力激活反应。

16 ～ 26 分：表示你在生活中所经历的压力经验不够，或者你并没有正确地分析自己。你最好更主动些，在工作、社交、娱乐等活动上多寻求一些刺激。做放松训练对你没有很大用处，但一些心理辅导也许会对你有帮助。

如果你的分数在 43 ～ 65 分之间，那么你的压力是适中的，不必寻求改变生活状态；如果你的分数低于 43 分或高于 65 分，那表示你可能需要调整生活状态。低分者需要更多刺激，高分者则需要更好的压力管理。

## 思政之窗

从中华人民共和国成立时的一穷二白到现在世界第二大经济体，中国用几十年时间走完了发达国家几百年走过的工业化历程，在全国范围内消除绝对贫困。这样的成就，让全体中国人民感到无比自豪、无比骄傲！令世界刮目相看！

中国取得的成就不是天上掉下来的，更不是别人恩赐施舍的，而是中国共产党团结带领全国各族人民用勤劳、智慧、勇气奋斗出来的！正如习近平总书记所指出的，团结奋斗是中国人民创造历史伟业的必由之路。今天，我们行进在实现第二个百年奋斗目标新的赶考之路上，要努力创造一个更加伟大的时代，绝不能忘记要继续艰苦奋斗。这种奋斗既体现在全社会以创新推进国家经济、科技、教育、文化、生态等各领域的发展上，也体现在我们每个人对国家、社会、家庭做好每一件事情上，用奋斗不断创造价值、收获幸福生活。

奋斗是一种思想上的超越与坚持。奋斗从来都是一种心灵的锤炼，是对遭遇坎坷、崎岖、荆棘、挫折、阻挠、彷徨的克服。那些艰难困苦正是奋斗者成长的必经之路，没有任何奋斗者能够避免。也正是那些艰难困苦，让奋斗者的人生闪烁着耀眼的光芒。艰难困苦，玉汝于成。强者，总是从挫折中不断奋起、永不气馁。我们的民族就是这样的强者。千百年来，虽然历经苦难，但没有任何一次苦难能够将我们打垮。也正是在苦难中，我们的民族精神、意志、力量得到一次次升华。

## 心灵氧吧

### 1. 书籍：《平凡的世界》

《平凡的世界》是一部现实主义小说，也是小说化的家族史。作品高度浓缩了中国西北农村的历史变迁过程，达到了思想性与艺术性的高度统一，主人公面对困境艰苦奋斗的精神，对今天的大学生朋友仍有启迪。这是一部全景式地表现中国当代城乡社会生活的长篇小说，全书共三部。作者在广阔的背景下，通过复杂的矛盾纠葛，刻画了社会各阶层众多普通人的形象。劳动与爱情、挫折与追求、痛苦与欢乐、日常生活与社会冲突纷繁地交织在一起，深刻地展示了普通人在大时代历史进程中所走过的艰难曲折的道路。

### 2. 电影：《阿甘正传》

《阿甘正传》是由罗伯特·泽米吉斯执导的电影，由汤姆·汉克斯、罗宾·怀特等人主演，电影改编自美国作家温斯顿·格鲁姆于1986年出版的同名小说，描绘了先天智障的小镇男孩福瑞斯特·甘自强不息，最终“傻人有傻福”地得到上天眷顾，在多个领域创造奇迹的励志故事。

阿甘是个智商只有75的智力障碍孩子。在学校里为了躲避别的孩子的欺侮，听从一个朋友珍妮的话而开始“跑”。在中学时，他为了躲避别人而跑进了一所学校的橄榄球场，后被大学破格录取，并成了橄榄球巨星，受到了肯尼迪总统的接见。阿甘的智商尽管并不高，但他的身上具有这个社会非常需要的诚实、守信、勇敢、真诚等美德。影片的开始，我们或许会被阿甘的木讷所逗乐，在他面前，我们充满着优越感，但在影片结束时，我们却不得不被他的真诚感动。

# 项目五
# 驾驭学海方舟——构建学习心理

## 学习目标

### ★知识目标

1. 了解学习动机、作用及类型。
2. 熟悉影响学习动机的因素。
3. 了解大学生学习的基本特征。

### ★能力目标

1. 能自我缓解大学生常见的学习心理问题。
2. 能运用恰当的学习理念、方法和学习工具来满足自我学习的需求。

### ★素质目标

1. 贯彻“终身学习”理念。
2. 充分地挖掘学习潜能，实现自我完善，体现自我价值。

## 项目概述

学习是人自身和环境相互作用、相互影响的过程，是人身心发展不可或缺的一个重要途径，是人们认识客观世界、改造客观世界的必要手段。然而，大学期间的学习跟义务教育及高中阶段的学习有着本质的区别，大学的学习环境、教学方式、教学内容和学习方式等都发生了巨大的转变，导致部分大学生在学习中可能会遇到诸多困惑和不适应，如学习适应不良、对专业不感兴趣、学习动力不足和考试焦虑等。当前大学生厌学、逃课、考试不过关等问题较为突出，甚至“混学历”成了某些学生的最终学习目标。如果不能及时化解这些心理问题，不仅影响学业的顺利完成，而且会影响大学生的心理健康。

## 情景再现

刘慧是一名日语专业的女生，大学几年，对她来说是一个不断历练、不断成长的过程。从大一开始，她便珍惜时间，努力学习，每天坚持早起晨读是她大学生活中不可缺少的内容。除了学习、工作，她喜欢到图书馆看书，积极参加校园活动，在班级里成绩一直保持在前两名。她的大学生活紧张忙碌并获得多个奖项，充实而精彩，快乐而丰富。成长与变得优秀没有太多秘诀，正如她所认为的，在学习中找到快乐和坚持不懈的奋斗精神才是最重要的。

关于学习，她已通过日语一级考试，英语四、六级考试。刘慧分享她学习外语经验时说，学习日语，或者其他语言类学科，语感以及良好的语言环境是极其重要的。她刚进大学时对日语一窍不通，基础特别差，所以她每天坚持去行政楼前的凉亭早读，培养语感，平时也会看一些日语电影和动漫作品，用一种轻松快乐的方式营造了一个有利于学习语言的环境。刘慧每天坚持早起晨读，她认为早读不仅对学习有帮助，更是美好一天的开始，这几年的晨读让她有了很多的改变，不仅学习有了进步，心境也有了提升，这也许只有每天晨读的人才能感受到。

刘慧接下来所做的是继续提高自己，她选择了考研。考研的路途虽艰辛，但更多的是充实。她说："我很感谢在这路途上有我的室友与我一起奋斗。每天都有目标，完成这道题，看完这本书，有些人会觉得从早上 6 点到晚上 10 点多一直闷在教室很辛苦，但只要沉浸其中你会觉得这样的生活是很幸福和快乐的。"

**【心理课堂】**

对于刘慧来说，大学里淡去的是青春的疯狂与骄纵，带来的是脚踏实地的充实与精彩。大学生已经进入了专业学习阶段，和以往的学习会有所不同，不同的学习内容和方式也会产生不同的学习心理。直接经验和间接经验的积累都是大学生学习的目标，同学们应该充分了解自己的学习心理，更加努力地完成大学学习目标。

# 任务一　为啥要学习——学习动机分析

## 一、学习动机及其作用

学习动机是指激发个体进行学习活动，维持已引起的学习活动，并使学习行为朝向一定目标的一种内在过程或内部心理状态。学习动机可以用作解释引发、定向与维持学习行为的原因。

### （一）引发作用

当学生对于某些知识或技能产生迫切的学习需要时，其学习内驱力就会被引发、内部的激动状态就会被唤起，从而产生焦急、渴求等心理体验，并激发起一定的学习行为。对于小风来讲，其实摆脱目前这个不喜欢的学校和不喜欢的专业就可以作为他的学习动机，不管是为了转换专业还是为了后面保研、考研做准备，他都需要尽快做好学习的准备，走出困境。

### （二）定向作用

学习动机以学习需要和学习期待为出发点，使学生的学习行为在初始状态时就指向一定的学习目标，并推动学生为达到这一目标而努力学习。一旦小风确定了自己的目标，比如，考研到某大学读自己喜欢的专业，那么小风就需要去思考达成自己目标的方法，是否需要在现在学校选修相关专业课，如何进行考研各门功课的准备，怎样对自己的大学四年进行规划，等等。一旦明确了学习目标，眼前的路就会越来越明朗。

### （三）维持作用

学习动机促使学生能在长时间的学习活动中保持认真的态度，坚持完成学习任务，这就是学习动机的维持作用。在学习动机的激发下，小风会为此而付出不懈努力，直至达成自己的目标。

## 二、学习动机的类型

学习动机分内部动机和外部动机。内部动机是指学习活动本身的意义和价值引发的动机。内部动机的满足在活动之内而不在活动之外。学生努力学习仅仅是因为他们对活动本身感兴趣或好奇，或者在学习中能收获乐趣。例如，许多学生愿意学习摄影或者电影欣赏之类的课程，即使不一定得到学分或者高分，也会持之以恒地钻研，就是受内部动机的驱动。

内部动机还是一种寻求挑战并征服挑战的自然倾向。学生努力学习还可能是因为要锻炼和提高自我能力。也就是说，内部动机是“当我们并不必须做某事时，而激励我们做该事的因素”。当受到内部动机激励时，我们不需要来自外界的诱因或惩罚，因为活动本身就是报偿。

外部动机是指学习活动的外部后果引起的动机，从事学习活动是达到某一结果的手段。外部动机的满足不在活动之内而在活动之外。学生努力学习是想在考试中获得好成绩、得到奖励、取悦老师或者逃避惩罚，学习成了获得表扬的一种手段。

自我决定理论认为，外部动机是指个体自主性较弱的动机，主要还是受到外部压力的影响才产生行为，如期限、父母的奖励或老师的夸奖等，具有外部动机的个体常常感到压力或者焦虑。而内部动机则是自我决定程度最高的动机，个体发自内心想做某些事，在做的过程中他们感到幸福、快乐并且享受这一过程，表现也会更好。

使用强化和奖励诱发外部动机的做法，被普遍认为会影响原有内部动机，降低学生学习的自主性，因而受到了很多批评。有研究者认为，奖励会使学生把注意力放在奖励上而不是任务本身，使得他们的表现越来越糟糕，做起事来也越来越斤斤计较，他们总是在绞尽脑汁希望用最少的努力来赢得最大的奖励，而不是想方设法高质量地进行学习。由此，我们可以知道，我们应该更多地依赖内部动机去学习，而避免成为他人奖励与夸奖的“傀儡”。

## 三、影响学习动机的因素

### （一）外部因素

#### 1. 任务

不同类型的任务对应着不同的风险性和模糊性。大多数学生希望降低学习的风险性和模糊性，因为它们对取得高分构成了一定威胁，高焦虑或者试图逃避失败的学生尤其如此。风险和模糊程度高的任务往往会使学生困惑，甚至会泄气或失去学习兴趣，因而需要向其他同学寻求帮助。因此，适当降低任务的风险性和模糊性对于维持学生的学习动机是有益的。

学习任务对学生具有不同价值，包括成就价值、内在价值或兴趣价值、效用价值。成就价值是指学生在任务中表现良好的重要性，比如，一个人想使自己表现得很聪明，并且相信测验中的高分能表明其聪明，那么测验对其有很高的成就价值。内在价值或兴趣价值是指个体从活动本身获得乐趣，如有人喜欢学习的体验，也有人喜欢从事繁重的体力活动或解决具有挑战性的难题。效用价值指帮助个体达到一个短期或长期目标的价值，如学习外语可能会为自己进入外资企业工作提供更大的可能性。如果学习的任务是真实有价值的，学生就会有更强的学习动机。

#### 2. 教师

教师除了通过表扬或积极评价外，还可以运用自己对学生的期望来影响他们的学习动机。这包括固定期望效应和自我实现的预言效应。固定期望效果是指即使学生的能力已经变化，教师的期望仍停留在最初水平的一种现象，因而无法提供更合适的教学，以致限制了学生更大的发展，不利于学生的学习。

自我实现的预言效应是指教师对学生能力的信念影响其对学生的期望，而对学生的期望又往往会变成学生的现实表现的一种现象。这是美国心理学家罗森塔尔及其合作者做的一个研究，他们让小学生做一次所谓的潜力测验，实际上是一般的智力测验；然后在各个班级随机抽取少数学生，故意告诉任课教师，这些学生当年会取得显著进步；8 个月后，他们的学习成绩果然比其他学生进步快。自我实现的预言是一种无根据的期望，仅仅因为有所期望，结果变成了现实。

### （二）内部因素

#### 1. 兴趣

兴趣是指个体的趋向于认识和掌握某种事物，或参与某项活动的一种心理倾向，同时伴随着积极情感。兴趣可分为个体兴趣和情境兴趣。个体兴趣是指随着时间的迁移而不断发展起来的一种相对稳定持久且与某一特定主题或领域有关的动机取向或个人偏好；而情境兴趣发生在人与活动产生交互作用的环境当中，即由特定情境引发的兴趣，如在密室逃脱游戏中对解密的兴趣。

一般来讲，学生往往会注意那些引起他们情绪反应或自己感兴趣的事件、形象与读物。缺乏兴趣往往是学业不成功的主要原因，学生对自己能否胜任某项学习任务的判断会直接影响其学习兴趣。而对于不同年龄的学生，可以激发其产生学习兴趣的学习内容与学习方式均存在差异。

### 2. 自我认识

与学习有关的自我认识包括自主性和自我效能感。自主性是指学生在做什么和怎么做的问题上自己做出选择和控制。所以一般来说，让学生自己来做出选择、制订学习计划，在这个过程中，老师帮助制定适当的限制和规则，同时辅以非控制性的、积极的反馈，能最大程度上保障学生的学习兴趣。

自我效能感是对自我能力或操作绩效的感知。换句话说，自我效能感就是对“自己能做什么和不能做什么”的认识。自我效能感影响学生的学习动机，是以学生对成功的预期为中介的。具有较高自我效能感的学生，往往认为自己能够成功或达到某种操作水平，即使行为未能达到预期水平，但仍相信自己会成功，而不会失去学习动机。

### 3. 归因

归因就是对自我行为的原因进行分析。归因理论假设寻求理解是行为的基本动因。学生在解释他们取得的成绩时，经常提及自己的努力、能力、任务或运气，这些因素将会产生不同的动机效果。如果学生将成功归于内部因素，他们会感到自豪和满意；如果将成功归因于他人或外部力量，学生感到的是感激。如果将失败归因于内部因素，学生感到自责、内疚和羞愧；如果归因于外部因素，则会感到生气或愤怒。

当学生把失败归因于内在的、稳定的、不可控的因素时，会产生一种非适应性的行为即习得性无助。习得性无助是指个体将失败归因于不可控因素，认为自己在任务面前无能为力。习得性无助的学生因不断地遭受失败的打击后，深信个人再怎么努力对事情的结果都毫无帮助，因此，他们通常不愿付出努力，而且对任何事情都表现得非常冷漠、消极。许多研究都发现，习得性无助行为不仅对学生的成就产生消极的影响，而且会使学生产生消极的自我概念，认为自己是一无是处的人。

## 知识扩展

**巧手斯金纳与斯金纳箱**

**斯金纳生活在美国一个家教比较严格的家庭，为了适应母亲的严格管教，小时的斯金纳不得不想出各种应付的办法，而这在另一方面却使他的创造性得到了充分的发挥。睡衣挂不好会被妈妈说，为了免遭妈妈的训斥，斯金纳精心设计制造了一个由衣钩、滑轮和一块木牌组成的机械装置，用绳子把这些东西和门连接在一起，只要睡衣没有挂在衣钩上，木牌就会从门上方落下来，木牌上写着“挂好你的睡衣”，斯金纳出门看到木牌时就会先把睡衣挂好再出去。如果睡衣挂好了，则木牌就高悬在门上方而不会落下来。当然斯金纳的创造力并不仅表现在应付父母的训斥上，这种创造力在他平常的生活中也时常表现出来，他曾自己制造过有轮子的滑橇、有驾驶盘的小推车、木筏、跷跷板、旋转木马、弓箭、喷水枪、陀螺、飞机模型、风筝等。**

说到斯金纳的创造才能，我们不得不提到他的另一项发明——“斯金纳箱”。斯金纳关于操作性条件反射作用的实验，是在他设计的一种动物实验仪器即著名的斯金纳箱中进行的。箱内放进一只饥饿的白鼠或鸽子，并设一杠杆或键，箱子的构造尽可能排除一切外部刺激，箱外有一装置记录动物的动作。动物在箱内一阵无目的的自由活动后，当它偶然地压杠杆或啄键时，就会有一团食物掉进箱子下方的盘中，动物就能吃到食物。在这样的几次偶然之后，动物就会有意识地去按压杠杆来获得食物，操作条件作用也就形成了。

斯金纳通过实验发现，动物的学习行为是随着一个起强化作用的刺激而发生的。他把动物的学习行为推广到人类的学习行为上，他认为虽然人类学习行为的性质比动物复杂得多，但也要通过操作性条件反射。他认为人的一切后天习得的行为都是操作性强化的结果，人有可能通过强化作用的影响去改变别人的反应。比如，在教学方面教师充当学生行为的影响者，教师把学习目标分解成很多小任务并且一个一个地予以强化，学生通过操作性条件反射逐步完成学习任务。

# 任务二　方法得当吗——学习心理问题

## 一、大学生学习的基本特征

### （一）自主性

在中小学阶段，学生的学习活动主要是由家长、教师和学校进行安排的，学生不需要自主选课，只需要根据家长、教师和学校的安排进行学习，家长和教师的督促和检查也比较多。而在大学阶段，大学生的学习自主性日益增强，学会独立自主地学习是大学生的首要任务。除课堂学习之外，大学生还有很多可自己支配的自由时间。此外，课堂学习也不是唯一的学习途径，大学生随时可以利用图书馆和互联网上的丰富资源进行学习。与此同时，学校各种讲座、论坛、实习实践以及丰富多彩的文体活动都是有效学习的途径。这给大学生的学习带来一定的自主空间和自由时间，但也要求他们在学习活动中承担更多的责任。

### （二）探索性

大学阶段的学习注重大学生自主学习能力的培养与提升，大学课堂教学过程更多是由教师引导学生带着问题和思考去进行学习。教师通常会留给大学生充足的思考空间和探索余地，也会布置一定的阅读任务和实践项目。例如，教师布置学习任务时，往往要求大学生通过课后查阅相关专业图书资料或通过查找网络资料的方式来完成。这种学习方式就要求大学生主动地对学习任务进行探索和思考，从而提升自己的问题解决能力和创新能力。这是大学生学习探索性的具体体现。另外，大学期间还会开展专门的职业生涯规划课程、职业规划大赛等系列活动，促进大学生主动思考，正确地认识自己，合理规划自己的大学生活，确立新的努力方向，并能够在学习与生活中主动实践、不断反思，以明确自己未来的职业方向，这也是大学生学习探索性的具体体现。

### （三）实践性

知识是人类社会历史经验的总结，接受知识和经验是大学生学习的主要任务，但知识的掌握和应用又需要实践进行检验，因为实践是检验真理的唯一标准。大学生的学习活动不应该拘泥于书本，而是要走出课堂，在各种实践活动中学习。对大学生而言，他们需要学会利用各种社会实践活动来促进知识的应用，以达到锻炼自己、提高自己的目的。大学生也可以通过积极参加社会调查、暑期实践以及各种实习实践来增长见识，提高自己利用专业知识解决问题的能力，同时提高自己的人际交往能力、组织管理能力和团队合作能力等，这是大学生学习实践性的具体体现。

### （四）开放性

与中小学相比，大学期间所要学习的知识不再拘泥于教材和书本内容，教师和学生需要了解和掌握的知识面更为广泛。在大学教学过程中，教师和学生之间不再是传统的“传授”与“被传授”的关系，而是转变为相互联系、相互补充的教学相长的过程。同时，大学生的学习更加趋向于社会化，更多注重与社会实际的结合，他们所学内容、学习方式、教学组织形式等都与社会发展密切相关，客观上反映了社会发展的要求，与社会发展水平和发展趋势相一致。当今社会是一个开放的、动态的和包容的社会，大学生的学习必然会带有明显的开放性特征。此外，网络时代的到来和科学技术发展的突飞猛进，极大地改变了学生传统的知识接受途径与方式，网络的开放性和互动性使其成了一种日益重要的信息与知识获取途径，数字出版技术、搜索引擎以及各种学术资源库等日臻完善，使学生知识获取的途径更加便捷和多元，这也是大学生学习开放性的具体体现。

## 二、大学生常见的学习心理问题

大学生在学习过程中会遇到一些问题，这些问题如果不能得到及时的调整和解决，就会影响大学生的学业进步和人生发展，因此，要严肃对待学习过程中遇到的各类问题，及时调整，正确处理智力因素和非智力因素的关系，端正学习态度，完成学业。

### （一）学习动力不足

学习动力不足是许多大学生面临的一个较为普遍和严峻的问题。学习动力不足主要表现为：抱有“做一天和尚撞一天钟”的消极态度，缺乏明确的学习目标和学习计划；学习动力缺乏，学习兴趣索然，厌学情绪强烈，部分学生不愿上课，逃课成为家常便饭，甚至出现“必修课选逃，选修课必逃”的现象；学习无成就感、无抱负和期望，部分学生没有求知上进的愿望，缺少学习压力和紧迫感，将及格和“混”到毕业证作为大学学习的主要目标。

学习动力缺乏的原因较为复杂，主要包括内部原因和外部原因两个方面。大学生学习动力缺乏的内部原因是指来自大学生自身的原因，主要表现在四个方面：一是学习动机不正确，社会责任感不强；二是对所学专业缺少兴趣；三是不正确的归因方式；四是对自己的能力缺乏正确的判断。大学生学习动力缺乏的外部原因主要指来自社会、学校、家庭等方面的原因。比如：大学专业设置过细，就业口径过窄，专业知识在一定程度上脱离社会需要，导致择业就业困难；专业课程设置不合理，教学内容陈旧，教学方法单一，教学效果不佳；部分学生在进行专业选择时欠缺考虑，忽略了自身兴趣、能力和所学专业之间的适配度；大学阶段存在电子游戏、网上聊天等较多的外在诱惑，当这些诱惑的吸引力远远大于学习活动的吸引力时，就会导致大学生的学习兴趣和学习动力大大降低。

### （二）学习倦怠

学习倦怠给大学生的学习和生活带来一系列不利的影响，比如学习注意力不集中、学习效率低下、出现学习困难问题、学习动机缺失，还容易出现厌学现象，厌倦读书、学习和学校生活，被动地应付学习，责任心不强，行为散漫，经常迟到、早退、旷课，甚至逃学。如果这种学习倦怠得不到及时干预和有效改善，个体可能会彻底丧失学习兴趣和学习动力，面临学业理想破灭、学业失败，甚至有些学生会终身厌恶学习和读书。同时，学习倦怠也不可避免地对个体心理造成消极影响，个体容易出现情绪喜怒无常、急躁任性、心灰意懒、意志力薄弱和心理承受力差等不良情况，甚至产生抵触、厌恶和逆反心理。比如，学习倦怠者可能对一些正面宣传事件和榜样人物持无端的全盘否定态度，对老师、家长和周围事物报以消极、冷漠、反感甚至对抗态度和行为，这种抵触和反抗往往表现为单纯的抗拒，只是为了反抗而反抗，不分对象，不辨是非，消极情绪较强，越是禁止碰触的事物越感兴趣，越是禁止做的行为越是要尝试。

## 心理剧场

廷栋，大三学生，学习勤奋刻苦，连续两年获得专业第一名，同学们都称他为“学霸”。廷栋的成绩来源于苛刻的自我管理，他每天学习 10 小时以上，只要没有课，就跑去图书馆，没有其他业余爱好。然而，廷栋最近突然对这种紧绷的生活状态感到不适，上课时总是无精打采，不能集中注意力，看见课本就觉得烦，甚至连自己最喜欢的实践课都提不起兴趣。廷栋的情绪状态也不是很稳定，心情焦虑烦躁，晚上出现失眠症状，节假日都待在图书馆的“学霸”竟然也开始缺课了。对于辅导员和舍友的关心，廷栋表现出一副很冷漠的样子，甚至还在课堂上和任课教师产生了争吵。最终，和家里人商量以后，他决定休学回家调整状态。

大学生学习倦怠的原因很多，学习强度过大时，会导致大学生身体过度疲劳，进而使其产生焦虑，造成心理压力。此外，自信心缺乏、自我评价消极也是学习倦怠的重要原因。那些认为自己基础太差、能力不足的学生，容易悲观失望、自暴自弃。部分学生甚至会无端地自怨自艾，夸大自己的缺点，无视自己的优点，对未来没有热情和期待，一旦遇到挫折，就更容易丧失自信心和好胜心，陷于不良的情绪之中。还有一点，环境对人的情绪、情感的变化也具有重要影响。

### （三）考试焦虑

考试焦虑是大学生群体中较为常见的一种情绪障碍，指考生在考试情境中（包括考试前和考试进行中）预感考试失利或消极结果而产生的焦躁不安的状态，表现出情绪、认知、行为和生理上的反应。具有过度考试焦虑的学生，有些会在考前出现明显的生理心理反应，如过分担忧、恐惧、失眠健忘、食欲减退、腹泻等；在临考时心慌气短、呼吸急促、手足出汗、发抖、频频上厕所、思维肤浅、判断力下降、大脑一片空白等；有些会在考场上出现视动障碍，如看不清题目、看错题目、丢题落题、动作僵硬、手不听使唤、出现笔误等。显然，过度的考试焦虑会带来不利的影响，不但会分散个体的注意力，干扰正常的思维，影响学生正常发挥和考试成绩，还会引起一系列的心理问题，甚至会导致焦虑性人格。

为什么有些大学生会产生考试过度焦虑呢？首先是因为考试的重要性，考试成绩是考查大学生学习状况和学习能力的重要指标，它会影响大学生的自尊自信以及评优评奖等切身利益。其次是来自教师、家长和社会的压力。大学生的一些重大考试，如英语四、六级考试，计算机等级考试，研究生入学考试等，甚至会引起整个社会的关注，这在无形中给大学生带来了压力。最后，考试焦虑还来源于大学生自身，过去失败的经历所带来的与失败相关的自我暗示，会使大学生产生紧张和焦虑感；有些学生对考试过于看重，期望过高，无意识地夸大考试相关的现实威胁和消极后果，从而造成过大的心理压力，产生考试焦虑；还有些学生考前准备不足，缺乏自信心，导致产生焦虑和紧张情绪。

# 任务三　潜能的开发——学习能力培养

大学生要注重学习能力的培养，逐步形成自己的学习方式、知识结构，克服思维定式，学会自我管理，充分开发自己的潜能。大学的学习是自由、繁重而紧张的，它需要个体生理和心理的相互支持与配合才能够顺利完成。在现实的学习活动中，许多大学生存在程度或轻或重的学习障碍，致使学习效率低、学习效果差，学习任务不能顺利完成。

## 一、大学生学习能力培养

### （一）增强学习动机

兴趣是一个人积极探究某种事物的心理倾向，这种探究往往伴有满意和愉快的体验。学习兴趣会引发强烈的求知欲，使学习变成一种内心的满足，而不是一种负担。对某门课程、某个问题有兴趣，就会积极地去进行探究，以此来认知事物的特点和发展变化的规律。当这种探究使学生获得了更深的知识或新的发现时，他们就会有好奇心与求知欲获得满足的愉快体验，而这种愉快的体验会进一步推动他们去进行新的更深层次的探究。所以，兴趣永远是激励学生持续奋进的动力。对大学生来说，学习兴趣与专业兴趣密切相关。发展大学生的学习兴趣应和发展专业兴趣结合起来，通过兴趣的作用使大学生把学习活动变成自己的需要，培养强烈的内在学习动力。不论在工作或学习中人们都是期望获得成功的。在学习中有了收获，达到了预想或意想不到的好结果，都会给人带来愉快的情绪体验，进而培养学习兴趣，端正学习动机。

### （二）培养学习的能力

大学生要学会如何学习，实际上就是大学生要掌握学习策略。学习策略是一系列有目的的活动，是大学生在学习过程中选择、使用、调节和控制学习方法、技能、技巧的操作活动，是能否有效地进行学习的重要因素。《学习的革命》一书中提出了这样的问题："学校应该教什么？""学习怎样学习和学习怎样思考？"即首先要学习人的大脑是怎样工作的，记忆是怎样工作的，人是怎样储存信息、找回信息，将其与其他概念相连并在需要时马上调出的。这是对认知活动的认知，也就是心理学中的"元认知"。

元认知对人的学习活动很重要，对大学生掌握科学的学习方法和获得正确的学习策略起到至关重要的作用。一个学习成绩差的大学生不可能拥有很多有关学习策略方面的知识，不会有好的学习方法，即其元认知水平低，不能很好地对自己的认知活动进行再思考、再认知和积极地监控。

## 互动课堂

### 如何学习更有效

大学所开设的专业众多，每个专业都有其自己的特点，不同专业又需要不同的学习方法。请与小组同学一起，采取访谈或调查法，调查自己所学的专业都有哪些特色和独特的学习方法，填写在表 5-1 中。

表 5-1　我的学习方法

| 我所学的专业是 | |
|---|---|
| 我所学专业的特色是 | |
| 独特的学习方法有 | |
| 通过与同学讨论，我的收获是 | |

## 二、大学生学习潜能开发

当今时代，人们不仅要重视知识的获得、知识结构的完善、各种能力的培养，更要重视潜能的开发，教育必须走向开发创造性思维的道路，注重开发人的潜能。

### （一）非智力因素的培养

非智力因素是相对智力因素而言的，是指那些不直接参与认识过程，但对认识过程起直接制约作用的心理因素，主要包括动机、兴趣、情感、意志、气质和性格等。智力是一种潜在的智慧能量，非智力因素是智力活动的动力，环境和教育是智力开发的外部力量。在智慧活动中，人的智力因素要想发挥最大效能，必须有优良的非智力因素的积极参与，否则其智慧潜能不能有效地转化为智力行为。人类完全可以通过主观努力，能动地利用有限的外部条件开发自己的智力潜能，使之发挥至最大限度。

家庭、环境和学校教育因素对于非智力因素的形成和发展起重要作用，但它们并不能直接决定人的非智力因素，与之相比，学生本身的自我教育则显得更为重要。

### （二）元认知训练

元认知的实质就是人对认知活动的自我意识、自我监控与调节。自我意识是人们意识的最高形式，自我意识的成熟是人的意识的本质特征，它以主体及其活动为意识的对象，因而对人的认识活动起着监控作用。通过自我意识系统的监控可以实现人脑对信息的输入、加工、储存、输出的自动控制，这样人就能通过控制自己的意识而相应地调节自己的思维和行为。自我监控与调节表现为主体根据活动的要求，选择适宜的解决问题的策略，监控认知活动的进行过程，不断获得和分析反馈信息，及时调节自己的认知过程，坚持或更换解决问题的方法和手段。其中，主体主动地进行自我反馈是非常重要的，它使主体能及时发现认知活动的盲目性、冲动性，提高认知活动的效率与成功的可能性。

元认知对人们的智力、思维活动起着监控、调节的作用，它的发展水平直接制约着智力、思维的发展水平。大学生的智能开发同样要求在教学过程中加强元认知的培养和训练。

### （三）创造性思维的培养

#### 1. 学会发散思维

发散思维是指在解决问题的过程中沿着各种不同的方向去思考，寻找多种可能的答案、结论或假说的思维方式。在创造性思维活动中发散思维占据主导地位。大学生在学习过程中应该自觉地、有意识地培养这种发散思维能力，以提高自己在学习过程中的创造性。

#### 2. 学会逆向思维

逆向思维又称反向思维，即“反过来想一想”。人们在思考问题时，通常惯于正向“顺推”，而往往忽视了事物之间常常互为因果的关系具有双向性和可逆性的特点。因此，我们在学习中应学会从相反的方向看问题，倒过来进行逆向思考，这对学习问题的解决往往能起到突破性的作用。

#### 3. 重视直觉和灵感

正确地利用直觉和灵感是培养创造性思维的重要方法。爱因斯坦强调，在科学创造过程中，从经验材料到提出新问题之间应有“逻辑的桥梁”，必须认清直觉和灵感。直觉和灵感的产生又是建立在大量丰富的知识经验，长期的、增长的、紧张的思考和探索的基础之上的。可见，学习和思考是运用直觉与灵感的前提。

# 自我测评

## 学生学习动力的自我测验

【测试目的】

了解自我的学习动力，促使学生保持良好的学习状态，帮助学生主动地为学习行为定向，自觉主动地进行各种学习活动。

【测试要求】

请你根据自己的实际情况，逐一对表 5-2 中的每个问题做“是”或“否”的回答。为了保证测验的准确性，请认真作答。

【测试内容】

表 5-2　自我悦纳测试

| 序号 | 题目 | 是 | 否 |
| --- | --- | --- | --- |
| 1 | 如果别人不督促你，你极少主动地学习 | | |
| 2 | 你一读书就觉得疲劳与厌烦，只想睡觉 | | |
| 3 | 当你读书时，需要很长的时间才能提起精神 | | |
| 4 | 除了老师指定的作业外，你不想再多看书 | | |
| 5 | 在学习中遇到不懂的知识，你根本不想设法弄懂它 | | |
| 6 | 你常想：自己不用花太多的时间，成绩也会超过别人 | | |
| 7 | 你迫切希望自己在短时间内就能大幅度提高自己的学习成绩 | | |
| 8 | 你常为短时间内成绩没能提高而烦恼不已 | | |
| 9 | 为了及时完成某项作业，你宁愿废寝忘食、通宵达旦 | | |
| 10 | 为了把功课学好，你放弃了许多你感兴趣的活动，如体育锻炼、看电影与郊游等 | | |
| 11 | 你觉得读书没意思，想找工作做 | | |
| 12 | 你常认为课本上的基础知识没什么值得学习的，只有看高深的理论、读优秀作品才带劲 | | |
| 13 | 你平时只在喜欢的科目上狠下功夫，对不喜欢的科目则放任自流 | | |
| 14 | 你花在课外读物上的时间比花在教科书上的时间多得多 | | |
| 15 | 你把自己的时间平均分配在各科的学习上 | | |
| 16 | 你给自己定下的学习目标，多数因做不到而不放弃 | | |
| 17 | 你几乎毫不费力就实现了你的学习目标 | | |
| 18 | 你总是同时为实现好几个学习目标而忙得焦头烂额 | | |
| 19 | 为了完成每天的学习任务，你已经感到力不从心 | | |
| 20 | 为了实现一个大目标，你不再给自己制定循序渐进的小目标 | | |

【测试标准】

表 5-2 中 20 道题目可分成 4 组，它们分别测验你在四个方面的困扰程度：（1）～（5）题测验你的学习动机是不是太弱；（6）～（10）题测验你的学习动机是不是太强；（11）～（15）题测验你的学习兴趣是否不足；（16）～（20）题测验你在学习目标上是否存在困扰。

假如你对某组（每组 5 题）中大多数题目持认同的态度，则一般说明你在相应的学习欲望上存在一些不够正确的认识，或存在一定程度的困扰。

从总体上讲，假设选“是”记 1 分，选“否”记 0 分，将各题得分相加，算出总分。

0 ～ 5 分：说明学习动机上存在少许问题，必要时可调整。

6 ～ 10 分：说明学习动机上存在一定的问题和困扰，可调整。

14 ～ 20 分：说明学习动机上存在严重的问题和困扰，需调整。

## 思政之窗

美国《国家科学院学报》刊载的一项最新研究显示，大学生如果每晚睡眠不足 6 小时，会影响学习能力。

此前研究显示，睡眠是健康和绩效的重要预测因素。动物研究表明，白天形成的记忆在睡眠中得到巩固，当正常的睡眠模式被中断时，白天学习的内容就会忘记。专家建议青少年每晚睡 8 ～ 10 小时。但许多大学生睡眠不规律，睡眠不足。

美国卡内基梅隆大学等机构的研究人员对 3 所大学的 600 多名大一学生开展了研究。学生们每晚佩戴睡眠追踪器，用以监测和记录睡眠情况。研究人员收集了这些学生大一期末的平均成绩，以评估睡眠时间对学生成绩的影响。

研究人员发现，参与研究的这些学生平均每晚睡 6.5 小时。每晚睡眠不足 6 小时的学生学习成绩下降明显。睡眠每增加 1 小时，期末平均成绩会略有提高。

研究人员指出，睡眠对学习和记忆很重要。睡眠不足可能会影响学生在大学课堂上的学习能力。长期睡眠不足 6 小时，人体会积累大量的睡眠债务，从而损害健康。研究人员建议大学生要重视夜间睡眠。

## 心灵氧吧

### 1. 书籍：《认知天性》

《认知天性》是中信出版社 2018 年出版发行的一部由彼得布朗所编著的科普读物。

本书是 11 位认知心理学家 10 年的科研心血。以罗迪格教授为主要负责人的团队在项目上花费了 10 年时间，首次提出人类认知规律和学习之间的紧密联系，透彻解读人类普遍的学习过程规律。根据脑神经科学研究成果，本书推导出了有利于大脑的简单学习法则。

**2. 电影：《放牛班的春天》**

《放牛班的春天》（法语 Les Choristes）是由克里斯托夫·巴拉蒂执导，热拉尔·朱诺、让－巴蒂斯特·莫尼耶、弗朗西斯·贝尔兰德等人主演的一部法国音乐电影，2022 年 12 月 2 日，4K 修复版《放牛班的春天》在中国重映。

克莱蒙是一位才华横溢的音乐家，不过在 1949 年的法国乡村，他没有发展自己才华的机会，最终成了一所男子寄宿学校的助理教师。这所学校被人称为“池塘之底”，因为里面的学生大部分都是一些非常顽皮的问题儿童。到任后，克莱蒙惊讶地发现这所学校竟然没有音乐课，并且学校的校长总是以一种残暴的高压政策来对待这些孩子。于是，他开始尝试用自己特有的音乐才华改善这种状况，用音乐来打开学生们封闭的心灵……

这是一部十分感人的电影。“池塘之底”尽是淤泥，晦暗没有氧气。这里的学生生性顽劣，校长、教师也在异化的教育中日益失掉了自己的本心，这里的规章、条例都是模式化的，甚至教师的知识传递过程也带着呆板刻薄。直到克莱蒙的意外来到，尊重、理解、爱，即便知道一己之力那样单薄，却不随波逐流。没有天生的顽石，只要拂去尘封，野百合也有春天。

# 项目六
# 提升情商指数——掌控情绪管理

## 学习目标

### ★知识目标

1. 了解情绪的含义、结构和分类。
2. 了解情绪与健康的关系。
3. 熟悉大学生情绪的特征及影响。
4. 了解情绪管理的方法。

### ★能力目标

1. 能应对大学生常见的情绪困扰。
2. 掌握合理的情绪调节方法。

### ★素质目标

1. 提高情绪管理能力，做理性平和的人。
2. 保持乐观的心态，保持积极向上的进取态度。

## 项目概述

情绪仿佛是一条蜿蜒起伏的河流，穿越我们的生命。我们会经历各种河段，轻松的、欢愉的、欣喜若狂的、忧郁的、焦躁的、波涛汹涌的……大学生正处于青年期，情绪波动较大，情感体验复杂而丰富。因此，体察自己的情绪，了解什么是健康和积极的情绪，知道不良情绪的影响，学会通过合理宣泄、调整认知等方法调控情绪，对我们的学习、生活将大有裨益。

## 情景再现

在一个炎热的夏天，几只口干舌燥的狐狸来到一个葡萄架下。狐狸抬头仰望，晶莹剔透的葡萄挂满枝头，馋得它们口水都流下来了。

第一只狐狸跳起来，可是够不着，咬咬牙、跺跺脚、使使劲，接着跳，还是够不着；再使劲，再跳，葡萄还是高高地挂在上面，怎么也够不着。狐狸想在周围找梯子、板凳、砖头、瓦块、竹竿等，可是什么都没有。“这葡萄肯定是酸的，不好吃。走吧，捉只鸡，喝杯可乐、矿泉水，什么不行啊！”于是，这只狐狸心安理得，哼着小曲，高高兴兴地走了。

第二只狐狸使劲地跳，同样够不着葡萄，它想：我不吃到这葡萄，死不瞑目。于是从天亮跳到天黑，又从天黑跳到天亮，结果，这只狐狸累死在葡萄架下，两眼圆睁，望着高高挂在枝头上的葡萄。

第三只狐狸吃不到葡萄，开始咒骂：“是谁这么缺德，把葡萄栽这么高，让老子吃不着！”骂声引来农夫：“怎么着，这葡萄是我种的，你骂什么，偏不让你吃，再骂就打死你！”结果农夫抡起锄头，打死了第三只狐狸。

第四只狐狸，也没办法吃到葡萄，它把这件事情憋在心里，就这样整天压抑在心、愁眉苦脸，结果抑郁成疾，得病而死。

第五只狐狸，看着高高的葡萄架上的葡萄心想：想吃葡萄都吃不着，真没用，还活着干吗，活着还有什么意义呀？于是，找棵歪脖子树，上吊而死。

第六只狐狸，跳了几下，吃不着葡萄，一气之下，就精神分裂了，整天蓬头垢面，满山野转悠，口中念念有词：“吃葡萄不吐葡萄皮，不吃葡萄倒吐葡萄皮。”

**【心理课堂】**

不同的狐狸对待同样的葡萄有着迥异的态度和情绪反应。为什么会这样？这些狐狸的情绪反应正确吗？在平时的学习和生活中，我们肯定也会遇到积极努力才能得到的“葡萄”，但有时努力了，还是得不到“葡萄”。面对这些，我们应如何调整自己的情绪呢？

## 任务一　情商第一课——认识情绪

情绪像染色剂，使人的生活丰富多彩；情绪又像发电机，可以给人增添力量，也可以消耗人的体力。人的一生，就这样游弋在情绪的海洋中，在色彩斑斓的情绪世界里领略着人生百味。

## 一、情绪的含义

情绪是人对客观事物是否符合自身需要而产生的态度体验。情绪同认识活动一样，也是大脑对客观现实的反映。情绪反映的是一种主客体的关系，是作为主体的人的需要和客观事物之间的关系。例如，长期遭受旱灾的地区降了一场大雨，这场雨显然符合人们的主观需要，人们会对之采取肯定的态度，产生满意、愉快等内心体验；相反，已经遭受洪涝灾害的地区仍然降雨不止，造成了更大的损失，这显然违背了人们的主观需要，人们对之持否定的态度，产生不满、愤怒甚至憎恶等内心体验。由此可见，情绪是个体与环境间某种关系的维持或改变所引起的一种体验。

## 二、情绪的结构

情绪以主观体验的方式来反映客观对象，并伴随身体的外部表现和生理唤醒。即一个完整的情绪过程由主观体验、生理唤醒和外部表现三个部分组成，并且三者必须同时活动、同时存在。

### （一）主观体验

情绪的主观体验是个人对不同情绪和情感状态的一种自我感受。每一种情绪都代表了人们对特定事物的不同感受，每个人体验到的情绪内容、性质、强度等都是主观的。例如，班上某同学在考试中成绩优异，获得了一等奖学金，因此他内心非常愉悦；而其他人有的可能没得到奖学金而垂头丧气，有的可能并没在意，不会有什么情绪反应。日常生活中，人们较少体验单一的情绪，常常是几种情绪混合在一起发生。这些情绪体验反映了人内心世界的丰富多彩，如对考试失败的失落与悔恨，对罪犯的仇恨与惋惜，对突如其来的自然灾害的恐惧与无助等。

### （二）生理唤醒

生理唤醒是指伴随情绪与情感发生时的生理反应，它涉及一系列生理活动过程，如呼吸系统、神经系统、循环系统、内分泌系统等活动。任何情绪都伴随着一系列的生理变化，这些变化可作为情绪状态变化的客观指标。如人在羞愧时面红耳赤、窘迫不安，气愤时浑身发抖、脸色铁青，惊恐时心跳加快、冷汗直冒。情绪的生理变化既是主观体验的深化，又是情绪外部表现的基础，在情绪结构中起着承上启下的作用。

### （三）外部表现

情绪的外部表现就是表情，可分为以下三类。

#### 1. 面部表情

面部表情是鉴别情绪的主要标志，它是以面部肌肉和五官的变化为主的一种情绪表达方式。面部表情模式能精细地表达不同性质的情绪和情感，眼睛、眉、嘴是表现面部表情的主要部位。例如：惊奇时嘴巴张开，眼睛睁大；悲伤时双眉外梢下降，嘴角下降；愤怒时皱眉耸鼻，口部张大呈方形；愉快时眉毛稍稍上扬，眼睛眯小，面额上提，嘴角后收等。

### 2. 姿态表情

姿势表情可分成身体表情和手势表情两种。身体表情是表达情绪的重要方式，它可作为一种辅助性语言而使用，也可单独用于表达情感，如悔恨时捶胸顿足，紧张时坐立不安，而摊开双手则表示无奈，双臂交叉表示防卫、拒绝、抗议等。手势表情是后天习得的，受社会文化、传统习惯的影响而往往具有地域或民族的差异。

### 3. 言语表情

言语表情是指情绪发生时在语言的音调、节奏和速度方面的变化。俗话说“言为心声”，是说不同的言语表情反映出不同的心理状态。例如：人们在紧张时，声音尖锐而急促；平静时，语音平缓而沉着；喜悦时，语调高昂，语速较快；悲痛时，语调悲切，语速缓慢。

## 互动课堂

### 渐进式肌肉放松法

在做这个练习前请做好以下准备：找一个安静且不被打扰的地方，找一把舒服的椅子。准备好了就可以进行练习。

1. 深吸一口气到腹部，然后慢慢地呼出。照这样做 3 次，你呼气时，要想象你全身的紧张感开始消失。

2. 攥紧拳头，坚持 7 ～ 10 秒，然后放开 15 ～ 20 秒。以同样的时间间隔运动其他所有的肌肉群。

3. 抬起前臂向肩膀处靠近以拉紧肱二头肌，双臂同时用力以显现出肌肉形状。坚持……然后放松。

4. 向外伸直胳膊，转动肘部以拉紧肱三头肌——大臂下侧的肌肉。坚持……然后放松。

5. 尽你所能抬高眉毛以拉紧前额的肌肉。坚持……然后放松。放松时，想象你前额的肌肉变得平滑而柔软。

6. 紧闭双眼以拉紧眼周的肌肉。坚持……然后放松。想象深度放松的感觉，从眼周扩散开去。

7. 张大嘴伸展颚部周围的肌肉以拉紧颚部。坚持……然后放松。嘴唇分开，让颚部松垮下来。

8. 头向后仰以拉紧脖子后面的肌肉，就像你要用头部去触及背部一样（动作要轻，以免受伤）。只集中拉伸你脖子的肌肉。坚持……然后放松（因为该位置经常处于紧绷状态，所以做两次拉紧—放松的活动是有好处的）。

9. 做几次深呼吸，从而使你的头不再发沉。

10. 抬高肩膀，就像你要用肩膀去触摸耳朵一样，从而拉紧肩部肌肉。坚持……然后放松。

11. 向后拉伸肩胛，就像你要使左右肩胛接触，从而拉紧肩胛周围的肌肉。让你肩胛保持紧张……然后放松。因为该处经常处于紧张状态，你可以重复进行两次拉紧—放松的活动。

12. 深呼吸，从而可以拉紧胸部的肌肉。坚持 10 秒……然后慢慢地呼气。想象在呼气的过程中，胸部所有多余的紧张感都消失了。

13. 收腹，从而拉紧你腹部肌肉。坚持……然后放松。想象一股放松感遍及了你的腹部。

14. 弓起背部，从而拉紧你背下面的肌肉（如果你背下部有伤，你可以不做这项运动）。坚持……然后放松。

15. 把臀部肌肉向中间挤，从而拉紧臀部的肌肉。坚持……然后放松。想象臀部的肌肉变得平滑而柔软。

16. 挤压你大腿上的肌肉一直往下到膝盖。可能随着挤压大腿会拉紧臀部的肌肉，因为大腿上的肌肉与骨盆相连。坚持……然后放松。感觉你的肌肉变得平滑，并且得到了彻底的放松。

17. 把脚趾向上翘，并向内拉伸，从而拉紧小腿的肌肉（小心地弯曲，以免抽筋）。坚持……然后放松。

18. 向下弯曲脚趾，从而拉紧脚上的肌肉。坚持……然后放松。

19. 感觉下自己的身体有没有任何残留的紧张感。如果在某些的地方还有紧张感，那就对那组肌肉重复一两次拉伸—放松活动。

20. 现在，想象一股放松感慢慢遍及你的全身，从头部开始向下直到你的脚趾，逐渐渗透到每块肌肉。

练习结束之后，把你的感受记录下来。

## 三、情绪的分类

根据不同的标准可以将情绪分为不同的类型，由于目前并没有完全标准统一的情绪分类方法，所以下面主要对几种常见的情绪分类方法进行简要阐述。

### （一）根据情绪的形式分类

根据情绪的形式，可以将其分为以下几种类型。

#### 1. 喜

喜即喜悦，是个体在需要得到满足或者目的成功达到之后所获得的情感体验。这种体验能够使人感到轻松、快乐。通常来说，喜悦有满意、愉快、欢乐、狂喜等程度上的差别。

#### 2. 怒

怒即愤怒，是个体在需要得不到满足或者目的无法达到后所获得的情感体验。这种体验会使人产生紧张、压抑等感觉。通常来说，怒有不满、生气、愤怒、暴怒等程度上的差别。

#### 3. 哀

哀即悲哀，是个体失去所喜爱的东西或者希望破灭之后所获得的一种情感体验。这种体验能够使人产生失落、痛苦、无奈等感觉。通常来说，哀有遗憾、失望、难过、悲伤、哀痛等程度上的差别。

#### 4. 惧

惧即恐惧，是个体遇到危险或者意识到存在一些潜在的威胁时所获得的情感体验。这种体验会使人产生紧张、心悸，甚至使人本能地产生想逃离的心理。通常来说，惧有害怕、惊恐、恐怖等程度上的差别。

### （二）根据情绪的状态分类

根据情绪的状态，可以将其分为以下几种类型。

#### 1. 激情

激情是一种短暂的、强烈的、具有爆发性的情绪状态。通常情况下，激情是强烈的外界刺激所引起的，且这种刺激一般对个人有重大意义，如事业成功后的狂喜、亲人逝世后的悲痛等。

#### 2. 心境

心境是一种轻微、平和而持久的情绪状态，它具有弥散性，会影响人的整个精神活动。当一个人拥有一个良好的心境时，可以体会到“万事称心如意、神清气爽”之感。如果拥有一个不佳的心境，则会感觉一切都不顺利。

#### 3. 应激

应激是指出乎意料的紧急事件所引起的极度紧张的情绪状态。应激既具有积极作用，也具有消极作用。从积极作用方面来说，应激使人具有特殊的防卫机能，调动潜力，增强反应力；从消极作用方面来说，应激可能使人的意识范围缩小，认识机能下降，动作紊乱，强烈而持续的应激状态，不仅会干扰人的学习和工作，甚至可能影响人的身心健康。

### （三）根据情绪的社会内容分类

根据情绪的社会内容，可以将其分为以下几种类型。

#### 1. 理智感

理智感是指人们在智力活动过程中对认识活动进行评价时所产生的情感体验，这种体验是与人的求知欲、好奇心、探求和热爱真理的需要相联系的，它体现出人对自己智力活动过程与结果的态度。理智感是在人的认识和实践活动中产生和发展起来的，反过来，它又成为人认识和实践活动的动力。任何学习活动、科学发明、艺术创造都与理智感分不开。

#### 2. 道德感

道德感是个体用一定的道德标准去感知、评价各种社会现象时所产生的情绪体验。个体在与他人进行交往的过程中获得社会道德标准，并且会转化为自己的道德需要，当个体根据自己所掌握的道德标准去评价他人或某件事时，如果认为所评价的事物符合自己的道德需要，就会产生肯定性的情感；反之，则会产生否定性的情感。道德感在社会情感体系中占有特殊地位，对人的活动具有重要的指导作用。

需要指出的是，道德感具有一定的社会历史性，不同的社会、不同的民族、不同的时期有着不同的道德标准，不同的人对于这些道德标准又有着不同的理解，于是就会产生不同的道德需要，因此也就会有不同的道德感。

#### 3. 美感

美感是人们根据自己的审美标准对各种社会现象及其在艺术上的表现进行评价时所产生的情绪体验。这种情绪体验具有以下几个方面的特点：

（1）个体性。在日常生活中，对于不同的事物或人，每个个体的审美标准是不同的，有的人觉得某个事物或人很美的时候，其他人可能会觉得不美。当然，不可否认的是，人类具有共同的美感，鲜艳的花卉、美丽的风景、动听的音乐、雄伟的建筑，这些在人们眼中都是美的代表。

（2）直觉性。直觉性是内容美和形式美的统一，它是在个体直接接触事物时立即产生的。因此，物体的外在形式对美感的形成具有重要影响。但需要指出的是，虽然物体的外在形式对美感具有不可忽视的重要作用，但是事物的内容也对美感产生重要的影响，而且这种影响具有决定性的作用。

（3）社会历史性和阶级性。不同的时代、不同的民族、不同的阶级等的审美标准不尽相同，因而也就会产生不同的美感。例如，在我国明清之际，人们认为瘦弱为美，所以林黛玉是当时典型的美女；而在现代社会，人们认为健康、大方、自然、协调为美，所以对美女的审美标准就与明清的时候存在较大的差别。

## 四、情绪与健康的关系

情绪每天都会伴随我们的生活，不同的情绪会让我们产生不同的主观体验和生理唤醒水平，情绪与每个人的生命健康也息息相关。在前面我们已经了解了情绪的生理机制，情绪过程和心理、生理都密切相关，情绪作为一个广泛性的心理生理现象，对我们的健康有着重要的影响。

### （一）情绪与身体健康

我国古代就有杯弓蛇影的故事，一个人在朋友家喝酒，喝酒的过程中发现自己的酒杯中有一条蛇的影子，他回家之后，总是心烦意乱，紧张不安，认为自己喝掉了那条杯中的蛇，总是感觉食欲不振，身体不舒服，之后没几天就病倒了。他的朋友听说了，就来探望他，等问明了生病的原因，就邀请他再去家里喝酒，这次喝酒途中，朋友将挂在墙上的弓取了下来，他发现杯子中的蛇不见了，也解除了心中疑虑，身体也没有什么不适感了，很快就康复了。现代社会生活中，有的人争强好胜、焦虑、压抑痛苦……人们也会因为情绪问题影响到自身健康。

#### 心理剧场

一个女孩，28 岁，刚刚从名校毕业两年，进入了某跨国企业工作，领导和同事对她的评价都很好，认为这个女孩工作能力强，处理人际关系也非常得体，是一个非常优秀的女孩。但是，女孩在一次例行体检中却查出来身体出现了严重的问题。医生在诊疗的过程中，反复强调这个疾病和她的心理状态有很大的关系。

后来，她接受了医生的建议，开始了自己的心理治疗。原来这个从小就优秀的女孩，一直处于非常焦虑的状态，她从小事事追求完美，做什么都要求比别人做得更好。从大学毕业之后，她想要尽快在公司里崭露头角，就要做得比别人更多。她表面看起来阳光自信，她在咨询的过程中诉说自己的心理状态："我觉得我每天都在压制自己的情绪，尽量不要表现出消极的一面，不要抱怨，遇见问题就处理问题，做一个精明强干的人，但是实际上，真的有很多不顺心，比如我熬夜做了一周的项目报告，经理连看都不看一眼就直接说重新做，那种否定让我受到非常严重的打击。我感觉我的眼泪都在眼眶里快要忍不住的时候，还要假装轻松地说，好，我马上去改。""我自己在厕所里偷偷地哭，但是听见外面有同事的说话声，就悄悄吞掉了眼泪，强迫自己振作起来。""我真的每天都在压抑自己的情绪，晚上失眠就不用说了，白天还要把那些委屈，愤怒都隐藏起来。"

"朋友们都羡慕我名校毕业，工作也很棒，进了他们梦寐以求的单位，但是那些愤怒、无助、委屈只能自己一个人消化。我以为我靠着压制情绪能挺过新人期，迅速成长为一名职场精英，结果到现在才发现，原来那些压抑的痛苦并没有消失，而是转到了我的身体上，我生病了，才不得不停下来，回忆这些外表光鲜，内心痛苦的职场经历。"

和她相似的，还有很多正在尝试压制内心的"糟糕"情绪，最终导致身体疾病的年轻人，我们都有过明显的体验，如果你最近情绪状态不佳，那么你的学习状态、身体健康等方面都会出现问题。和她一样年纪的一个女生，生活看起来也是"别人家"的状态，在上海金融行业工作，查出了罕见而且非常严重的淋巴癌。当疾病来临的时候，她甚至都还不好意思说"我很累"，现代社会每个人都在追求快节奏，只有拼尽全力才能感受到尊重，但是当你的身体出现了不适和病症，那就是自己的内心在求救，请不要忽略这些信号。遇到问题总是不说，直到你发现你总是感冒，经常头疼，牙齿疼痛难忍，或者是胃痛、腹泻，还有一些更严重的疾病在悄悄向你招手……这些都和你的情绪有密切的关系。

中医认为，喜伤心，怒伤肝，悲伤肺，思伤脾，惊恐伤肾，我们的情绪会回馈给身体。所以，当你从不表达情绪，当你从来不发泄，或许等到身体也堆积不下的时候，就会出现疾病甚至死亡，有人说，这是癌症性格。也有心理学家在研究癌症患者与完美主义、焦虑、抑郁、愤怒等情绪的关系。结果发现，很多负面的、消极的情绪真的和癌症有更密切的关系。

心理学家也通过很多动物实验来研究情绪与健康之间的关系，有一个实验是将两只小猴子放在一个大铁笼子里，一只可以自由活动，另一只则被铁链子拴在笼子里，笼子的一边有一根绝缘棒，每隔一段时间实验者就会电击这个铁笼子，电击的强度不会对小猴子的身体健康造成伤害，行动自由的小猴子可以通过抓着绝缘棒避免电击，而那个被铁链子拴住的猴子不能躲避电击。这样，每隔半分钟电击一次，那个行动自由的小猴子总想着去抓绝缘棒，而那个不能行动的小猴子听之任之，过了一段时间发现，行动自由的小猴子得了溃疡病，而那个不能行动的小猴子却安然无恙。行动自由的小猴子总是处于焦虑状态，时刻需要考虑躲避电击，反而产生了生理上的疾病；那个对电击不能做出行动反应的小猴子不用体会这种持续的紧张情绪，身体健康不会受到损害。

消极情绪会破坏我们的身体健康，极度愤怒或者恐惧可能会引发人的死亡。人在情绪不好的时候，体内就会分泌毒性荷尔蒙，这种荷尔蒙会对人体产生不利的影响；情绪不好的时候，体内的 MTK 细胞活性会降低，不能战胜体内的病毒，容易形成疾病。

### （二）情绪与疼痛

情绪除了和身体健康有关以外和我们对疼痛的感受也密切相关。很多医学工作者和心理学家已经关注到了这个现象：当情绪放松的时候，你对疼痛的敏感度会降低；当情绪紧张，非常担心的时候，你会无形中放大自己的疼痛感受。

在医院，有些人因为疾病，需要进行手术治疗，术后很多人都会感到刀口的疼痛难以忍受，有一个病人在术后就不停地催促家属去寻找主治医生，让医生给他增加止痛药的用量，为了利于伤口恢复，医生通常不会过量使用止疼药，但是病人难以忍受术后痛苦，最后医生给了这个病人两片维生素 C，然后告诉他，口服半小时后就会止疼，并且止疼效果非常好。病人服用该药物之后，自己描述，疼痛感真的神奇地消失了，这就是安慰剂效应。这个病人坚信所服药物的止疼效果，生理上的疼痛感觉真的就在减轻。同学们有过类似的经历吗？

还有一个案例，病人在手术过程中是半麻醉状态，也就是虽然感觉不到手术刀切割身体的疼痛，但他的意识是清醒的，如果病人将所有的注意力集中在手术的部位，即使麻药量充足，他也会感觉疼痛，但是当医生或者护士通过聊天将他的注意力和情绪转变成对其他事情的关心，甚至想要开怀大笑的时候，他可能就不会感觉到做手术的部位是否疼痛了。

情绪会影响到我们的疼痛感觉，疼痛同样也会影响情绪。德国化学家奥斯特·瓦尔德曾经因为牙疼而心烦意乱，正在牙疼的时候，他看见了一个青年的来信，里面有青年自己的一篇研究论文，他看了两眼，觉得写的都是奇谈怪论，便顺手扔进了垃圾桶。但是当他牙疼消失了之后，他又想起来那个青年的来信，从垃圾桶里翻出了那封信，认真阅读，然后将他的论文推荐给了一份科学杂志，并认真写了推荐信。后来，这篇论文发表后，轰动了整个学术界，这篇论文的作者也因此获得了诺贝尔奖。

奥斯特·瓦尔德在疼痛难忍的时候心烦意乱，不容易平心静气地评判这封来信的内容；但是当他的牙疼消失，情绪处于平静状态时，他就发现了这篇论文的学术价值。

# 任务二　读懂你的心——大学生情绪特点及其影响

大学生处在人生的特殊成长期，在生理发育趋向成熟的同时，知识经验和思维水平不断提高，心理也发生着急剧的变化。这种变化尤其反映在情绪上，并显著地影响着他们的行为。大学生特有的年龄阶段和心理特点使得他们的情绪表现出自己的特色。

## 一、大学生的情绪特征

### （一）稳定性与波动性并存

大学生受过良好的教育，具有较高的文化修养，具备反省自身弱点的能力和控制自己情绪变化的能力，能够对自己的情绪和行为进行较为客观的认识和评价，主动寻找引起情绪波动的原因，并不断地调节自己的情绪状态，避免情绪波动造成的不利影响，比起中学阶段，情绪日趋稳定。

然而，与成年人相比，大学生情绪的波动仍很明显，容易从一个极端跳到另一个极端，这与其心理发展不成熟有密切关系。一方面，大学生的生理变化和社会需要都处在高峰阶段；另一方面，由于他们对自己需求的合理性、社会的复杂性缺乏正确的认识，容易主客观的矛盾冲突导致心理不平衡，面对复杂的社会现象也易产生困惑和迷茫，对于价值的判断、情感的取舍、前途的选择心里会有许多矛盾，使他们情绪摇摆不定，跌宕起伏，时而满怀豪情、热情激荡，时而郁郁寡欢、悲观消沉，表现出极大的波动性。

### （二）丰富性与阶段性并存

大学生活内容丰富多彩，校园活动五彩缤纷，选择多种多样，使得大学生的情绪活动对象扩大，出现许多前所未有的情绪体验，因此，大学生的情绪体验表现出极大的丰富性。但同时，各种各样的社团活动，复杂的人际关系，让人欢喜让人忧的情感纠葛，理想与现实、学校与社会明显的差异性也让大学生在眼花缭乱之余充满各种复杂的情绪体验。

大学生的学习年限为三年或四年，加上学校教育中明显的年级教育特色，使他们的情绪呈现出明显的阶段性。如大一的学生由于刚刚从中学步入大学，面对完全陌生的大学生活和精彩纷呈的大学校园，他们的情绪呈现出明显的热情和憧憬、兴奋和期待。到了大二或大三，一部分学生刚入校时的热情消失，纷纷从各种社团活动中退出，又没有找到自己的目标，情绪表现出明显的平淡和消沉；另一部分学生则少了大一学生的青涩，通过大一的摸索寻找到自己的归属和位置，情绪表现出明显的稳定和充实性。到了大三或大四，学生们面临着毕业和就业，这本身就是一个重大的转变，很多学生的情绪表现出明显的波动，既有充满希望和大干一场的豪情，又对即将面临的挑战和竞争怀有担心和不自信。

### （三）外显性与内隐性并存

大学生对外界刺激反应敏感而快速，喜怒常溢于言表，具有外显的特点。一般情况下，大学生情绪引起的内心变化与外部表现是一致的，但其自尊心增强和独立性的发展，使得他们会运用心理防御机制来保护自己的内心，表现在特定场合下或者特殊问题上，大学生情绪的外在表现和内心体验并不总是一致的，有时甚至完全相反，会掩饰、隐藏或抑制自己的真实情感。比如，他们外显的语言可能与内心的想法不一致，语言上说自己自信和高傲，实际上是内心自卑作祟的表现，或者害怕自己失败才做出这种行为保护自尊心。在有的场合下，他们会用虚假性的表现来掩饰内心的感受，比如自己并不认可对方，但为了维持关系而做出缓和，当然这些表现并不是说明大学生虚伪，某种程度的掩饰恰恰是适应的表现，是社会心理和行为的适应。实际上大学生情绪的外显性与内隐性是对立统一的，两者在一定的条件下可以相互转化。

## 二、情绪对大学生的影响

俗话说："笑一笑，十年少。"一种美好的心情比十服良药更能解除生理上的疲惫和痛楚。这些非常形象地说明了情绪对人身心健康的影响。

### （一）情绪的积极影响

大学生处于身体的最后成长阶段，情绪的变化对生理功能将产生直接的影响。当大学生的情绪处于良好状态时，人体免疫功能活跃旺盛，身体内部各器官的功能十分协调，可以减少患病的机会，有益于身心健康；积极、乐观、轻松、愉快的心境有助于开阔思路、开发潜能、集中注意力、增强创造性，从而提高学习和工作的效率；健康、良好的情绪，积极、稳定、适度的情绪反应，在人群中更受欢迎，更容易获得别人赞赏、缩短心理距离，有利于形成大学生之间良好的交往环境，使他们彼此理解，相互宽容大度，产生思想共鸣、建立真正的友谊。

### （二）情绪的消极影响

大学生的情绪具有波动性，当他们的情绪处于消极状态时，伴随出现的心理状态是不安、愤怒、恐惧和痛苦。此时，身体内部各器官的功能紊乱，引起消化系统、循环系统、内分泌系统和神经系统的功能失调，身心健康受到损害，甚至引起严重的疾病。现代医学揭示，不少疾病的发生并不是生理的器质性病变，而是精神忧郁、情绪异常所致。国内医学界对大学生疾病的调查表明，大学生的常见病大都与情绪有关。另外，情绪对大学生的心理健康水平有着重要影响，积极情感越多，快乐感就越多，心理健康水平就越高。日常生活中负面情绪过多，会产生焦虑、抑郁、人际敏感等，得不到及时疏导和调节，很容易发展为情绪障碍，使人发生误解，引起冲突、产生矛盾，造成紧张气氛，对心理健康产生不良影响，严重影响人际关系、社会交往和工作学习的效率。

### （三）情绪智力

情绪智力（EQ）的高低直接影响着个体对自我情绪的认知、表达、调控和对他人情绪的觉察和把握。大量研究显示，一个人在校成绩优异并不能保证他一生事业的成功，也不能保证他能攀升到企业领导的地位或专业领域的巅峰。虽然我们并不否定在校学生学习能力的重要性，但在今天这个竞争日益激烈的社会中学习能力并不是成功的唯一条件。换句话说，在现代社会中 EQ 的重要性不亚于 IQ。事实上，IQ 和 EQ 都很重要。只不过在今天这个竞争日趋激烈、知识爆炸、人际关系复杂的社会中，EQ 的重要性更加突出。

总之，高 EQ 的人明白外面的世界很现实，很复杂，也很精彩。人生道路的成功与否，其实在于你自己的情绪管理，在于你对未来的各种选择。比如摔倒了，有的人会说真倒霉，有的人会说我要歇一会儿再继续。外面世界的一切美好与复杂，都要靠你的 EQ 去领会，你要用高 EQ 去看待一切的不公平，一切的美好。无论是工作、学习还是谈恋爱、处理人际关系，情绪管理能力较佳的人通常对生活较满意，能保持积极的人生态度。反之，情绪管理能力失控的人则必须花加倍的心力与内心交战，从而削弱了他的实际理解力与清晰的思考力。

## 三、大学生常见的不良情绪

### （一）抑郁

抑郁是由于感到无力应对外界压力而产生的一种由情绪低落、冷漠、悲观、失望等构成的复合性情绪。表现为郁郁寡欢、心境悲观、自责愧疚、丧失学习和工作的兴趣动力，故意回避交往，对生活缺乏信心。常伴有失眠、食欲缺乏、疲劳、头痛等不良反应，是大学生常见的情绪困扰之一。

大学是人生发展中比较重要的阶段，大学生从入学到毕业会经历适应大学生活、人际关系、学业、爱情、择业等方面的挑战。由于大学生的心智发展不成熟，情绪波动大、不稳定，在遇到这些问题时，如果对一些挫折不能及时处理和消化，极易导致抑郁情绪。抑郁情绪的原因是多方面的，有学生自身的原因，如性格内向、敏感多疑、感情脆弱、考虑问题喜欢走极端等，也有外部环境的原因，如失恋、考试不及格、家庭出现变故等负性事件。抑郁情绪已成为大学生的隐性杀手。

### （二）自卑

自卑是一种消极的情感体验，指向个体对自我的认识，表现为对自己的能力和品质评价过低、轻视或看不起自己。

自卑通常是某一方面的原因造成的，但很容易发展为对其他方面也失去信心，变得敏感、缺乏安全感，为掩饰自己的短处，回避交往、封闭自己，不愿参加集体活动，常怀疑自己，不敢在人前发表自己的意见，忍让退缩。一个人形成自卑心理后，往往本来经过努力可以达到的目标，也会认为“我不行”而放弃。当然，有些自卑的大学生会通过表现出争强好胜、清高自傲或过度自信等来掩饰。

自我评价过低是自卑的实质。例如：有的人对自我形象、能力不认同；有的学生进入大学后，优越感降低甚至没有了，认为自己没有赢得别人尊重的本钱，产生了自卑感；部分学生觉得自己家庭经济条件实在太差而感到自卑。近年来，这样的大学生人数有增加的趋势。由于个体气质性格的影响，性格内向者大多对事物的感受性强，对事物带来的消极后果也有放大趋向，而且不容易将消极体验及时宣泄和排解，因而产生自卑的可能性也相应增大。

### （三）焦虑

焦虑是个体对可能造成心理冲突或挫折的某种事物或情境进行反应的一种不安情绪。一般程度的焦虑情绪，大多会导致痛苦、担心、嫉妒、报复等体验和行为，有时还会使人对自己产生怀疑；严重的焦虑情绪则表现为非常激动、非常痛苦，喊叫、做噩梦、食欲缺乏、呼吸困难、容易疲劳；最严重时，还会产生心跳加速、血压升高、呕吐、冒冷汗、肌肉硬化等反应。

焦虑虽缺乏具体的对象，但仍有动机性后果。适度的焦虑有利于人自我能力的发挥，只有当焦虑十分严重，影响学习和生活时，才成为情绪困扰，带来身心方面的不良影响。大学生中更普遍地存在着各种各样的焦虑，大致可分为适应焦虑、就业焦虑、经济焦虑三类。

### （四）恐惧

一般人对有威胁的事物或遇到危险的情况都会产生恐惧心理，这是一种很正常的反应，这在很大程度上使我们避免受到伤害。但是，如果对常人一般不怕的、没有威胁的事物也感到恐惧，或者恐惧的强度和持续时间远远超出正常的反应范围，自己难以克服，不该怕却控制不住自己的害怕反应，这就是一种病理性恐惧状态了。恐惧与个体的心理因素有很大的关系，例如：某人遇到交通事故后对汽车产生恐惧：有人有过创伤性体验，又遇到类似的事件时，也会唤起恐惧反应。大学生中比较常见的恐惧是社交恐惧。

### （五）愤怒

愤怒是人的基本情绪反应，是一种暂时的情绪状态。愤怒产生的原因包括人们感到自尊心受挫、人格受侮辱、人身安全受威胁、遇事处理不公、个人目的受阻等。愤怒情绪本身不是什么问题，但如果表达不当则容易出问题，如大学生中常因为一些小事而冷战、互相打骂甚至动手伤人。

每个人都会有愤怒的时候，愤怒时，人们需要用理智疏导情绪，做到冷静自问，换位思考，学会适当表达情绪，抱着一种真诚、负责的态度，不要采取暴力方式和过激行为。处理事情要对事不对人，针对当前情境，不要涉及过去事件。更重要的是我们应善于化解愤怒情绪，宽容大度。

# 任务三　做情绪的主人——大学生的情绪管理及调适

情绪作为生命的能量，本身并没有好坏之分。几乎所有情绪上的困扰，都只是情绪管理失当的问题。成为情绪的主人，学会管理情绪，是每个大学生的必修课。

## 一、大学生情绪管理

### （一）接纳情绪

健康情绪不是指你时刻处于阳光状态，而是你所表现出的情绪应与你所遇到的事件呈现一致性。如果你失恋了，伤心是正常的；如果你遇到抢劫了，恐惧也是正常的；如果你的亲人离世了，悲伤是正常的；如果你被误会了，愤怒也是正常的。很多时候，人的痛苦并不是来源于情绪本身，而是来源于对情绪的抵触。

实际上，并没有所谓的真正的负面情绪，每一种情绪都是一种语言，都是带来消息与我们沟通的。情绪就像是送信员，每一封信都来自我们内心，如果你好好地收下这封信，理解并应对好这封信，送信员就会离开。越大的情绪，包含着越大越重要的信息，如果你不接受和解读，它会反复出现提醒我们看到，因为在这封信里包含着我们内心的需要。

所有情绪的存在都有其意义，比如：恐惧让我们保护自己，帮助我们更好地生存下来；哀伤包含着疗愈和安慰；悲伤的存在可以让我们安静，让我们回归自我，用一点点时间去跟过去告别。

情绪没有好坏之分，每一种情绪都有他的价值和功能，我们要看到它们对我们的情感和人生起到的积极作用。没有不好的情绪，只有不被尊重的情绪；没有可怕的情绪，只有缺乏了解的情绪。

## （二）表达情绪

### 1. 无效的情绪表达

（1）使用模糊的语言。例如，用“少啰唆”“多嘴”“很烦”等语言表达情绪。这些陈述确实表达了某个人的某些情绪，却是无效的表达，因为并没有说明具体的情绪是什么。

（2）惯用非语言动作。以“沉默”来代替情绪，属于有某种情绪但闷不吭声，然后以此动作来传达情绪。很多情侣吵架后的“冷战”，就属于此类无效的情绪表达。

（3）无法拥有感受。例如，“都是你害的，是你惹我生气”“是你让我失望、伤心”。别人的说话和作为会影响我们的情绪，但是决定别人行为的意义和我们的情绪感受的却是自己而不是别人。

### 2. 有效表达情绪的方法

（1）先察觉自己的情绪。察觉情绪的可用“2W1H 法”，第一是 What——我现在的情绪是什么？第二是 Why——我为什么会有这样的情绪？第三是 How——如何有效处理情绪？

（2）选择讨论感受的时机。情绪是否要表达出来，有的人会认为保留隐私或表达情绪会使别人受伤就选择不表达，但一旦决定要表达情绪，就要注意两点：第一，在极端的情绪状态下，为避免说出日后会后悔的话，就暂停情绪表达；第二，选择讨论感受的时机。有些人喜欢在人多时或仗着权势来表达情绪，事实上这并不好，应该在彼此能够专注、没有压力和疲倦的状态下讨论。

（3）使用“我信息”表达自己的情绪。使用“我信息”(I message)，直接向对方表达情绪，不是要发脾气，而是冷静地将情绪说出来，当我们一味地指责他人，将自己的情绪归咎于他人时，常会让自己感觉更糟，所以比较有效的方式就是告诉对方你的感受，好好地沟通。

## （三）调节情绪

情绪调节是个体管理和改变自己或他人情绪的过程。在此过程中，通过具体的方法使情绪在主观体验、生理活动和表情行为等方面发生一定的变化。具体而言，常用的从行为、生理和认知方面调节情绪的方法有以下三种。

### 1. 行为调节策略

（1）合理宣泄法。合理宣泄法是采取恰当的方式，选择适当的情境和对象，最大限度地释放不良情绪，从而缓解情绪对身心健康不良的影响。可采用自我宣泄法和他助宣泄法。自我宣泄法常用的是眼泪缓解法和运动缓解法。他助宣泄法有倾诉法和模拟宣泄法。倾诉既可以通过口头语言的方式也可通过书面语言的方式如写日记、写微博、发朋友圈等来表达和缓解情绪，同时还可对情绪进行加工，以达到认识、解决问题的可能性。模拟宣泄法是通过模拟情绪宣泄的对象，如橡皮宣泄人、沙袋等来发泄烦恼，宁心息怒。

（2）注意力转移法。注意力转移法是将注意力从引发负面情绪的情境转移到其他感兴趣的事物或去从事其他活动的一种自我调节方法。当觉察到有不良情绪反应时，可有意识将注意力转移到自己感兴趣的事件或活动中，如听音乐、看电影、做运动等。此种方法不但可以缓解刺激情境的负性影响，防止负面情绪的泛化，还可通过个体感兴趣的新活动，增加积极的情绪体验。

### 2. 生理调节策略

当个体情绪处于激越状态时会带来生理唤醒，如心跳加快、肌肉紧张和呼吸加快等。通过放松训练法可以降低和缓解个体在焦虑、愤怒和悲伤等负面情绪时生理唤醒的程度，从而达到调节情绪的目的。

放松训练法一般包括以下三种方法：

（1）腹式呼吸放松法。腹式呼吸法也称横膈膜呼吸法，即常说的深呼吸。腹式呼吸一般包括以下三个步骤：第一步，吸气，缓而深，感受气流顺着气管、支气管到达肺部；第二步，屏气，在舒服的情况下尽可能多屏一会儿；第三步，呼气，缓而长，完全地放松。

（2）美好场景放松法。美好场景法又称想象放松法，即通过想象个体经历过的或能想象到的让其最放松的场景，身临其境，来达到放松的目的。这个最放松的场景会因人而异，具有个体差异性，一般较多为海边、草原、高山和森林等。在想象过程中，可利用个体的多个感觉通道，如视觉、听觉、嗅觉、味觉、触觉、运动觉等强化身临其境的感受，达到放松的目的。

（3）渐进肌肉放松法。渐进肌肉放松法是一种逐渐、有序使肌肉先紧张后放松的训练方法。

①准备工作：找一个舒服的姿势，可以靠在沙发或躺在床上，应在安静的环境中，光线不要太亮，尽量减少无关刺激。

②放松的一般顺序：手臂部→头部→躯干部→腿部。

③每一部分肌肉放松的 5 个步骤：集中注意→肌肉紧张→保持紧张→解除紧张→肌肉松弛。

渐进肌肉放松可以配合腹式呼吸同时使用，如吸气时肌肉收缩，屏气时保持紧张，呼气时肌肉松弛，还可结合美好场景放松法，以达到最佳的放松效果。

### 3. 认知调节策略

合理情绪疗法是美国临床心理学家艾尔伯特 · 艾里斯在 20 世纪 50 年代提出的，又称 ABC 理论。完整的合理情绪疗法由 A、B、C、D、E、F 六个部分组成。

A：activating events，指发生的事件。

B：belief，指人们对事件所持的观念或信念。

C：emotional and behavioral consequences，指观念或信念所引起的情绪及行为后果。

D：disputing irrational beliefs，指劝导干预。

E：effect，指咨询效果。

F：new feeling，指咨询后的新感觉。

艾里斯强调认知的重要性，认为事件（A）本身并非引起情绪反应或行为后果（C）的直接原因，人们对事件的不合理信念（B，即想法、看法或解释）才是真正原因所在。因此，要改善人们的不良情绪及行为，就要劝导干预（D）非理性观念的发生与存在，代之以理性的观念。等到劝导干预产生了效果（E），心理的困扰消除或减弱，人们就会产生积极的情绪及行为，人也就会产生愉悦充实的新感觉（F）。研究表明，受教育程度较高、领悟能力较强的大学生，比较适合运用合理情绪疗法进行心理自我调节。其具体操作模式如下：

（1）找出使自己产生异常紧张情绪的诱发事件（A），如当众讲话、考试、工作压力、人际关系等。

（2）分析挖掘自己对诱发事件的解释、评价和看法，即由它引起的信念（B），从理性的角度去审视这些信念，并且探讨这些信念与所产生的紧张情绪（C）之间的关系，从而认识到异常的紧张情绪之所以产生，是由于自己存在不合理的信念，这种失之偏颇的思维方式应当由自己负责。

（3）扩展自己的思维角度，与自己的不合理信念进行辩论（D），动摇并最终放弃不合理信念，学会用合理的思维方式代替不合理的思维方式（E）。还可以通过与他人讨论或实际验证的方法来帮助自己转变思维方式。

（4）随着不合理信念的消除，异常的紧张情绪开始减少或消除，并产生更为合理、积极的行为方式（F）。行为所带来的积极效果，又促进了合理信念的巩固与情绪的轻松愉快。最后，个人通过情绪与行为的成功转变，从根本上树立合理的思维方式，不再受异常紧张情绪的困扰。

**知识扩展**

**常见的不合理信念**

1. 人应该得到所有人的喜爱和赞许；
2. 一个人就应该在各方面都能力十足；
3. 犯了错误，就一切都完了，应该受到惩罚；
4. 任何事情都要按自己的意愿发展，否则就太糟糕了；
5. 情绪是外部事件决定的，自己无法控制；
6. 总是担心灾祸降临；
7. 逃避困难和责任比正视它们要容易得多；
8. 人要依靠他人，尤其要依靠强者；
9. 过去事件的影响是无法消除的；
10. 任何问题都应有一个圆满的正确答案；
11. 一个人应该对别人的问题关注和负责。

认知改变情绪，希望大家在遇到负面情绪时，可以识别我们的不合理的信念，从而去改变我们的情绪。

## 二、大学生良好情绪的培养

大学生健康情绪的培养途径主要包括以下两种。

### （一）拥有积极的心态

积极的心态就是正确的心态，是由信心、诚实、希望、乐观、勇气、进取、慷慨、容忍、机智、诚恳与丰富的常识等“正面”特征组成的心态。积极的心态可以引导人们品尝成功的喜悦，而消极的心态会摧毁人们的信心和希望。大学生可以通过以下几种途径来使自己拥有积极的心态。

### 1. 保持平常心

如果大学生时刻提醒自己要保持一颗平常心，就可以经常获得良好的感觉，对积极心态的培养具有重要意义。概括来说，大学生可以通过以下几种方式来使自己时刻保持一颗平常心：

（1）迅速忘掉不愉快。大学生对于日常生活中所发生的一些对自己没有太大影响的不愉快，应该学会尽快忘掉。哪怕是自己原因所引发的不快，大学生也应该在迅速进行自我反省的基础上快速忘掉，以保持愉快的心态。

（2）不和别人比高低。一般意义上的比较，通常都是比出高低上下和优劣异同，如果自己不如其他人，就可能出现自卑等情绪。所以，大学生要想拥有一颗平常心，就不要和别人比高低。当然，大学生可以将自己的优点和其他人的缺点进行比较，这样就会获得良好的自我感觉。

（3）回顾自己的成功。大学生可以建一个文件夹，将自己以往所取得的成功都记录在内，有时间就打开看看，以从这些成功中得到鼓励。

### 2. 拥有自信心

自信心是积极心态的基础，大学生要想拥有积极的心态，就必须拥有自信心。自信心来源于现实生活中切实可行的人生目标，所以大学生应该制订出符合自己学习和生活实际的目标，并且采取切实可行的具体的实施计划，通过对目标的实现使自己拥有自信心。

需要指出的是，即使是非常优秀的大学生也会经历形形色色的失败和考验。当遇到失败或者各种考验时，大学生应该清楚，自己可以失败，但不应当由于失败而影响已经树立起来的自信心，应当从失败中悟出成功的道理，从而充满信心地走向成功。

### 3. 拥有进取心

进取心是一种成功者的积极心态，是人们生命中最神奇和最有趣的元素。美国成功学大师拿破仑·希尔认为，进取心是一种极为难得的美德，它能驱使人们在不被吩咐应该做什么之前就能主动地去做应该做的事情。竞争对进取心的获得具有重要意义。现代科学研究表明，一个人独自工作的效率远不如旁边还有一些人一起干的效率高。心理学家称这种现象为“社会促进作用”。生活的经验也告诉我们，与他人竞争是提高生活积极性的主要手段。因此，大学生应该注重竞争的重要性，应有意识地去参加学校所组织的一些竞争活动，如果大学生有意识地躲避大学校园的各种竞争，就会在一定程度上失去了上大学的意义。

## （二）时刻保持快乐

概括来说，大学生可以通过以下几种途径使自己保持快乐的感觉。

### 1. 具有一定的幽默感

幽默既是一种人生态度，也是一种人生智慧，还是人们美丽心灵的充分显露，为人们提供心灵的营养。具有幽默感的人，往往是充满智慧的、快乐的人。同学间的幽默，可以增强彼此之间心灵和情感的沟通。在愉快的笑声中，激发出思想的智慧。学子们在课余时间，在彼此的交谈中“幽”上高雅的一“默”，不仅可以娱乐自己，还可以娱乐他人。

### 2. 从帮助他人中寻找快乐

常言道：“赠人玫瑰，手留余香。”在日常生活中不断帮助他人，可以使自己得到快乐的感觉。目前，相当大的一部分人赞同“助人”是获得快乐的最好方法的观点。中华民族历来推崇“助人为乐”的美德，并作为优秀伦理传统加以倡导。因此，代表中华民族未来的大学生，应当将这一美好传统在自己身上得到延续。

### 3. 知足常乐

无数事实反复验证一个普通的道理：知足常乐。在高等教育由精英教育转向大众教育以后，大学生中的许多人在之后的职业生涯中将会成为普通的劳动者，需要通过自己的不断努力，才能养活自己和家人。但许多大学生对自己毕业之后的生活往往定位比较高，他们无法接受自己大学毕业后不能成为社会的精英的现实，因此常常会因为一些事情而烦恼，不能得到快乐。相反，一些大学生在大学时代就对自己的定位比较低，他们在大学中就过着快乐轻松的大学生活。那些立足于不普通的人，可能终身过着普通的生活，因为沉重的心理包袱影响了他们前进的速度和实效，而从一开始就立足于普通的人，很可能会变得不普通，还有可能被历史推向“杰出”。这就是生活的现实，也是生活的辩证法。

## 自我测评

### 焦虑测试

【测试目的】

一个人情绪的起伏和波动的程度，都关系着他的行为和事件处理的后果，通过测试可以帮助你了解自己的情绪是否稳定和健康。

【测试要求】

仔细阅读下面 20 道题（表 6–1），并根据你最近 1 周的实际感觉，选择最适合你的答案。（1. 没有或很少时间；2. 小部分时间；3. 相当多时间；4. 绝大部分或全部时间。）

【测试内容】

表 6–1 焦虑自评量表

| 题目 | 1 | 2 | 3 | 4 |
|---|---|---|---|---|
| 1. 我觉得比平常容易紧张和着急 | | | | |
| 2. 我无缘无故地感到害怕 | | | | |
| 3. 我容易心里烦乱或觉得惊恐 | | | | |

续表

| 题目 | 1 | 2 | 3 | 4 |
|---|---|---|---|---|
| 4. 我觉得我可能要发疯 | | | | |
| 5. 我觉得一切都好，也不会发生什么不幸 | | | | |
| 6. 我手脚发抖打战 | | | | |
| 7. 我因为头痛、颈痛和背痛而苦恼 | | | | |
| 8. 我感觉容易衰弱和疲乏 | | | | |
| 9. 我觉得心平气和，并且容易安静坐着 | | | | |
| 10. 我觉得心跳得很快 | | | | |
| 11. 我因为一阵阵头晕而苦恼 | | | | |
| 12. 我有晕倒发作，或觉得要晕倒似的 | | | | |
| 13. 我吸气呼气都感到很容易 | | | | |
| 14. 我的手脚麻木和刺痛 | | | | |
| 15. 我因为胃痛和消化不良而苦恼 | | | | |
| 16. 我常常要小便 | | | | |
| 17. 我的手脚常常是干燥温暖的 | | | | |
| 18. 我脸红发热 | | | | |
| 19. 我容易入睡并且一夜睡得很好 | | | | |
| 20. 我做噩梦 | | | | |

【测试标准】

1. 计分标准

题目 5、9、13、17、19 为反向评分，按 4 ～ 1 计分，其他题目正向评分，按 1 ～ 4 计分。所有题目相加得到总分，总分乘以 1.25 后取整数部分，就得到标准分。

2. 结果解释

标准分 50 分以下为正常，分数越高，焦虑程度就越高；50 ～ 59 分为轻度焦虑；60 ～ 69 分为中度焦虑；70 分以上为重度焦虑。

3. 注意

测试结果仅仅代表目前的状态，是一种情绪的暂时表现，是我们每个人在生活中都可能会出现的情况，并非焦虑症或抑郁症的诊断结果。

## 思政之窗

为学习贯彻党的二十大精神，落实全国和北京高校思想政治工作会议要求，进一步提升大学生心理健康教育工作实效，培育学生理性平和、积极向上的健康心态，2023 年 4 月，北京市委教育工作委员会在北京高校启动 2023 年首都大学生心理健康季系列活动。

2023年心理健康季系列活动聚焦培养学生积极心理品质，结合当代大学生思想心理特点，以“525”大学生心理健康节为基础，在时间、空间、内容、形式等方面积极拓展创新，以“笃定信心、勇毅前行”为主题，市级层面重点开展10项示范活动，包括“融洽心灵”阳光心理大讲堂、“吾画吾心”心理漫画征集大赛、“心灵奇旅”心理成长演讲比赛、“书香润心”心悦读书活动、“同侪力量”朋辈心理互助论坛、“心理素养”心理健康知识竞赛、“校园故事”心理情景剧比赛、“心信相印”心理书信征文比赛等。通过开展心理健康教育系列主题活动，着力增强大学生立志做有理想、敢担当、能吃苦、肯奋斗的新时代好青年的使命感和自信心，激发大学生踔厉奋发、勇毅前行的心理动力和意志品质，培育担当民族复兴大任的时代新人。

## 心灵氧吧

### 1. 书籍：《情绪》

本书是卡莱特著，周仁来等译，中国轻工业出版社2009年出版的。

《情绪》内容分为三个部分：第一部分主要为与情绪有关的一系列基本问题，如情绪的本质、情绪的分类、情绪的发展以及情绪与文化的关系等；第二部分则对一系列常见的具体情绪分别进行了阐述，包括恐惧、焦虑、愤怒、悲伤、幸福、爱、恶心、轻蔑、羞愧、内疚、自豪感等；第三部分阐述了情绪与其他心理过程之间的关系，包括情绪与信息加工、情绪性决策和情绪智力、情绪调节等方面的内容。作者深入浅出地对上述问题进行了详尽表述，涵盖了理论建构、实证研究等各个方面。总体而言，本书既适合大学生和研究者阅读，又可以作为心理学爱好者的科普读物。

### 2. 电影：《愤怒管理》

《愤怒管理》是由彼得·西格尔执导，亚当·桑德勒、杰克·尼科尔森主演的喜剧电影。

它是一部能让人从头笑到尾，但又能从中获得不少心理启示的影片。影片中的主人公带着自己惯有的愤怒在莱德尔医生的“刺激”下开始了一系列在外人看来既搞笑又夸张的“非人”生活。极具戏剧性的愤怒像多米诺骨牌，产生了一连串推波助澜的恶性影响。其实，痛苦只是抽象的理论概括，沮丧、挖苦等才是其具体表现形式。所以，无论是爆发型愤怒还是自闭型愤怒的人，看了这部电影，都会在爆笑中感受到“不识庐山真面目，只缘身在此山中”的释然。最后，主人公在好不容易培养的自信与为信仰据理力争的勇气中战胜了愤怒。

# 项目七
# 与人正确相处——和谐人际关系

## 学习目标

### ★知识目标

1. 了解人际关系的概念。
2. 了解人际关系的特征。
3. 熟悉大学生人际交往的类型。

### ★能力目标

1. 掌握人际交往的技巧。
2. 能够正确进行人际交往。

### ★素质目标

1. 正确认识人际交往对其学习、生活乃至未来发展的影响和作用。
2. 拥有良好的人际关系。

## 项目概述

进入大学后，很多东西都发生了较大的变化，曾经单纯、熟悉的中学环境已经远去，学生需要面对一个更复杂、对自我要求更高的大学环境。此时，如果大学生不能尽快地适应，并融入这个环境中，就会产生各种各样的问题。尤其是人际交往与新生适应问题会极大地困扰大学生，使其难以正常地发展，甚至出现非常严重的心理问题。因此，有必要对大学生的人际交往和适应问题进行一定的分析，并探索出相应的应对策略，从而给大学生提供更好的指导。

## 情景再现

1954年，美国做了一项实验：以每天20美元的报酬（在当时这是很高的金额）雇用了一批人作为被测者。为制造出极端的孤独状态，实验者将这些人关在有防音装置的小房间里，除了进餐和排泄时间以外，要求这些人24小时都躺在床上，营造出一种所有感觉都被剥夺了的状态。结果几乎没有人能在这项孤独实验中忍耐三天以上。几小时后，他们就吹起了口哨或者自言自语，烦躁不安，精神难以集中。持续数日后，人会产生一些幻觉。到第四天时，有人出现双手发抖、不能笔直走路、应答速度迟缓以及对疼痛敏感等症状。

2017年，英国电视台播出了节目In Solitary，相当于现代的密室独处实验，实验要求志愿者各自住在有基本生活设施的集装箱里，没有手机，没有计算机，也不允许和外界有任何通信，每人可以带3样私人物品。实验为期5天，每个集装箱都装有两个摄像头，进行全程拍摄。实验结束时，有2位志愿者没有完成实验，3位志愿者完成实验，几乎每一位志愿者都曾经面临内心的挣扎，甚至几度将近崩溃，在密室中，所有的情绪都被放大。有的志愿者会对着摄像头聊天、袒露心声，有的出现呕吐、哭泣等症状，有时振奋地手舞足蹈，有时胡言乱语，甚至还出现幻觉。

**【心理课堂】**

通过这两个实验我们可以感受到，人的身心要想正常运转就需要不断地从外界获得新的刺激，与外界交流。每个人从出生就有交往的需要，每个人都蕴藏着交往的能力，那是我们与生俱来的。

# 任务一　我不是孤岛——了解人际关系

## 一、人际关系概述

### （一）概念界定

人际关系的定义有广义和狭义之分。从广义上看，人际关系包括社会中所有的人与人的关系，以及人与人之间关系的一切方面，包括经济关系、政治关系、法律关系、心理关系等。显然，这种定义主要从社会学的角度进行概括，没有揭示出人际关系的特殊性。从狭义上看，人际关系是人与人之间通过交往和相互作用而形成的直接的心理关系。它反映了个人或群体满足其社会需要的心理状态，它的发展变化取决于双方社会需要的满足程度。在人们相互交往的过程中，如果各自的社会需要得到了满足，相互之间就能形成接近的心理关系，表现为友好、接纳的情感；如果人们之间的社会需要受到了损害或人与人之间发生了矛盾和冲突，心理上的距离就会拉大，彼此之间就会形成不愉快的关系甚至敌对状态。

人际关系是社会关系中较低层次的关系，受生产关系和政治关系的制约；同时，它又渗透在社会关系的各个方面，是社会关系的“横切面”，直接影响着人们的心理环境和社会环境。每个个体都是活在各种各样现实的、具体的人际关系之中。

人际关系指的是人们在共同活动中彼此为寻求满足各种需要而建立起的相互间的心理关系。此定义包含以下三个特点：

（1）人际关系主要指的是人与人之间的心理关系，属于社会心理学的范畴。它反映人与人之间心理关系的亲密性、融洽性和协调性，如友好关系、亲密关系、敌对关系等。这种心理上的关系是由心理倾向性及其相应的行为反映出来的。

（2）人际关系由认知成分、情感成分和行为成分等一系列心理成分所构成。认知成分是心理关系的基础，反映个体对人际关系状况的认知和理解。人际关系的发展、变化往往是认知成分的改变而引起的，相互之间信息交流越多，了解越深刻，彼此之间的心理距离就越接近。情感成分是对交往的评价态度的体验，人与人之间的情感如何是人际关系的动力成分。它可以分为两类：一是亲密情感，促使彼此心理相容；二是分离性情感，促进人们疏远排斥。行为成分是双方实际交往的外在表现和结果，如言谈举止、仪表风度等。这些行为越相似，越容易形成良好的人际关系。

（3）积极地进行交往是建立、巩固和发展良好人际关系的重要条件，因为人际关系是在彼此交往的过程中建立和发展起来的。没有人际交往，就无所谓人际关系。人际关系建立之后，也需要通过不断的交往加以巩固和发展。人际关系是现实社会生活的产物，离开现实客观的生活活动是不可能产生人际关系的。

### （二）人际关系和社会关系

人际关系和社会关系是两个不同的概念，不能混为一谈。社会关系是一个非常广泛的范畴，它是指人们在社会生活实践过程中结成的一切关系的总和。这是广义上的社会关系，即人与人之间的一切关系。可以说，社会关系是人与人一切关系的科学抽象。另一种是狭义上的社会关系，指在一定环境下人们所结成的相互关系，即社会生产关系。

社会关系一是个复杂的多层次系统，这个系统可分为三个相互联系的层次：一是生产关系，它是各种各样社会关系的基础；二是社会意识形态关系，它是在生产关系的基础上形成的其他一系列性质不同的社会关系；三是人际关系，人与人之间的其他关系都必须透过人际关系这一中介因素对人们发生作用。

这三种关系在整个社会关系中处于不同的地位，其中：生产关系是最高层次的，它决定着意识形态和人际关系的性质；社会意识形态关系是社会生产关系的反映，由生产关系所决定，但是它具有相对独立性，可以反作用于生产关系和人际关系；人际关系作为角色间的一种社会关系和其他社会关系一样，必然受生产关系的制约，还要受其他社会关系的影响，因而应该把人际关系置于社会关系中加以考察。只有这样，才能真正认识各种人际关系背后的社会意义及其与社会因素和心理因素的直接关系。

社会关系和人际关系作为两个级别的概念具有不同的理论概括力，它们的不同之处体现在以下几个方面：

（1）社会关系强调现实关系的整体方面而非个性方面，而人际关系则更多从个体、个性方面来表现现实。西方心理学将人际关系与社会关系混淆起来是不利于研究的。苏联社会心理学家安德烈耶娃认为："要正确认识人际关系的性质，就不要把人际关系和社会关系放在'同一类'，而要把它看成社会关系中一个特殊的'类'，它产生于每一种社会关系之中，而不是产生于社会关系之外。"她还进一步指出，在人际关系之外再也找不到某个地方有"纯粹"的社会关系。

（2）社会关系是社会学研究的主要对象。一方面，它研究人与物的关系，如生产资料的分配和继承；另一方面，它还包括意识形态的关系，主要有法律关系和道德关系等。而人际关系则是人与人直接的心理关系，它受社会关系所制约，是社会关系的反映，却具有某种相对独立性。

（3）社会关系和人际关系是从属关系，同时，社会关系决定着人际关系的性质。人类从事的物质文明和精神文明活动是人际关系变化的基础。一旦个人参与的社会活动和社会关系发生了变化，人际关系自然也就发生了变化。

## 二、人际关系的建立过程

人与人之间的关系状态从没有关系到关系密切，要经过一系列的变化过程。莱文格（Levinger）和斯诺克（Snoek）的相互依赖模型把共同心理领域和情感融合范围作为描述人际关系的指标，结合交往双方相互作用水平的递增关系，指出人际关系的发展包括以下几个阶段或状态：

（1）零接触。当两个人彼此之间均没有意识到对方的存在时，双方的关系处于一种零距离状态，此时两个人是完全没有关系的，也谈不上任何个人意义的情感联系。

（2）单向注意或双向注意。如果一方开始注意到另一方，或双方彼此相互注意，则表明两个人之间的相互作用已经开始。一方开始形成对另一方的初步印象，或者双方彼此都对对方有了初步印象。不过，在双方没有进行语言交流之前，仍然没有相互的情感卷入。

（3）表面接触。一旦双方开始谈话，从直接交谈的那一刻起就产生了直接接触。最初的直接接触是表面的，没有情感卷入，是双方情感关系发展的起点。

（4）轻度卷入。交往双方发现的共同心理领域较小，双方的心理世界只有这一小部分是重合的，双方的情感只在这一小部分领域内是融合的。

（5）中度卷入。交往双方发现范围较大的共同的心理领域，双方心理世界也相应地有较多的重合，当然，双方之间情感融合的范围也变得比较大。

（6）深度卷入。交往双方发现的共同心理领域大于不同的心理领域，彼此之间的心理世界表现出高度重合（但没有完全重合），情感融合的范围同样表现出高度的重合（但没有完全重合）。

一般情况下，一个人只和极少数的交往对象能达到这种深度卷入的状态，有的人可能一生都没有与任何人达到过这种深度的关系，还有的人终身与他人的关系都只处于比较浅层的水平。

需特别指出的是，在人际关系发展的过程中，无论交往双方关系多么密切，都不存在双方心理世界完全重合的情况，因为每个人都有自己的隐私。人际关系发展过程如表 7–1 所示。

表 7–1　人际关系发展过程

| 图示 | 人际关系状态 | 特点 | 相互作用水平 |
|---|---|---|---|
| | 零接触 | 双方均未意识到对方的存在 | |
| | 单向注意<br>双向注意 | 一方注意到另一方，或双方互相注意，没有情感卷入 | 低 |
| | 表面接触 | 沟通的开始，没有情感卷入 | |
| | 轻度卷入 | 共同心理领域较少 | |
| | 中度卷入 | 较大的共同心理领域 | |
| | 深度卷入 | 共同心理领域大于不同的心理领域 | 高 |

## 三、人际关系的特征

第一特征是个体性，人际关系的本质表现在具体个人的互动过程中，其主要问题是对方是不是自己所喜欢或者愿意亲近的人，在人际关系中，“教师”与“学生”、“上司”与“下属”等角色地位退居其次。这就是人际关系的个体性特点的表现。

第二个特征是人际关系的直接性（可感性），直接的、面对面的交往，为人们所直接体验到，不通过第三者或是中介，而是双方对于对方的直接感受，这样会增加真实性和可靠性。

第三个特征是人际关系的情感性，人际关系的基础是人们彼此之间的情感活动，动之以情，这样的情既包括喜欢、关心等积极的情感因素，也包括厌恶、憎恨等消极的情感因素。

人际的情感倾向可以归结为两大类：一类是使人们互相接近或吸引的情感，即连属情感。这种情况下，对方总是自己所希望的、满意的客体，个体有强烈的与其合作或结合的行为倾向。另一类是，使人们互相排斥和反对的情感，即分离的情感。在这种情况下，对方则是自己不能被接受的、难以容忍的，甚至是感到厌恶的客体。

## 知识扩展

### 人际吸引的原则

1. 相似性原则

一般情况下，人们总是倾向于愿意与自己有相似之处的人交往，交往双方的相似之处越多，彼此之间的吸引力就越强。相似性既包括年龄、性别、学历、兴趣、能力、信仰、态度、价值观等方面的相似，也包括家庭背景、经济条件、个人经历等方面的相似。

2. 互补性原则

互补是指人的外在的差异可以通过双方内在需要互相满足来弥补的现象，也就是说，一方没有的特点，恰好对方有而且是自己所需要的。比如，一个内向的人和一个外向的人可能会成为好朋友，脾气暴躁的人和脾气温和的人能够很好地交往，具有领导欲望的人能和顺从听话的人和谐相处。

3. 接近性原则

这里的接近既包括空间距离的接近，也包括时间上的接近。一般来说，时间、空间距离越近，交往的机会、次数就越多，越容易了解和熟悉，从而形成良好的关系。如平时所说的“近水楼台先得月”“远亲不如近邻”。

4. 仪表风度

一个人的外貌、衣着、体形体态、言谈举止等因素影响着个人的人际吸引力，得体的仪容仪表使人更有魅力。虽然我们常说“人不可貌相”，却又不由自主地“以貌取人”。比如，求职面试时，外在形象很重要。

5. 能力才华

如果你没有美丽的容颜，但你能力突出，有一技之长，或者才华出众，也会增加你的人际吸引力。比如在演艺圈，有很多演技精湛的演员长相并不出众，可这依然不能阻挡观众对他们的喜欢。

6. 个性品质

优秀的个性品质是最具有吸引力的因素，而且这种吸引力比较持久、稳定。真诚、乐观、自信、开朗、诚信、大方、宽容、乐于助人的人，比虚伪、自私自利、不尊重人、报复心强、嫉妒、苛刻的人更受欢迎、更具有魅力。

# 任务二　解读人际密码——大学生人际交往

## 一、大学生人际交往的类型

大学生人际交往的类型可以从多角度进行划分。

### （一）从社会学角度划分

#### 1. 血缘型人际交往

血缘型人际交往主要是指与父母、兄弟姐妹及有血缘关系的亲戚之间的交往，这是大学生人际关系中的一种天然的人际关系。

#### 2. 地缘型人际交往

地缘型人际交往主要是指来自同一地域的大学生之间的交往。比如，大一新生刚入学，面临陌生的环境和同学，遇到老乡就会倍感亲切，乐于相互交往。

#### 3. 业缘型人际交往

业缘型人际交往是指大学生以所学专业为联系纽带进行的人际交往。比如，与老师的交往、与同学的交往等。

#### 4. 趣缘型人际交往

趣缘型人际交往是指大学生因为共同的兴趣爱好产生联结并乐于交往。比如，加入学生会和各种社团建立的人际关系等。

#### 5. 情缘型人际交往

情缘型人际交往是指男女大学生因为情感发展的需要，通过与异性交往而建立的恋爱关系。在现代大学生人际交往中，这是一种特殊而又普遍的人际关系。

### （二）从交往对象的角度划分

#### 1. 与同学的交往

同学是大学生最主要的人际交往对象，同学之间的交往也是微妙和复杂的。从交往对象来说，包括一般同学关系、宿舍同学关系、恋爱关系、异性交往、老乡关系、团体关系等。从一方面来看，大学生年龄相仿，有相似的兴趣爱好，学习相同的课程，朝夕相处，沟通与交往相对比较容易；从另一方面来看，大学生来自不同的地域，经历不同，家庭教育背景不同，生活习惯也不同，脾气性格也存在一定的差异，而且对人际交往抱有较高的期望，一旦交往需求得不到满足，就容易产生消极的结果，如引发矛盾、不愿交往等。

### 2. 与老师的交往

在大学阶段，老师是学生的主要交往对象，接触最多的是辅导员和授课老师，他们的思想观念、为人处世、授课质量等都对大学生有直接影响。大学生必须意识到，大学的师生交往方式和中学阶段相比有很大的不同，即使是辅导员，也不能天天见面，授课老师更是上课来、下课走，因此如何与老师交往就显得尤为重要。学生可以把辅导员当作知心朋友，多寻找机会与他们接触、交流，比如可以争当班干部、多参加班级活动，从而让辅导员更多地了解你，对你有更多的指导。授课老师由于流动性较大，能面对面交流的时间也较少，这更需要学生积极主动地和老师沟通交流，熟悉之后老师也会把学生当作朋友，就会有更多的机会探讨问题、切磋学问，这可以让你学到更丰富、更广博的知识，也可以让你学到书本之外的社会知识，帮助你更多地了解社会，促进个人的成长。

### 3. 与家人的交往

家庭关系是大学生生命过程中最早参与的人际关系，也是人一生中最为持久的人际关系。多数大学生与父母的关系比较和谐，一方面，学生进入大学后，父母认为孩子长大成人了，应该有独立性与自主性了，开始以平等的态度对待子女，尊重子女的意愿与决定；另一方面，大学生心理发展逐步成熟，开始理解父母，孝敬父母，学会了与父母进行沟通。但也有一部分大学生各种原因与父母发生冲突，引发矛盾，这部分学生需要注意加强和父母之间的交流，遇到问题学会沟通，努力营造和谐的家庭关系。

### 4. 社会交往

当今社会，大学生的就业压力越来越大，就业竞争日益激烈，大学生必须提高自身的就业竞争力，因此社会交往能力的提高显得尤为重要。很多大学生通过兼职、实习、公益活动、社会实践等多种形式接触社会，与社会上的不同人群、不同团体打交道，既扩大了社会交往的范围，也增加了对社会的了解，还能够促进大学生的社会成熟度。

### 5. 网络交往

在互联网时代，网络空间里进行的交往是一种新型的人际交往模式，即网络交往。在网络空间里，没有了现实中身份、地位的差异，交往更加自由，网络的虚拟性、开放性让大学生感到身心愉悦、心灵获得释放。在享受网络交往带来的愉悦的同时，大学生还要警惕网络交往的一些弊端，谨防上当受骗。

## 二、大学生人际交往存在的问题

### （一）不敢交往

不敢交往就是内心乐意交往、渴望交往，行为上却是退缩的。在大学生人际交往活动中，有一部分同学具有很强的交往意愿，渴望友谊，希望被看到、被理解、被肯定，但是由于经济困难、性格内向、学习成绩不理想、存在生理缺陷等，往往产生害羞、自卑、胆怯等心理，总是觉得自己不如别人，不敢主动与人交往，甚至回避与人交往，在不得不交往的场合，经常表现得拘谨、紧张、心跳气喘、面红耳赤，不敢正视对方等。在与他人交谈时常常表现得语无伦次、词不达意，尤其是在集体活动中或人多的情境下更感到害怕，不敢表现自己，严重的可能出现社交恐惧症。

这类同学内心的交往意愿和外显的害怕交往形成强烈的冲突，因此他们总是陷入痛苦、焦虑、自责之中，对心理健康有很大的影响。

### （二）不愿交往

不愿交往的大学生一般比较闭锁，生活在自己的小天地里。不愿与他人交往的原因大致可分为以下四种情况：

（1）缺乏自信。进入大学之后，发现身边的同学都很优秀，自己不再是老师喜欢、人人羡慕、各方面出类拔萃的佼佼者，因而丧失自信，甚至嫉妒别人，产生自卑心理，认为自己不如别人，低人一等。

（2）缺少信任。在和同学打交道的过程中，缺少人与人之间必要的信任与理解，缺乏基本的合作精神，甚至把同学当作竞争对手或敌人，觉得他们都是不可靠的，从而不愿意交往。

（3）自傲。这类同学平时表现得自高自大、自以为是、孤芳自赏，总是瞧不起身边的同学，从而懒得与同学交往。

（4）自我中心。有的同学缺少群体意识，以自我为中心，对周围的人与事漠不关心，不能理解和包容同学，同学之间缺乏必要的宽容，常常为一些鸡毛蒜皮的小事伤害彼此，进而影响交往的愿望。

### （三）不善交往

有的大学生不了解人际交往的一些基本知识、技巧，比如不注意人际交往中的言行，与人交谈的语气、语调、面部表情、肢体语言等，在交谈的过程中显得过于生硬、木讷，想表达的意思却表达不出来，甚至引起同学的误解。

有的同学不注意沟通方式，在劝说他人、批评他人、拒绝他人时不讲究艺术，直来直去，从而伤害到对方。有的大学生在与人交往的过程中，不注意交往的原则，不懂得尊重。开玩笑时不注意场合，不给人留面子，对于他人的个人习惯或家乡的风俗习惯总是嘲笑，等等。

以上表现都会对他人造成一定的伤害，影响同学之间进一步的交往。

## 心理剧场

小张是大一新生，性格较内向，从来没有住过校，从小都住在属于自己的房间里，进大学后与 7 名同学同住，在条件优裕的环境中成长的他，看不惯的是同寝室同学“不良”的卫生习惯，更不喜欢他们随便的作息制度，尤其不喜欢他们的高谈阔论，总之，看谁都不顺眼。由于内向的他本来就不擅长与人沟通，再加上看不起那些同学，于是，就以独来独往来减少与同学们的交往，时间一长，他发现寝室同学说说笑笑，进进出出都结伴而行，似乎视他不存在，他开始感到失落了，孤独感油然而生，曾经多次萌发过主动与他们交往的念头，可都事与愿违。他回寝室时总觉得同学们都在议论他，对他评头品足，还窃窃私语，一副嘲笑、鄙视的模样，他觉得受不了了，想过换寝室，但没有得到批准。

为了不和他们交往，他很少回寝室，只有睡觉时才回去，即使这样避开他们，似乎还是没有减少他们对自己的议论与不满，他开始失眠，食欲下降，精神状态越来越差，身体急剧消瘦，在寝室，话越来越少，甚至连笑声都很少听见，他感觉到听课的效率也越来越差，最后终于病倒了。

### （四）不懂交往

不懂交往就是愿意交往，也有交往的行为，但是方法不当，言语不妥，导致交往结果不理想。

进入大学之后，很多同学对新的人际关系抱有很高的期待，希望获得理想中的友谊，可现实却跟理想中的期待差距较大，因此形成心理上的落差，对新的人际交往失去信心，甚至沉湎于过去的人际关系中。殊不知，这些同学恰恰忽略了一个很重要的问题：不懂得友谊或关系的获得在于平时的交往积累，人际关系的发展是从无到有、从浅到深逐步发展的。要想获得良好的人际关系，需要积极主动地去关注、关心和关爱他人。俗话说“种瓜得瓜，种豆得豆”，只要对人真诚、善良、热情，就会有回报。相反，总等着别人主动关心自己，主动与自己交往，处于被动地位，这种交往不会持久。

### （五）缺乏技巧

人际交往是一门艺术，有很多的技巧需要学习，而很多大学生恰恰缺乏这些技巧，不知道如何与人交往比较合适，也正是因此才产生上述各种困扰。

## 互动课堂

#### 游戏：“心结”是可以解开的

第一步，将同学们分成若干个小组，每组 10 人，让每组成员手拉手围站成一个圆圈，记住自己左右手各相握的人。

第二步，在节奏感较强的背景音乐中，大家放开手，随意走动，音乐一停，脚步即停。找到原来左右手相握的人分别握住。

第三步，小组中所有参与者的手都彼此相握，形成了一个错综复杂的“手链”。在节奏舒缓的背景音乐中，老师要求大家在手不松开的情况下，用各种方法，如跨、钻等（但手不能放开），将交错的“手链”围成一个大圆圈。

# 任务三　快乐集体生活——良好的人际关系

## 一、建立良好人际关系的原则

### （一）平等尊重——人际交往的前提

心理学研究显示，人都有受人尊重的需要。没有人会愿意与妄自尊大、趾高气扬、藐视他人的人交朋友、沟通感情。

### （二）互利互惠——人际交往的润滑油

人与人之间的交往是以充分地获得人生经验、获得自身的发展和成长为目的的。只有获得没有奉献，双方的关系是不可能持续和发展的。

### （三）诚实守信——人际交往的基石

在人与人的交往中，信用是非常重要的。只有“一诺千金”的人，别人才敢相信他，才愿意与他交往。一个不讲信用的人是很难赢得别人的信任的，也很难与他人建立良好的人际关系。

### （四）宽容大度——人际交往的黏合剂

世界上最广阔的是海洋，比海洋更广阔的是心灵。在人际交往中，最要不得的是相互之间斤斤计较，患得患失，对对方抱有求全责备的倾向，难以容忍对方的丝毫缺点。我们一定要学会宽容、忍耐，要能够做到将心比心，善解人意；大事清楚，小事糊涂；严于律己，宽以待人。

## 二、把握人际交往的技巧

人际交往大体上分为语言交往和非语言交往。语言交往通常以达意的功能为主，非语言交往则一般以传情的功能为主。

### （一）掌握语言交往技巧

俗话说“良言一句三冬暖，恶语伤人六月寒”，这句话告诉我们语言在交往过程中的重要性，掌握好语言交往技巧，可以促进感情的提升。

#### 1. 称呼得体

恰当的称呼，能够使人获得一种心理满足，使对方感到亲切。在交往过程中，要根据对方的年龄、身份、职业等具体情况及交往的场合、双方关系的亲疏远近来决定对方的称呼。对长辈的称呼要尊敬，对同辈的称呼要亲切、友好，对关系密切的人可直呼其名，对不熟悉的人要用敬辞。

#### 2. 说话要注意礼貌

正确运用语言，清楚地表达。要避免争论，青年大学生往往在争论中互不服输、面红耳赤，甚至演化成直接的人身攻击或严重的敌意，这对人际关系的有害影响是显而易见的。语言艺术运用得好，就能吸引和抓住对方，调动彼此倾谈的激情和兴趣，从内容到形式适应对方的心理需要，有助于人际交往。

#### 3. 适时适度地赞美对方

每个人都希望别人赞美自己。适当地去夸赞对方，会让对方心情愉悦，但是赞美要适度，不能曲意逢迎，也不能夸大其词。真诚是赞美的前提，对着一个胖胖的女生，你不能说你真瘦，一阵风都会把你吹倒。这样的赞美会让人反感，觉得你很不真诚。赞美越具体越好，赞美的话越细致越好。当室友穿了件漂亮的衣服要适时地赞美，当同学在比赛中获得了荣誉要衷心地赞美鼓励。间接的赞美会取得意想不到的效果。

### （二）掌握非语言交往技巧

非语言交往是指交往双方通过服饰、目光、表情、身体的动作姿态、人际空间距离和交往频率等进行交往的技巧。在人际交往中，虽然非语言行为通常只是语言行为的辅助和强化手段，但它有的时候可以代替语言传情达意，还可以微妙地传递语言难以表达的弦外之音，产生此时无声胜有声的效果。

#### 1. 把握好距离

人都有一种保护自己个人空间的需要，人际距离其实也是人与人之间的心理距离，心理学根据不同的交往对象和情境，划分了四种交往距离：公众距离，大于 360 厘米，这个空间内，人际的双向交往大大减少，一般都是单向的交往，比如演讲报告，明星演唱会等；社交距离，120 ～ 360 厘米，保持这一距离的人们，谈话的内容一般都是正式公开的；个人距离，45 ～ 120 厘米，这个区域有较大的开放性，一般朋友和熟人可以自由地进入这个空间；亲密距离，45 厘米以内的，这个距离的都是家庭成员、亲密朋友等关系最密切的人，但是如果没达到那种亲密程度的人插足这个区域很容易引起对方的反感。所以大家在交往的过程中一定要把握好这个交往距离的尺度。

#### 2. 体势

体势包括体态和身体的动作与手势。在人际交往中，人的举手投足、回眸顾盼都能传达特定的态度和含义。例如，当身体微微倾向对方表示热情和感兴趣，微微欠身表示谦恭有礼，身体后仰显得轻视和傲慢，身体侧转或者背向对方表示厌恶反感，不屑一顾。不同的手势也具有各种含义，例如，摆手表示拒绝或者否定，双手外摊表示无可奈何，搔头皮表示困惑，搓手或者拽衣领表示紧张，拍脑袋表示自责或者醒悟，竖起大拇指表示夸奖，伸出小拇指表示轻蔑。值得注意的是，同样的体势，不同的人使用，给人的感觉不一样，比如：领导或者长辈对下级、晚辈拉拉手、拍拍肩，表示赞许和鼓励；但是，下级、晚辈对上级、长辈做这样的动作会被人认为不尊重。

#### 3. 交往频率

交往频率是指在特定的时间里人与人之间的接触，见面、来往的次数。掌握交往频率，可以维护自己的形象，发展友谊。

## 三、人际关系的优化

### （一）宿舍人际关系的优化

大学宿舍人际关系是社会人际关系的缩影，是大学生思想、行为及情感的晴雨表。能否处理好宿舍人际关系是衡量大学生人际交往能力大小、心理素质高低及为人处世是否得体的一杆标尺。除去睡眠时间，大学生每天在宿舍 5 小时左右，与室友间的接触与交往的时间比较长。因此，与室友的关系融洽与否决定了一天的大多数时间里心情是否愉快。处理好宿舍人际关系应注意以下三个方面：

（1）共同遵守宿舍规定。如统一作息时间、协作搞好宿舍卫生、合理使用宿舍公共资源、积极参加宿舍集体活动等。

（2）注重交往细节。“细节决定成败”，注重生活上的细节，才能与人更好地和谐相处。如不搞小“团体”、不逞口舌之快、不触犯室友隐私、不拒绝小惠而报之以感谢、别人有难要帮、自己有事要求，积极参加宿舍的集体活动、不斤斤计较、容忍别人的斤斤计较等。

（3）学会化解冲突。室友之间对抗、不理解、怀疑、敌意、拒绝、破坏等冲突虽然隐藏在宿舍内部，相对不公开，但对我们的身心健康影响很大。遇到冲突时，可采取幽默法、回避法、合作法、求和法等方式化解。

### （二）班级人际关系的优化

班级人际关系是指班级中同学之间在相互交往过程中形成的比较稳定的心理关系。班级人际关系如何，不仅影响班集体的形成和发展，也影响大学生个体社会化和个性的发展。如何学会与班级中不同类型的同学相处，大家不妨尝试以下方法：

（1）换个角度，改变心态。大学班集体，少则几十人，多则上百人，个性、生活习惯、家庭背景等的差异，难免会产生各种摩擦或冲突。有时只要我们换个角度，发现事物的积极面，感受就完全不同。

（2）对症下药，缓解人际冲突。冲突产生后，我们不妨多问自己几个问题：同班同学我们了解多少？他们的无心之错，我们宽容了多少？优点我们发现了多少？陌生感，我们化解了多少？对同学了解得越多，冲突就会越少。对待班上的同学，如果我们多一分理解，多一分关心，多一分欣赏，多一分宽容，那彼此之间的信任感、和谐感和幸福感才会不断增多。

（3）发挥班干部表率作用，提高班级凝聚力。班干部是连接老师和同学的纽带，一个好的班集体很大程度上取决于班干部是否称职、能否带动班级成员，形成班级凝聚力。班干部应做好表率、以身作则，主动关心、了解同学，虚心接受同学建议。同时，在为班级同学和老师的服务中，班干部要不断提高自身的能力。

### （三）异性人际关系的优化

由于性生理的成熟、性意识的觉醒和性心理的逐步发展，大学生对异性逐渐产生了兴趣，对异性之间的交往感到既好奇也困惑。相比中学而言，大学生异性之间的交往更自然、更大方。大学生也更加重视异性交往，具体表现在：大学生更在意异性同学的评价，更注意在异性同学面前的言谈举止，与异性交往时心思更细腻等。有研究显示，绝大多数大学生渴望与异性交往，而且异性友谊对自尊心的影响程度更大，带来的烦恼更多，因此优化与异性的交往是十分必要的。

（1）我们既要反对男女之间“授受不亲”的传统观念，又要注意“男女有别”的客观事实。彼此做到“不失足于人，不失色于人，不失心于人”，这样男女同学的真诚友谊才有保障。

（2）要把握好友谊与爱情的度。在友情和爱情之间并没有不可逾越的鸿沟，超过一定的限度，也许你自己也分不清是友谊还是爱情了。如果在异性交往中，有意或者无意地联想到彼此之间可否发展成恋人关系，就会增添彼此的心理负担，使正常的异性交往变得各怀心事，别别扭扭。

（3）相处中的男女同学要自尊、自立、自制、自重。恋人交往属于异性交往，不少大学生之所以深陷失恋的痛苦中无法自拔，是因为他们把爱情的失去等同于自我价值的失去，从而使情绪或行为失控。

### （四）师生人际关系的优化

除了同学之间的关系外，师生关系也是构成大学生人际关系的重要方面。同中小学相比，大学师生的交往范围要小得多，而且具有自发性、偶然性，且多局限于知识学习方面。因而不少大学生在对老师的关系上表现得拘谨和胆怯，对建立和谐良好的师生关系显得无所适从。融洽的师生关系可从以下几个方面做起：

（1）师生之间相互尊重。尊重是一种爱，一种信任。师生之间要主动尊重彼此的人格，尊重彼此的劳动成果。只有老师与学生都为对方付出真挚的、深厚的爱，师生之间才能建立起高度的人格信任，促进良好师生关系的形成。

（2）师生之间相互理解。这是老师与学生有效交往的前提，更是师生沟通的关键。因此，理解学生是老师的首要任务，理解老师是学生优化师生人际关系的基础。

（3）师生之间平等交往。平等交往主要是人格上的平等。虽然老师与学生角色不同，但是人格是平等的。只有师生都具备这种平等心态，师生才可能真正沟通。学生和老师都要正确理解平等，正确对待平等，建立平等的师生关系。

（4）师生之间拓宽交流渠道。在活动和交往中更有利于良好师生关系的建立。课堂教学是师生交往的主要途径；此外，日常生活中的交往是建立良好师生关系不可或缺的一条渠道。

# 自我测评

## 人际关系测评量表

**【测试目的】**

认识自己，了解自己，帮助分析自己的人际关系情况。

**【测试要求】**

请你根据自己的实际情况，对表 7–2 中的每一个问题作出回答。

**【测试内容】**

表 7–2　人际关系测评量表

| 序号 | 题目 | 得分 | |
|---|---|---|---|
| | | 是 | 否 |
| 1 | 你平时是否关心自己的人缘 | | |
| 2 | 在食堂里你一般是独自吃饭吗 | | |
| 3 | 和一大群人在一起时，你是否会产生孤独感和失落感 | | |
| 4 | 你是否时常不经同意就使用他人的东西 | | |
| 5 | 当一件事没做好，你是否会埋怨合作者 | | |
| 6 | 当你的朋友有困难时，你是否时常发现他们不打算来求助你 | | |
| 7 | 假如你的朋友们跟你开玩笑过了头，你会不会板起脸，甚至反目 | | |
| 8 | 在公共场合，你有把鞋子脱掉的习惯吗 | | |
| 9 | 你认为在任何场合下都应该不隐瞒自己的观点吗 | | |
| 10 | 当你的同事、同学或朋友取得进步或成功时，你是否真的为他们高兴 | | |
| 11 | 你喜欢拿别人开玩笑吗 | | |
| 12 | 和自己兴趣爱好不相同的人相处在一起时，你也不会感到兴味索然，无话可谈吗 | | |
| 13 | 当你住在楼上时，你会往楼下倒水或丢纸屑吗 | | |
| 14 | 你经常指出别人的不足，要求他们去改进吗 | | |
| 15 | 当别人在融洽地交谈时，你会贸然地打断他们吗 | | |
| 16 | 你是否关心和常谈论别人的私事吗 | | |
| 17 | 你善于和老年人谈他们关心的问题吗 | | |
| 18 | 你讲话时常出现一些不文明的口头语吗 | | |
| 19 | 你是否时而做出一些言而无信的事 | | |
| 20 | 当有人与你交谈或对你讲解一些事情时，你是否时常觉得很难聚精会神地听 | | |
| 21 | 当你处于一个新的集体中时，你会觉得交新朋友是一件容易的事吗 | | |
| 22 | 你是一个愿意慷慨地招待同伴的人吗 | | |
| 23 | 你向别人吐露自己的抱负、挫折以及个人的种种事情吗 | | |
| 24 | 告诉别人一件事情时，你是否试图把事情的细节都交代得很清楚 | | |

续表

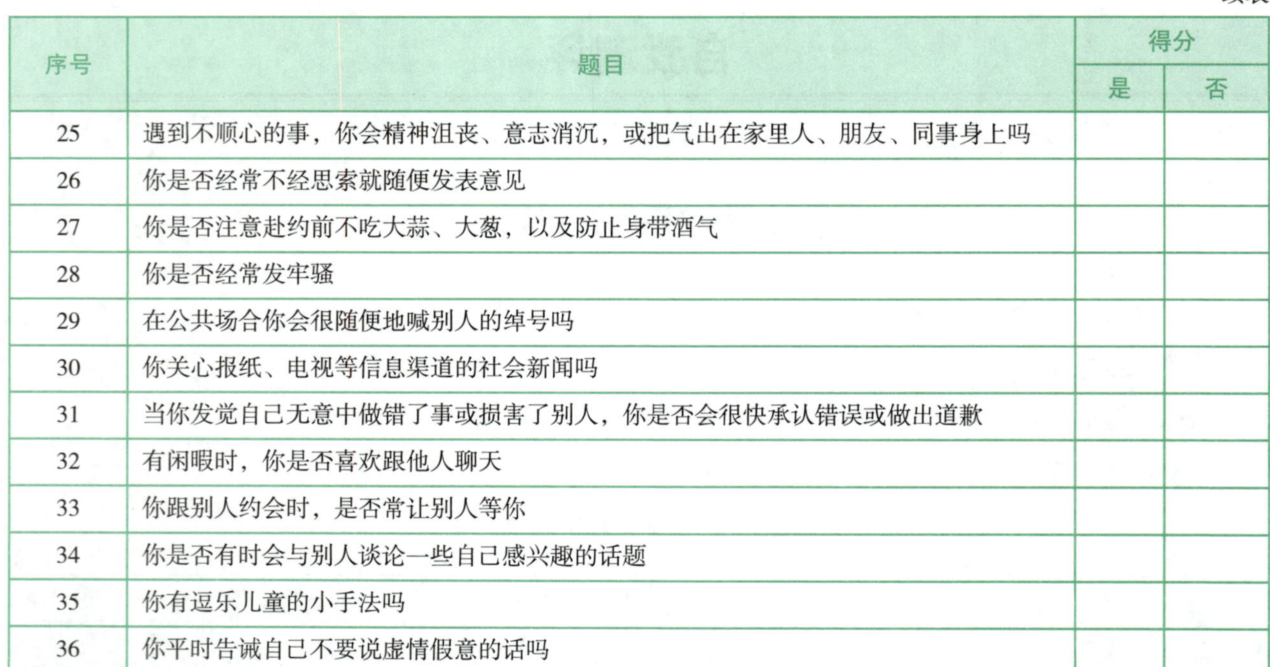

| 序号 | 题目 | 得分 | |
|---|---|---|---|
| | | 是 | 否 |
| 25 | 遇到不顺心的事，你会精神沮丧、意志消沉，或把气出在家里人、朋友、同事身上吗 | | |
| 26 | 你是否经常不经思索就随便发表意见 | | |
| 27 | 你是否注意赴约前不吃大蒜、大葱，以及防止身带酒气 | | |
| 28 | 你是否经常发牢骚 | | |
| 29 | 在公共场合你会很随便地喊别人的绰号吗 | | |
| 30 | 你关心报纸、电视等信息渠道的社会新闻吗 | | |
| 31 | 当你发觉自己无意中做错了事或损害了别人，你是否会很快承认错误或做出道歉 | | |
| 32 | 有闲暇时，你是否喜欢跟他人聊天 | | |
| 33 | 你跟别人约会时，是否常让别人等你 | | |
| 34 | 你是否有时会与别人谈论一些自己感兴趣的话题 | | |
| 35 | 你有逗乐儿童的小手法吗 | | |
| 36 | 你平时告诫自己不要说虚情假意的话吗 | | |

【测试标准】

请把你的答案和表 7-3 中的参考标准逐个对照，相同就得 1 分，不相同不得分，最后把全部得分加起来。得分越高，表示你的人际关系就越好，最高得分为 36 分。

表 7-3　参考标准

| 题号 | 答案 | 题号 | 答案 | 题号 | 答案 | 题号 | 答案 |
|---|---|---|---|---|---|---|---|
| 1 | 是 | 10 | 是 | 19 | 否 | 28 | 否 |
| 2 | 否 | 11 | 否 | 20 | 否 | 29 | 否 |
| 3 | 否 | 12 | 是 | 21 | 是 | 30 | 是 |
| 4 | 否 | 13 | 否 | 22 | 是 | 31 | 是 |
| 5 | 否 | 14 | 否 | 23 | 是 | 32 | 是 |
| 6 | 否 | 15 | 否 | 24 | 否 | 33 | 否 |
| 7 | 否 | 16 | 否 | 25 | 否 | 34 | 否 |
| 8 | 否 | 17 | 是 | 26 | 否 | 35 | 是 |
| 9 | 否 | 18 | 否 | 27 | 是 | 36 | 是 |

## 思政之窗

2023 年新年伊始，一部由中国井冈山干部学院副院长、一级巡视员、中国毛泽东诗词研究会副会长汪建新教授主讲，中国职工电化教育中心主任郭孝实研究员总策划的八集文献艺术专题片《毛泽东的诗人情怀——尊前谈笑人依旧》，由中国职工音像出版社摄制出版（国新出审〔2022〕1248 号）。

毛泽东是伟大的马克思主义者，他不仅富有革命家的情怀、政治家的睿智、军事家的谋略、战略家的眼光，而且富有诗人的卓越才华。“经纶外，诗词余事，泰山北斗。”大文豪郭沫若如是称颂毛泽东的诗才。

毛泽东诗词气势恢宏、意境高远、想象丰富、蕴含深邃，是毛泽东留给后人的一笔宝贵精神财富，曾经感染并熏陶了几代中国人，具有永恒的艺术魅力。

毛泽东诗词博大精深，是一个说不尽的话题，常读常新，常悟常新。以创作时间为脉络，可以追寻伟人的奋斗人生和心路历程；以历史事件为线索，可以把握作品的时代背景和世事沧桑；以遣词造句为视角，可以洞察诗人的艺术思维和表达方式；以志向抱负为对象，可以领悟伟人的人生追求和价值取向。多角度切入，多视野品读，殊途同归。

主讲人汪建新教授长期从事党的干部教育事业，十多年来又特别专注于毛泽东诗词的教学与研究，多视角、多层次、全方位解读毛泽东诗词，著述颇丰。八集文献艺术专题片《毛泽东的诗人情怀——尊前谈笑人依旧》，是2016年党建读物出版社出版发行的五集电视系列片《毛泽东的诗人情怀——阅尽人间春色》的姊妹篇，也是为纪念毛泽东130周年诞辰而推出的赏析毛泽东诗词的又一部新品力作。

八集文献艺术专题片《毛泽东的诗人情怀——尊前谈笑人依旧》以人物关系为角度，通过侧重解读诗人毛泽东的人际世界，梳理毛泽东的唱和诗友与倾诉对象，来品味一代伟人毛泽东的悲欢离合与喜怒哀乐。毛泽东的一生波澜壮阔、阅人无数。他与人接触时，论理论情，以理服人、以理容人；以情动人、以情感人。而诗人气质与艺术才华又使得他的交往风格充满诗意和浪漫色彩。他以诗为载体，以诗为纽带，留下了很多令人感动、鼓舞和奋进的佳话。毛泽东用诗词表达对父母的深沉孝敬，对妻子的绵长眷恋，对子女的浓浓慈爱，对学友的真挚情谊，对老师的无比尊敬，对战友的信任倚重，对诗友的倾情唱和。他甚至穿越时空，与古代诗人进行心灵对话。

本部文献艺术专题片从时代背景、创作缘起、情感特征等角度，深入浅出地解析了《四言诗·祭母文》《蝶恋花·答李淑一》《满江红·和郭沫若同志》等28首毛泽东诗词。本片视角独特，制作精美，帮助观众在领略毛泽东诗词无穷魅力的同时，品味毛泽东的人际世界和丰富情感，感悟毛泽东的人生哲学和处世之道。

## 心灵氧吧

**1. 书籍：《人际关系学：如何保持自我、倾听他人并解决冲突》**

本书由天津社会科学院出版社在2012年5月出版，作者是罗伯特·博尔顿。

这是一本帮助你消除人际障碍、解决人际关系问题的指导手册。作者罗伯特·博尔顿博士在书中描述了12种常见的人际障碍，指导读者如何通过防御、激进和独立的手段来避免和消除这些影响你工作与生活的“拦路虎”，以让你获得倾听他人、肯定自我、解决冲突的能力。通过本书你将可以获得：如何运用自我肯定技术获得你的需求；肢体语言通常比言语表达更有说服力；交往时如何运用价值无限的沉默工具；如何平息争端、解决争吵与激烈争论。

沟通是每一种人际关系所必需的活力源泉，只有拥有了开放、纯洁、敏锐的沟通交流，人与人之间的关系才能滋润长久。如果沟通变得过分保守、充满敌意或者交流无效的话，人与人之间的关系便会随之瓦解。一旦交流不畅，沟通受阻，关系会迅速恶化并最终导致崩溃。如果缺乏沟通交流技巧，会失去很多爱与情——夫妻之间、情人之间、朋友之间、父母与孩子之间等。想要拥有令人满意的人际关系，就必须掌握一定的技巧和方法，它们至少能够帮助我们搭建起人与人之间的桥梁。

**2. 电影：《刁蛮掌门人》**

《刁蛮掌门人》讲的是一个叫凯蒂的女孩到一个新学校后如何与一个小帮派处理好关系的故事。在生活中，让每个人都喜欢你是不可能的，但每个人本身都有一种特质，总会有人可以被你吸引，不喜欢你的人其实是不了解你，了解你的人会更加喜欢你。想要增加你的人际吸引指数，你要做的是充分发挥自身的良好特质，创造更多让别人接近你、了解你的机会，同时也要学会抓住了解别人、接近别人的机会。

# 项目八
# 破解爱情密码——提升爱的能力

## 学习目标

### ★知识目标

1. 了解爱情的基础知识及健康爱情的特征。
2. 熟悉大学生恋爱的发展阶段、特征和性心理。
3. 了解大学生常见的恋爱心理问题。

### ★能力目标

1. 能够进行恋爱心理自我调节。
2. 能够理性处理恋爱中出现的各种问题。

### ★素质目标

1. 树立正确的恋爱观，提升爱的能力。
2. 树立健康的爱情观，拥抱幸福人生。

## 项目概述

爱情是古老而又常新的话题，人生就是找寻爱的过程。人们从不吝啬用美丽的言语来描绘爱情的永恒和不朽。爱情能给人带来精神上的激励、情绪上的欢愉、生活上的充实，但同时也会带来伤痛，甚至消沉。爱情不再是大学生的禁忌，爱与被爱成为大学生正常的情感需求，爱之关系的建立可以促进大学生成长与人格完善，成为大学旅程中的美丽风景。但是，恋爱这件事并非如年龄增长一般天生自然，爱与被爱并不是人与生俱来的能力。彩虹般绚丽的爱情在拨动大学生心弦的同时，也常常给他们带来困扰。爱情可能给人带来快乐，也可能给人带来痛苦。甜美的爱情是需要人们通过不断修炼爱的能力来维系的，如果处理不当，恋爱也可能会带来一些挫折、痛苦、失望，甚至创伤。

## 情景再现

小吴和小周是一对恋人，他们最近老吵架，起因是小吴是学生会干部，身兼数职，事情繁杂，最近的活动又特别多，再加上考试临近，她每天的活动都安排得满满的。小周则感觉被小吴冷落和忽视了，好不容易挤出一点时间希望两个人说说话，结果经常是一个工作就把小吴叫走了。小周心里有很多怨气，小吴却觉得小周不帮自己反倒“拖自己的后腿”，也对其心生不满。

**【心理课堂】**

爱是一种本能，每个人的心里都有爱的源泉，但是如何去爱一个人却不是天生就会的。一个人心中有了爱，在理智分析之后，要敢于表达、善于表达，这是一种爱的能力。一个人面对别人的施爱，能及时准确地对爱做出判断，并做出接受、拒绝或再观察的选择，也是一种爱的能力。

# 任务一　让我轻轻地告诉你——爱情心理概述

爱情是人类最原始也是最美好的情感，是人类亘古不变却变幻莫测的主题。古往今来，无数人为之挥毫泼墨，从《诗经》的“青青子衿，悠悠我心”到舒婷的“我如果爱你——绝不像攀援的凌霄花，借你的高枝炫耀自己”，似乎每一个人对爱情都有自己独特的理解与感受。

## 一、爱情的含义

爱情是现实生活中双方基于一定的客观物质基础和共同的生活理想，在各自内心形成的最真挚的相互倾慕，并渴望拥有对方甚至成为终身伴侣的强烈的、持久的、纯真的感情。它是人类的基本需求之一，具有社会性与生物性，源自人类对于情感的需要与性爱的需要。情与性是爱情必不可少的两个部分。情爱是由两人之间的依恋感及理想、情操、价值观、个性追求等复杂因素混合升华而成的，情爱是爱情的本质表现。性爱则是以性欲为基础的对于他人的倾慕、怜惜的感情体验，具有排他性、冲动性与直觉性，这是爱情产生的重要前提。简单来说，爱情包括思想与生理两方面的互相吸引。

## 二、爱情的要素

自古以来，关于爱情的话题历久弥新，不同的人对爱情有着不同的诠释。美国心理学家斯滕伯格提出的爱情三角形理论认为，爱情由亲密、激情和承诺三个基本成分组成。

### （一）亲密成分

亲密是指爱情关系中能促进恋爱双方亲近、结合等体验的情感，它能引起亲近和温暖的情感体验，是爱情中的情绪成分。亲密成分包括的内容：改善所爱的人的福利的愿望；与所爱的人体验到快乐；高度关注所爱的人；在需要帮助时能指望所爱的人；互相理解；与所爱的人分享自己所拥有的；接受来自所爱的人的情感方面的支持；对所爱的人提供情感上的支持，能与所爱的人进行亲密的沟通交流；重视对方在自己生活中的价值。

### （二）激情成分

激情是指基于身体吸引之上的性冲动和性兴奋，这是爱情中的性欲成分，是爱情中的情绪成分，也是爱情的主要驱动力。它包括一种强烈地渴望与另一个人成为一个统一体的状态。其中，性需要是引起激情体验的主导形式。这里的激情可以是积极的，也可以是消极的。积极的激情能激励人们克服艰险，攻克难关；消极的激情常常对正常活动具有抑制作用或引起冲动行为。具有正确的思想认识、高尚的道德品质和坚强意志的人能控制自己消极的激情。

### （三）承诺成分

承诺是爱情中的理智成分，不仅是短期内一个人做出了爱另一个人的决定，还包括长期内为了维持爱情关系而做出的承诺、担保、投入以及个体的忠心、责任心。以上两个方面不一定同时具备。爱的决定并不意味着做出了承诺，有时候承诺也并不一定意味着做出决定。然而，无论是在时间上还是在逻辑上，大多数的情况都是决定成分优先于承诺成分。承诺成分大体相当于人们在日常生活中所说的“海誓山盟”“忠贞不渝”之类。

## 三、爱情的类型

根据斯滕伯格所提出的爱情三角形理论，亲密、激情和承诺三个成分组成了八种不同类型的爱情，如图 8-1 所示（图中未绘制无爱）。

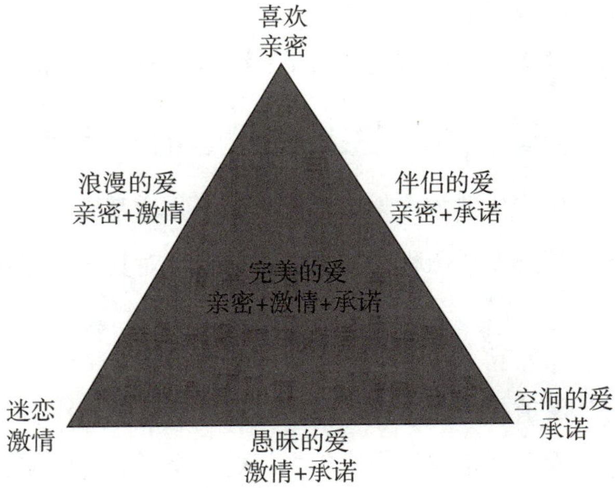

### （一）无爱

无爱就是三个成分都不具备。如果亲密、激情和承诺都缺失，爱就不存在，则两个人也许仅仅是熟人而不是朋友，彼此的关系是随便的、肤浅的、没有承诺的。



图 8-1　斯滕伯格的爱情三角形理论

### （二）喜欢

喜欢是指两人之间只有亲密成分，两人在一起感觉很舒服和快乐，但是缺少爱情中的激情和承诺成分，也不一定具有厮守终身的意愿。比如友谊，友谊双方之间会彼此喜欢，但两人之间不具有激情和承诺，所以喜欢并不等于爱情。尽管友谊还是有可能发展成爱情的，但是也不排除有人因为恋爱不成连友谊都丢了的情况。

### （三）迷恋

迷恋是指个体只有激情体验，认为对方有强烈的吸引力，沉迷其中而无法自拔。此外，双方彼此了解并不多，也没有考虑过双方的未来。这种双方只有激情，没有亲密和承诺的迷恋行为也不是爱情的最好模样。比如，初恋，它是美好的，令人向往的，但男女双方第一次恋爱多是充满激情，缺少亲密和承诺，是一种受到本能驱动和导向的青涩爱情。

### （四）空洞的爱

空洞的爱即只有承诺，缺乏亲密和激情，如纯粹为了结婚的爱情。此类“爱情”看上去虽丰满，却缺少必要的内容。

### （五）浪漫的爱

浪漫的爱有亲密关系和激情体验，但没有承诺。这种“爱情”崇尚过程，不在乎结果。

### （六）伴侣的爱

这类爱情有亲密关系和承诺，但缺乏激情。

### （七）愚昧的爱

这类爱情只有激情和承诺，没有亲密关系。没有亲密的激情顶多是生理上的冲动，而没有亲密的承诺也只不过是一张空头支票。

### （八）完美的爱

这类爱情同时具备激情、承诺和亲密三个成分。人们只有在这一类型中才能看到爱情的庐山真面目。

## 四、爱情产生的生理、心理基础

生理成熟为大学生恋爱提供了物质基础，但心理与社会性成熟是恋爱的一个必要条件。恋爱作为大学生情感发展历程中的重要体验，会对其产生积极或消极的影响。

### （一）爱情产生的生理基础

爱情产生的生物学基础是生理的成熟。

青年期是童年与成年之间的一个发展过渡期，一般认为它处于 12 ～ 20 岁。青年期始于青春期，个体在此期间达到性成熟并具备了生殖能力。青年期的早期征兆之一就是身高和体重的急剧增加，女孩一般发生在 9.5 ～ 14.5 岁之间，男孩一般发生在 10.5 ～ 16 岁之间。

青年期的第一性征为生殖所必需的器官——女性为阴道、卵巢、子宫，男性为睾丸、前列腺与精囊。这些器官的不断发育导致了性成熟。女性成熟的基本征兆是月经，男性成熟的基本征兆是尿液中首次出现精子。第二性征是和性器官无直接关系的性成熟征兆，包括生理变化、皮肤变化、声音变化以及阴毛、鬓毛、腋毛和体毛的变化。

生理的成熟常常会带来心理上的变化。其中，身体的早熟与晚熟会影响青年的心理。早熟的男孩平衡、自然、放松、受同伴的欢迎，较多成为群体中的领导；而晚熟的男孩常常觉得自己能力不足，被拒绝、被支配，有依赖心，缺乏安全感，攻击性强，反抗父母，而且较少想到自己。早熟的女孩则敏感、害羞，心理变化微妙。虽然生理的成熟个体差异较大，但是在整体上大学生的性器官与性功能已经完全成熟。

### （二）爱情产生的心理基础

身体的成熟一定会带来爱情吗？答案显然是否定的。中国人经常谈到的某个孩子“懂事早”特指其心理上的成熟程度。尽管生理的成熟也会受到社会文化与环境的影响，但心理的成熟受社会文化与环境的影响更多。大学生的心理是社会环境综合影响的结果，从校园到校园的简单人生经验，使大学生的社会经历显得单薄甚至有些单纯。但大众传媒特别是网络，又使大学生与社会紧密地联系在一起，其影响是双向的：一方面，社会文化成为大学生心理成长的催化剂，太多传媒的关注使他们的心理如同雨后春笋般迅速成长；另一方面，社会经验的短缺使他们的成长或多或少带有不现实性，或者说，象牙塔中的心理成长还带有相当的书院气息。个体的成长永远不可能脱离社会环境而存在，只有积极的因素在社会多种因素的碰撞中占据优势时，大学生才会呈现较高的心理发展水平，否则就会出现迟滞、消极或扭曲的状况。这一点需要引起高度重视。

大学生的心理发展主要有以下三方面：

一是自我意识进一步加强。恋爱是大学生强烈自我意识的重要表现途径，爱情是成长中重要的自我证实与自我实现。在恋爱这个特殊时期，恋人眼中的评价占有绝对优势。在大学生自我意识逐步形成与完善的时期，恋人眼中的“我”成为个体最重要的“镜中我”，影响着其自我意识的完善与发展。一般而言，自我意识发展水平较高的学生，有着正确的自我评价，在爱情中能够把握自己、了解自己，也容易把握爱情；而自我意识发展水平较低的学生，自我、自尊与自信的建立在相当程度上依赖于恋人的评价——拥有爱情时认为自己是世界上最幸福的人，而当爱情远去时，就容易怀疑自我、否定自我甚至抛弃自我。因此，自我意识是大学生心理发展的重要方面。

二是性意识进一步强化。与高中时代的朦胧相比，大学生对异性的好感变得清晰而直接，他们会使用多种策略与异性相处，特别是对于自己钟情的异性，会大胆而讲究策略地表达自己的爱慕之情。在中国传统文化中，性意识的表达不被积极倡导，性的冲动与对异性爱慕的冲突不被重视。但值得关注的是，与大学生性意识的发展相伴随，受不良社会文化的影响，当代大学生在性上采取的宽容甚至情感消费主义的态度，将会给其日后的爱情和婚姻生活带来消极影响。

三是自我控制力加强。自我控制能力是心理发展的重要指标。抽象思维能力的空前发展与自我控制能力的提高，使大学生在爱情面前能够克制自己的欲望和情感，正确分析个人的行为及其利弊，做出恰当的选择。在恋爱中，特别是当面临爱情、考研、就业等多种选择时，绝大多数学生能够根据自己的现实情况做出有利判断。

## 知识扩展

**名人论爱情**

**柏拉图认为：“爱情具有两个基础，一个是性欲，即身体方面的欲望；另一个是精神，即心理方面的需求”“精神在爱情中的地位是崇高的，爱情的追求应当从身体的爱上升到精神的爱。爱包括性欲，但不止于性欲，多出的部分就是爱情的精华所在，是精神性的东西。”**

**卡尔·罗杰斯说：“爱是深深地理解和接受。”**

**马斯洛认为：“爱的需要涉及给予和接受爱，我们必须懂得爱，必须能教会爱、创造爱、预测爱。”**

**弗洛姆认为：“爱是我们对所爱者生命与成长的主动关切，没有这种关切就没有爱。”**

**马克思说：“所谓爱情，是一对男女基于一定的社会基础和共同的生活理想，在各自内心形成的互相倾慕，并渴望对方成为自己终身伴侣的一种强烈、纯真、专一的感情。性爱、理想和责任是构成爱情的三个基本要素。”**

## 五、性心理

### （一）性心理的形成与发展

性心理是指在个体性生理成熟的基础上所形成的与性特征、性欲、性行为有关的心理状况和心理过程。简言之，就是与性生理和性心理相关的心理现象。人类的性心理在儿童期就开始萌生，幼儿时期的“过家家”为青春期的性心理发展埋下了伏笔，游戏中的爸爸、妈妈和孩子都处于模仿状态，此时的拥抱或亲吻都还没有任何性意识的色彩，即处于“青梅竹马，两小无猜”时期。进入青春期后，性生理的成熟和性意识的觉醒，使青少年意识到“男女有别”，逐渐分化为男女两个群体。人类性心理的发展过程大体可分为性疏远期、仰慕年长异性期、性接近期和恋爱期四个时期。

#### 1. 性疏远期

在青春发育初期，随着性意识的萌动，少男少女开始关注异性，不过这种关注不是以肯定、接近的态度出现，而是表现为总想远远地避开异性，采取了“避而远之”的方式。青春期的女生会因为第二性征的身体发育变化而变得羞涩；青春期的男生则感觉好像一夜之间成了男子汉，会做出嘲笑女生胆小与羞涩等行为。青春期第二性征的出现引起青少年强烈的性冲动，但这种身体的变化和性冲动也让青少年产生不安、害羞或忸怩的感觉，甚至是罪恶感，使其表现出对异性的疏远和反感。

#### 2. 仰慕年长异性期

青春发育中期，性发育给青少年带来心理上的不安，少男少女往往对某些在体育、艺术、学识以及外貌等方面特别突出的年长者（老师、父母、演员、歌手等）产生仰慕崇拜之情，从中体验相应的性别角色，这种崇拜对安抚青少年内心的焦虑和负罪感有相当程度的补偿作用。比如，有的青少年会仰慕或暗恋有风度、有能力或漂亮的年轻教师。通常这段时间持续不会太长，也非每个青少年都必须经历。

#### 3. 性接近期

在青春发育后期，随着性特征的成熟，青春懵懂的男女生开始对年龄相仿的异性产生兴趣，并希望在接触过程中吸引异性。这段时期的青少年常常以欣赏和友好的态度来对待异性，喜欢在异性面前表现自己，以博得异性的好感。比如，女生开始关注自己的外在容貌，注重着装打扮，希望男生能被自己的美丽打动；男生也开始褪去青涩，注意自己的言谈举止，尤其是在心仪的女生面前，努力展示自己的男子汉气质，希望女生能被自己的潇洒和气质吸引。这一阶段的男女生喜欢经常性地聚集在一起，这样的氛围使大家都感到非常快乐，但还没有形成一对一的恋人关系。

#### 4. 恋爱期

随着性生理发展的逐步成熟，恋爱和选择伴侣的性意识开始萌发，此时的青年男女逐渐有了自己单一的爱恋对象，并且喜欢与自己选择的异性单独相处，开始单独约会。但此时的恋情具有冲动性和单纯性的特征，双方做事往往凭一时冲动而不计后果，恋爱时海誓山盟，恋情受挫时又会大起大落，甚至会导致严重的过错行为。大学生正处于从性接近期到恋爱期的过渡阶段，还存在成熟的性生理与不成熟的性心理之间的矛盾。因此，大学生更应该加强对自身性心理的了解与学习。

### （二）性心理健康的标准

性心理健康是心理健康的重要组成部分，指个体具有正常的性欲，能够正确地认识和理解与性有关的问题，并且具有较强的性适应能力，能正确地处理与异性交往中产生的问题，使自身免受性问题的困扰，养成健康的性心理。具体而言，性心理健康可以概括为以下六个方面。

#### 1. 能正确认识和接纳自己的性别

性心理健康的人对自己的性别角色能够正确认识并接纳，同时能够成功地扮演好自己的性别角色，对自己的性别角色有相应的自尊感和自豪感。

#### 2. 具有正常的性欲望

性欲望是个体获得性爱和性生活的前提，因此，一个性心理健康的人必须具有性欲望，否则就不会有正常和谐的性生活。性欲望的对象要指向成熟的异性个人，而非其他物品等替代物。

#### 3. 具有科学的性知识

掌握科学、系统的性知识是维护性心理健康的重要基础，比如从正当途径了解和学习男女性生理结构、性心理反应、生殖健康以及预防性病等知识。

#### 4. 合理的性认知

性心理健康的人能正确认识与性有关的性问题，不对性感到神秘或羞耻。

#### 5. 具有正常、健康的性行为方式

性心理健康的人能正确认识和理性调节自己的性梦、性幻想、性冲动，不去追求新鲜、刺激，能做到相互尊重并为对方负责。

#### 6. 具有与异性和谐相处的能力

在交往过程中，性心理健康的人能与异性自然和谐地交往，保持独立而完整的人格，彼此尊重，相互信任。

## 任务二 让我慢慢地靠近你——大学生恋爱心理

根据埃里克森的社会心理发展阶段理论，大学生正处于成年早期，在这一时期面临的最主要的冲突是亲密对孤独的冲突，即是否能够获得亲密感。这一冲突能否成功解决，决定着大学生是否可以满意地进入社会。然而，由于我国特定的文化环境与教育环境，大部分大学生在大学之前对恋爱、爱情等并没有明晰的概念与切身的体验，这使他们在追求爱情的过程中可能会遭遇各种困惑与挑战。

### 一、大学生恋爱的发展阶段

爱情是一种特殊的人际关系，其本身有一个建立、发展、变化的过程，从陌生到熟悉，从喜欢到爱恋，从朋友到情侣，情感的程度是逐渐加深的。对于爱情发展过程的理解，可以帮助大学生更好地认识爱情。恋爱发展过程大致可分成以下五个阶段。

#### （一）萌芽期

大学生正处于青春期的中后期，性意识已经完全觉醒。他们情不自禁地开始关注异性，表现出对异性的兴趣。同时，大学生变得愿意与异性接触和交往，也希望引起异性对自己的注意，异性的面容、身材、声音等任何有关信息，似乎都有一种说不清的魅力。在这个阶段，大学生会将注意力集中在某一个异性对象的身上，感受到对方特殊的人格魅力，被对方的言谈举止、外貌仪表或才华气质等深深吸引，希望与对方在一起，于是爱情开始萌芽。

#### （二）酝酿期

一旦为某个异性的魅力所折服，大学生便会浮想联翩，在心中开始酝酿一份美好的爱情。由于各种外界条件限制，或是一时还没有直接接触的机会，大学生会不断在自己内心猜测、揣摩和设想，对自己的意中人充满期待和渴望，想象对方的兴趣、人品、性格、家庭、对自己的态度等，也会更多地想象如何接近对方、如何寻找机会和对方见面以及可能的后果等。在美好想象的基础上，大学生开始想办法与对方接近，如通过看电影、旅行、散步以及共同参加活动来促进感情的升温。此阶段的个体很敏感，对方的一言一行、一笑一颦都会对自己有影响。此时个体处于既不了解对方的态度，本人也还未进入恋爱角色，只是充满浪漫想象的“辗转反侧”阶段。

### （三）表白期

随着双方的感情在接触过程中越来越深，双方对对方的人格特点和个人生活圈子有了较为深入的了解，交往逐渐频繁密切，双方明确感受到彼此之间存在的强烈的爱慕情感，无法抑制地向对方表明自己的爱慕之情。从一般意义上来说，发生爱情的标志就是表白，表白是为了向对方表明自己的爱意，同时希望得到对方的爱。在中国文化背景下，通常是男性主动地向女性表白。但随着人们观念的转变和开放，女性主动向男性表白的情况也在日益增多。在表白方式上，许多大学生喜欢以含蓄的方式表白，例如眼神、态度、言谈、举止，或通过写情书、互赠信物来表达自己的爱意。

### （四）热恋期

经过彼此爱慕、表白成功之后，双方就确立了正式的恋爱关系，即进入热恋阶段。明确了恋爱关系后，恋人们的心情会发生明显的变化，由原来那种急切期待、焦躁或单相思式的想象，变成喜悦、兴奋、甜蜜，甚至是得意的心情。由于双方有了频繁且近距离的接触，感情迅速发展，几乎是形影不离，有"一日不见，如隔三秋"的眷恋之情。热恋期的情侣因为爱到深处，会对未来充满憧憬和向往，彼此渴望对方给予自己亲昵的行为表达，比如拥抱、拉手、亲吻等。此外，这个阶段的恋人很受"晕轮效应"的影响，往往会过于美化对方，用欣赏的眼光看待对方，认为对方所有的一切都是美的，甚至对方的缺点也有独特的美感。

### （五）平稳期

经过热恋期的激情之后，新奇感消失，炽热的感情逐渐降到常温状态，爱情趋于理性。双方开始冷静地思考两个人在性格、价值观、生活方式等方面是否匹配，彼此相互适应，相互磨合，开始共同面对现实生活中的问题，规划双方未来的生活和亲密关系的发展方向。经过爱情平稳期的考验之后，恋爱双方更有可能步入婚姻的殿堂。

## 二、大学生恋爱心理的特点

### （一）自主性与浪漫性

大学生由于自身的成熟以及脱离了家庭的束缚，自主意识明显增强，在确定恋爱对象时更多是听从自己的观点与想法，很少征求家长的意见或接受家庭的安排，不再受"父母之命，媒妁之言"等传统婚恋观的限制。但由于大学生人生经验不足，思想观念也还相对幼稚单纯，因此这种自主性往往会带来随意性。另外，大学生的恋爱也非常注重浪漫性。恋爱时，双方都追求两个人的心心相印及恋爱过程的梦幻与热烈，向往爱情的花前月下、甜言蜜语与如胶似漆。只要两个人互相吸引，只要"你有故事我有酒"，就可以如影随形，畅谈人生理想，分享诗与远方。但也正因为大学生的恋爱带有浓厚的浪漫色彩，很少涉及经济和今后的婚姻、家庭等现实问题，所以毕业季常常成为"分手季"。

### （二）开放性与多样性

随着社会的发展以及外来文化的影响，大学生的恋爱观念与行为显得更为开放，恋爱方式热烈洒脱。对于婚前性行为、婚前同居等现象，大学生的态度趋于宽容和接受。恋爱行为也比较公开，经常有学生在公共场合（如教室、图书馆、楼道、食堂、宿舍门口等）举止亲昵，有时甚至会影响到他人。同时，大学生恋爱的目的与方式也越来越多样化。有的因为“空虚寂寞”，有的因为外貌，有的因为“水到渠成”或“日久生情”，还有的因为“想要甜甜的恋爱”。此外，网络的便捷也使恋爱方式出现了各种变化，如异地恋、网恋、游戏恋等。然而，近年各种恋爱（尤其是网恋）受骗案例频发，大学生在享受恋情时也要时刻擦亮双眼，保护好自己的人身与财产安全，以免遭受不必要的损失。

### （三）盲目性和冲动性

从高中压抑紧张的学习环境中解离并进入大学之后，大学生心理上存在对爱情的极大期望，希望能够在大学好好放松的同时体验甜蜜的爱情。一方面是由于我国特定的文化环境并不赞成甚至反对学生在中学阶段恋爱，从而压抑了青年人的天性；另一方面是因为大学环境十分包容，社会、校园还有家庭，都默许大学生恋爱。因此，大学生往往迫不及待想要“脱单”，并以此为荣。这也使部分大学生仅凭借一时的冲动与好感就草率地表白并确立关系，而忽略了理性的思考与评判，同时在选择对象的标准上也偏向于重外表而轻内在。还有一部分人甚至无法区分好感、友情与爱情，简单地把对对方的好感、友情当作爱情。这说明很多大学生对恋爱的认识还不成熟，有的就是为了谈恋爱而去谈恋爱，没有理解恋爱的本质和意义，这容易造成大学生恋爱的盲目性和冲动性。

## 心理剧场

佳豪认识了本校一女生，并对她印象不错，遂主动追求。有一天，佳豪突闻姥姥去世，悲痛欲绝，找到该女生向其倾诉从小与姥姥共同生活的情景，以及对姥姥所给予关爱和呵护的深深眷恋。该女生听后十分感动，遂答应与他在一起。他像抓住了救命稻草，立刻把全部感情投入其中。在以后的交往中，他的感情越陷越深，不能一日不见。可该女生自从答应与他交往后，就十分后悔，觉得自己欠考虑，特别是她父亲非常反对他们之间的交往，因此多次表示想要结束恋爱关系。可佳豪不同意断绝关系，他曾威胁要用伤害自己等极端方式阻止分手。他的情绪一直处在极度的波动中，当该女生表示与他只能做一般的朋友，希望他不再打扰她，并退回了他给她的所有东西时，他一时冲动打了她。即便如此，佳豪内心仍觉得自己是真心爱她的，不想失去她，控制不住自己的感情。特别是到了节假日，他经常打电话给该女生，甚至到该女生的家门口或在她回家的路上等她，他内心感到非常痛苦。

### （四）不稳定性与不成熟性

大学生生活阅历较浅、思想相对单纯，人生目标还没有清晰和准确的定位，对爱情的认识也不够深刻，其恋爱心理也就表现出不稳定和不成熟的特点。大学生恋爱动机和目的不明确，对待恋爱的态度和行为较为盲目，很多大学生其实是为了恋爱而恋爱，这在很大程度上导致大学生恋爱关系的不稳定，使大学生的爱情往往经不起挫折和困难的考验，为后续分手埋下了隐患。还有些大学生责任意识不强，在恋爱的时候并不能承担起对对方的责任，认为恋爱不需要承诺和责任，只在乎此时此刻的快乐，并没有为恋爱双方的将来做长远的打算。“毕业就意味着分手”成为很多大学生恋爱的“常态”，他们在自己的未来规划中，并没有将对方考虑到自己未来的工作和生活中。这种对待恋爱责任与承诺的缺失，使大学阶段的爱情根基不牢，抗风险能力较弱，稳定性较差。同时，很多大学生的爱情可以共享乐，但不能同患难，大学象牙塔里的青涩爱情往往因经不起时间考验而以分手告终。在现实生活中，当恋爱过程中遇到问题时，很多大学生常常缺乏妥善处理恋爱问题的能力，表现出不成熟的一面。

## 三、大学生常见的恋爱心理问题

### （一）恋爱动机不良

随着社会的发展和外来文化的影响，中国人的恋爱与婚姻观念出现了极大的转变，这一方面使得人们从传统的婚恋观中解放出来，另一方面也使得感情的严肃性与珍贵性下降。在这种社会氛围下，当代大学生的恋爱动机也受到了诸多的影响。一项调查显示，大学生的恋爱动机整体上是积极向上的，以情感型、成长型、婚姻型为主；但也有相当一部分大学生的恋爱动机为游戏型、功利型、人生体验型和性爱型等不良恋爱动机。以良好恋爱动机为出发点的大学生更有可能拥有积极的恋爱体验，使恋爱发挥积极作用；相反，则是不良的恋爱体验，使恋爱发挥消极作用。

### （二）爱情错觉和单相思

每个人都渴望在大学期间与美好的爱情相遇，在人生最美的季节与那个特别的他（她）亲密邂逅。然而，有时候自己的“一见倾心”可能只是一厢情愿的错觉，自以为的“爱情”只不过是一场“美丽的误会”。大学生之间有共同的兴趣、爱好和话题，很容易互生好感，发展成友谊，但友谊并不等于爱情。在异性交往过程中，有些同学可能会模糊爱情和友谊的界限，产生自己爱上对方的错觉。如果这种错觉持续下去，就可能形成单相思，给自己造成较大的情感伤害。

### （三）恋爱与自我的平衡

恋爱意味着将对方纳入自己的世界里，成为自己所关注的一部分，对方的喜怒哀乐、恋爱中的酸甜苦辣都会直接而强烈地影响到自己。双方在恋爱中都会投入大量的时间与精力，而这又恰好与大学生正值奋斗与成长的时期相冲突，所以有时候爱情初期的美好会转变成恋爱与自我发展之间的冲突与矛盾。很多大学生在二人世界与独处时光、爱情与学业的时间分配上体会到极大的困惑，一方面抱怨对方陪伴自己的时间太少，对自己的关注度不够，觉得对方不在乎自己，不够爱自己，希望能有一个二人世界；另一方面抱怨对方因为爱情占用了自己大量的时间，导致自己学习的时间和独处的时间减少，既没有时间致力于学业，也没有时间做自己喜欢做的事情。所以恋爱与自我发展既有矛盾冲突的一面，也有相互促进的一面。如果恋爱关系处理得当，爱情就可以成为学业和事业的催化剂，大学生中也不乏学业与爱情双丰收的例子。

### （四）情感纠葛

每个人都希望自己的恋爱一帆风顺，但恋爱过程中容易出现“相爱简单，相处太难”的情况，恋爱中可能出现纷繁复杂的情感纠葛。比如，恋人之间可能出现冲突，双方在价值观和行为方式等方面的差异决定了双方必然会在一些问题上产生分歧，若双方不懂得如何处理冲突矛盾，就可能出现分分合合的感情纠葛；恋人之间还可能出现三角恋或多角恋，如一个人同时被两个人或两个以上的人追求，或者同时喜欢上了两个或多个人。由于爱情的排他性和专一性，多角恋爱会给当事人带来心理负担或巨大的痛苦，影响其正常学习与生活。

### （五）失恋挫折

失恋已成为大学生在校期间可能遇到的最大挫折。爱情是两个完全不同的生命在差异中不断求同而又不断求异的过程，在这个过程中双方纠结万分而又缠绵悱恻，甚至彼此间你中有我，我中有你。所以，恋爱过程中如果一方提出终止关系，将会给另一方带来严重的挫折感，比如痛苦、颓废、冷漠、焦虑和抑郁等。一部分学生可以有效地对自己的情感和行为进行调控，从而逐渐能让自己摆脱失恋的痛苦。但也有一部分学生无法将自己的不良情绪进行排解和转移，使自己陷入痛苦的深渊而不能自拔。

## 互动课堂

#### 失恋的十大好处

请尝试列举失恋的好处，以“因为我失恋了，所以我获得了……”句型为模板，写10句话。

## 任务三　生命阳光最温暖——大学生恋爱能力提升策略

恋爱是学习与另一个人建立和发展亲密关系的过程，恋爱不是人与生俱来的能力。荷尔蒙、多巴胺与肾上腺素是大自然通过演化赐给每一个人的礼物，是爱情产生的生物基础。但仅有这些还远远不够。

恋爱过程中，人们需要学会经营亲密关系，学习如何去爱一个人。由此，恋爱是一种需要后天学习的能力，每个人都应该学会如何与他人由表及里、由浅入深地建立亲密关系。大学生需要学习理解爱的真谛，学习发展爱的能力，学习接纳痛苦、失望与不满，并在这个过程中学会更好地认识自己。

## 一、学会鉴别爱

爱情固然令人心驰神往，但在产生爱情之前，个体对于他人还会存在其他的特殊感情，比如欣赏与喜欢，这两者虽然与爱情接近，但又与爱情有着天壤之别。人与人之间的关系发展总是循序渐进的，如果把爱情比作金字塔上的塔尖，那么欣赏与喜欢则是到达金字塔顶端的基石。欣赏多存在于朋友之间，喜欢多存在于与潜在恋人的暧昧阶段，而爱情则通常发生在与恋人的热恋阶段。所以，正确鉴别自己是喜欢还是爱一个异性，是决定两个人是成为朋友还是成为恋人的关键。一个人虽然可以同时喜欢与欣赏很多人，但在一定时期内只能爱上一个人。因此，人们要学会正确地鉴别爱，否则“失之毫厘，谬之千里”。如果在未确定是否真的是爱情的情况下就急忙过于密切地与对方交往，则对双方来说都不公平。

## 二、果断拒绝爱

每个人都有表达爱与追求爱的权利，但同样也具有自由选择爱的权利和拒绝爱的权利。当向自己示爱的人并非自己所爱时，要有拒绝爱的能力，及时做出拒绝的选择。现实中，“落花有意，流水无情”“爱而不得，忘而不舍”的情形在大学生群体中也较为常见。也许“其情也真，其意也切”，但就是无法在对方心中唤起同样的感受。在这种情况下，不管是“落花”还是“流水”，双方都需要合理表达或理智接受，这既是对双方的尊重，也能展现各自良好的品格与风度。拒绝爱也是一种能力，常常有因害怕伤到对方自尊而优柔寡断者，有简单直接将对方拒于千里之外者，也有对示爱来者不拒者，这些都是缺乏拒绝爱的能力的表现。那么，如何委婉又明确地拒绝他人呢?

### （一）拒绝暧昧

暧昧是两人之间态度含糊、不明朗的关系，是一种“朋友以上恋人未满”的关系，常表现为行为举止称呼等较为亲昵，日常生活也互有较多联系，但并未确定恋爱关系。如果一方已经决定不愿意接受对方的爱，就应该及时拒绝暧昧，减少不必要的私下联系，委婉拒绝对方的礼物，避免亲昵的身体接触，防止给予对方错误信号，不要让对方误以为还有希望和可能性，否则只会让对方越陷越深，造成更大的伤害。

### （二）选择合适的场合

拒绝爱需要选择合适的场合。有些大学生出于浪漫与惊喜的目的，可能会让朋友、舍友帮忙助阵或者选择在公开场合进行告白；如果被告白的一方当面直接无情拒绝，则会让对方的感情和自尊心受到极大打击。这个时候，被告白的一方可以选择自己“需要一段时间考虑”作为缓冲，然后选择一个安静且相对安全的场合跟对方心平气和地说清楚。

### （三）使用温和而坚定的语言

在拒绝爱的时候要使用温和而坚定的语言表达自己的拒绝。在拒绝的时候一定要尊重对方。在尽可能保护对方自尊心的同时，感谢对方对自己的欣赏，肯定对方的优点与长处。但也一定要果断、坚决、毫不含糊地说明自己并不想进一步发展双方关系，如果可以的话，给出自己的理由。如果优柔寡断或屈服于对方的穷追不舍，发展下去对双方都不利。

### （四）采取恰当的方式

虽然每个人都有拒绝爱的权利，但拒绝爱的方式要恰当。针对性格不同的人应该采取不同的方式。如果对方较为敏感脆弱，则委婉说明，尽可能找自己的原因；如果对方性格外向活泼，则可以在尊重对方的基础上明确说明自己的真实想法；如果对方较为执着偏激，则在保证自己安全的前提下，明确拒绝并温和地告知对方给自己造成的困扰，表达希望两人关系恢复正常朋友关系的愿望；如果对方有威胁到自己安全的语言或行为，则要及时寻求朋友、家人甚至警察的帮助。

## 三、学会发展爱

有人说，世界上有三种东西是无法隐藏的，那就是咳嗽、贫穷与爱。爱就是一种捂住了嘴巴也会从眼睛里跑出来的东西。但尽管它难以隐藏，爱也仍需要表达，只有表达出来，才能让他人明确接收到你的信息，并做出回应。因此，学会发展爱的能力，首要的是敢于用正确的方式表达爱。当然，爱的表达方式多种多样，要选择适合的爱的表达方式，不恰当的表达方式会引起误解甚至反感，反而弄巧成拙。所以，爱的表达也需要采取合适的方法与技巧。心理学家盖瑞·查普曼提出了以下五种表达爱的方式。

### （一）肯定的言辞

心理学家威廉·詹姆斯说：“人性深处，无不渴望被赞美。”无论地位高低、个性如何，每个人的内心都希望被他人肯定、尊重和理解。适当真诚的赞美与欣赏等会使对方得到极大的激励，增强对方的自我价值，从而给予对方强烈的自信，使双方的相处愉快而自然。情侣间真诚的欣赏与鼓励是表达“我爱你”的有效方式之一，也是爱情保鲜的重要秘诀。

### （二）精心的时刻

精心的时刻指此时双方的注意力完全集中在对方身上，并在这个过程中倾注情感。两个人在友善浪漫的环境中，分享内心深处的渴望、快乐、思想、愿望以及生活中的点点滴滴，专注倾听对方的话语，体验彼此的关心与爱，这要求双方都拥有倾听的技术与交谈的能力。

### （三）接受礼物

礼物所代表的并不仅仅是其金钱上的价值，而是心意，是一个写着“我心里有你”的标志。礼物最重要的并不是其价格，而是对方是否喜欢。礼物可以是价值昂贵的钻戒，也可以是清晨路边的一朵小雏菊，只要在个人的可承受范围之内，而对方又刚好喜欢或者需要，那么一份贴心的礼物就是可以看见的爱。送礼物需要了解对方的喜好，接受礼物也要表达自己的感谢与欣喜。

### （四）服务的行动

人们往往将关系最亲密的人视为安全的港湾，这个港湾不仅能让人们展现最真实的自我，同时还能帮助人们渡过难关。因此，人们在遇到挫折和困难时，总会第一时间向亲近的人寻求帮助。在这种时候，恋爱双方应该主动且积极地帮助对方，这会让受帮助的一方在无形中建立起强大的安全感，提供帮助的一方也会感受到自我能力得以体现，从而拉近双方的距离。另外，有时候对方的陪伴、支持与一些贴心的细节就是对自己最大的帮助。比如：在过马路的时候，男生可以主动走到车开过来的一面；一起去餐厅吃饭时，男生可以主动为女生挪动椅子；男生还可以携带纸巾以备女生的不时之需；女生在约会时也要做到准时与守信；等等。

### （五）身体的接触

恋人之间的拉手、拥抱或者依偎都可以传达爱的信息。刚开始约会时，双方可以通过一些细微的接触来拉近关系，比如在过马路的时候靠得近一些，甚至可以自然地拉手，在较为难走的路上或人流量大的环境里可以拉住对方；较为熟悉之后可以摸头、牵手、揽肩、轻柔地拥抱；热恋期则可以吻手、吻面、拥抱等。

**知识扩展**

**恋爱中的性别差异**

**（1）择偶标准：男性选择恋爱对象时更注重女性的外貌、性情、趣味等；而女性更注重男性的才华、能力以及责任感、安全感等品质。**

**（2）恋爱态度：女性认为亲密是爱情最重要的因素，在爱情中渴望与男性建立亲密的关系，寻求彼此感情上的高度融合；而男性将吸引视为最重要的部分，期望女性对自己一往情深，却担心柔情蜜意有失男子气概，不大愿意做出过于袒露的表示。**

**（3）追求形式：在追求爱情时，男性往往比较主动和强烈；而女性往往比较被动和矜持。**

**（4）感情需求：男性需要的爱的形式是信任、接受、感激、赞美、认可、鼓励；女性需要的爱的形式是关心、理解、尊重、忠诚、体贴、安慰。**

**（5）情感表现：男性通常反应迅速强烈、勇敢大胆、感情洋溢，但易起伏；女性则通常感情羞涩而少外露，表达爱慕喜欢用婉转、含蓄和暗示的方式。**

**（6）爱情感受：男性较为粗枝大叶，更多关注大的方面，不注意小的细节，常常不能细致体察对方心理；而女性往往情感细腻，善于体察对方心理。**

## 四、从失恋中成长

爱情美好而令人迷醉，但恋爱的过程并不是只有阳光雨露，也可能会存在曲折和坎坷，很多人会因为失恋而伤心欲绝，这种痛苦也是难免的。就大学生而言，失恋是对大学生影响较大的生活事件，失恋的打击往往会使他们陷入巨大的心理挫折，感到心灰意懒、悲观失望，甚至产生强烈的耻辱感和嫉恨心，影响正常的学业与生活。大学生在承受这份痛苦时，需要学会正确地处理失恋，化解内心的不良情绪，学会从失恋中汲取经验，从失恋中获得成长。正如莫里哀所言：“恋爱是一所学校，教我们重新做人。”坦然接受对方的离去，承认爱与不爱是每个人的权利，给对方以足够的尊重。恋爱时，要坦坦荡荡；分手时，也要洒洒脱脱。

### （一）宣泄

大学生在面对失恋问题的时候要学会宣泄情绪。如果将情绪一直埋在心里，则情绪会发酵得更多。失恋时，应适当宣泄自己的情绪，比如向值得信赖的人（亲人、好友或心理咨询师）倾诉、写日记记录痛苦情绪、通过高强度的运动（拳击、打球、跑步等）抒发心里的阴郁、在安全隐私的地方哭泣或吼叫等。如果感觉心中积郁实在太深，自己无法排解，还可以求助于心理咨询师。但注意不要沉迷于酒精或其他不良活动，以免损害自己的健康。

### （二）转移

大学生在面对失恋问题的时候要学会转移注意力，可以通过培养新的兴趣爱好或者开始一项新的活动来转移注意力。比如，去风景优美的地方旅游散心、多结交朋友、积极参加集体文体活动、与家人一起度过一段时光，还可以学习跳舞或吉他、完成一项创意设计、参加比赛活动等。这些全新的体验都有助于心情的开阔，重新激发人的理性控制力，使生活逐渐回归到正常轨道上来。有的大学生可能认为忘记前任的有效办法是开启一段新的恋情，但带着伤口进入新的恋情只会加速恋爱失败，是对现任的不尊重与不公平，会再次带来伤害。

### （三）理性归因

理性归因是正确处理失恋问题的重要途径。有些人出现在我们的生命中，只是为了陪我们走一段路，给我们上一堂课。失恋后，最重要的事情不是对往事追悔莫及或盲目寻找“下一任”，而是稳定情绪之后，学会理性地梳理，从而摆脱痛苦，并得到成长。细心思考一下感情失败的原因，如果责任在己，就要振作起来，努力改正自己的不足，使自己更加完善。如果责任在对方，也没有必要为这份感情而感到惋惜。爱情是双方互动、心甘情愿才会使人快乐的事情，任何一方没有了这份感情，爱情也就失去了意义。

### （四）升华

大学生在面对失恋问题的时候要学会正视失恋问题。失恋固然是一次痛苦的经历，但同时也是一个审视自己、发展自己、完善自己的绝佳机会。将失恋的痛苦升华为促使自己成长的力量，尽快投入事业和理想的追求中，这样既可使“自我”得到更新和升华，又可创造更好的择偶条件，可谓“失之东隅，收之桑榆”。

## 五、健康爱情的特征

爱情的开始与表现是多种多样的，有人爱得轰轰烈烈、浪漫奢华，有人却爱得平平淡淡、长相厮守。现实中的爱情可以像罗密欧与朱丽叶那样一见钟情，矢志不渝，可以像居里夫妇那样为着共同的理想，互相扶持，也可以像钱锺书夫妇那样在人间烟火中相濡以沫。但爱情最美好的样子是健康，它就像一棵需要双方共同养护的树苗，而只有健康的爱情才能长成参天大树，为双方遮风挡雨。作为人与人之间的一种特殊的生活关系，爱情具有鲜明的特征。

### （一）自主性

爱情花朵的灿烂绽放需要双方的互相爱慕，是由两颗心灵弹拨出来的和弦，彼此相互倾慕，两情相悦，情投意合。真正的爱情必须建立在双方自愿的基础上，是不可强求的，不能受到其他外在因素和势力的干涉。同时，爱情是人生的重要内容，却不是人生的全部，个体需要摆正爱情在人生中的位置。恋爱既是与他人的融合，又是个人成长的重要契机。在恋爱关系中，除了需要与自己所爱的对方互相接纳和融合，还需要保留足够的自主性和独立性，而非依赖攀附对方，需要在亲密中探索自己与对方、自己与生活的关系，逐渐发现自己的独特生命，发挥自己的潜力，成为更好的自己。

### （二）互爱性与平等性

相互爱慕是爱情的首要前提，爱情需要建立在双方相互爱慕的基础上才能健康发展，恋爱中的双方既是爱者又是被爱者。单相思、暗恋，以及放下自尊乞求来的感情，都不能成为爱情。同时，在爱情发展中，男女双方必须始终处于平等的地位，没有高低贵贱之分。这里的平等指恋爱双方在地位上是平等的，并非简单的社会地位、经济状况、家庭背景等方面的平等，而是需要尊重和关爱对方的平等，需要宽容和理解对方的平等，需要彼此诚实和承担责任的平等。那些因感激、同情、金钱或权势攀附而来的爱情都蕴含着不平等的因素。此外，爱情中的平等性还体现为双方的感情付出相对平衡，恋爱双方在感情上享受的权利与履行的义务是对等的。如果恋爱中的一方总是付出过多，而另一方总是安然享受，那么这种不平等也会给双方情感带来伤害。

### （三）专一性与排他性

爱情是恋爱双方相互爱慕的关系，需要双方情感专一，排斥第三者的介入。双方一旦确立了恋爱关系，都希望自己是对方唯一的恋人，容不得对方与其他人有任何暧昧的关系。所以，爱情既是无私的，也是自私的。双方在为对方无私奉献的同时想要自私地独占对方，产生“别人碰一下我都觉得是抢”的感受。这不仅体现在反对恋人与他人产生感情关系，同时也体现在把握自己与其他人的交往尺度。这种感情专一、忠贞不渝的特征不仅是恋人之间交往的基本准则，也是维系爱情稳定长久的必要条件。

### （四）持久性

爱情里最美好的模样就是“我能想到最浪漫的事，就是和你一起慢慢变老”。爱情固然需要令人心驰神往的梦幻与浪漫，需要使人心潮澎湃的激情与跌宕，但繁华过后最令人安心的还是“前路有你，未来可期”。对于未来的展望是热恋过后的必经之路，这不仅会给情侣双方提供安全感，同时也更加有利于双方感情的稳定与发展。因此，真正的爱情不仅有强烈的、深厚的情感基础，还应有相伴永久、共度一生的愿望与追求。这就需要恋爱双方相互支持，坚守承诺，彼此担当，不断地丰富、深化和充实双方的感情，让爱情随时间的流淌而意笃情深。恰如莎士比亚所言：“真正的爱，非环境所能改变；真正的爱，非时间所能磨灭。”

## 自我测评

### 恋爱观测试

【测试目的】

了解自我的恋爱观，测试内容涵盖引导大学生正确面对恋爱带来的问题，使测试者冷静、客观地审视自己的恋爱状况，树立积极健康、科学合理的恋爱观。

【测试要求】

请在阅读完每题后从答案中选择出最适合自己情况的一种，并计算最终得分。

【测试内容】

恋爱观测试自评量表

1. 你认为恋爱作为人生一个极其重要的环节，其最终所达到的目的应该是什么？（　　）

A. 找一个情投意合的伴侣

B. 成家过日子，养育儿女

C. 满足性的饥渴

D. 只是觉得新鲜有趣，没有明确的想法

2. 你对未来妻子的要求最主要的是（男性选择）什么？（　　）

A. 善于理家，利落能干

B. 容貌漂亮，风度翩翩

C. 人品不错，能体贴帮助自己

D. 只要爱，其他一切无所谓

你对未来丈夫的要求最主要的是（女性选择）什么？（　　）

A. 潇洒大方，有男子风度

B. 有钱有势，社交能力强

C. 为人诚实正直，有进取心，待人和蔼可亲

D. 只要爱，其他一切无所谓

3. 你决定和对方建立恋爱关系时的心理依据是什么？（　　）

A. 彼此各有千秋，但大体相当

B. 我比对方优越

C. 对方比我优越

D. 没想过

4. 对最佳恋爱时间的考虑是什么？（　　）

A. 自己已经成熟，懂得人生的意义和爱情的内涵，并且确定了人生的主攻方向

B. 随着年龄的增长，自有贤妻和好丈夫光临，“月老”不会忘记每个人的

C. 先下手为强，越早越主动越好

D. 还没想过

5. 你希望自己结识恋人的方式是怎样的？（　　）

A. 青梅竹马，情深意长

B. 在工作中逐渐产生恋情

C. 一见钟情，难分难舍

D. 经熟人介绍

6. 你认为推进恋情的良策是什么？（　　）

A. 极力讨好，取悦对方

B. 尽力使自己变得更完美

C. 百依百顺，言听计从

D. 无计可施

7. 你希望恋爱的时间是怎样的？（　　）

A. 越短越好，最好是“闪电式”

B. 时间依据进展而定

C. 时间要拖长一些

D. 自己无主张，全听对方的

8. 谁都希望自己全面了解对方，你认为了解对方的最佳途径是什么？（　　）

A. 精心布置特殊场景，连连对恋人进行考验

B. 坦诚交谈、细心观察

B. 通过朋友打听

D. 没想过

9. 你十分倾心的恋人，随着时间的推移，暴露了一些缺点和不足，这时候你怎么办？（　　）

A. 采取婉转的方式告知并帮助对方改进

B. 因出人意料而伤脑筋

C. 嫌弃对方，犹豫动摇

D. 不知道如何是好

10. 当你初步踏入爱河之中，一个条件更好的异性向你表示爱慕时，你会怎么做？（　　）

A. 说明实情，钟情于恋人

B. 对其冷淡，但维持友谊

C. 瞒着恋人和其来往

D. 感到茫然无措

11. 当你倾慕一异性并发出爱的信息时，你忽然发现他（她）另有所爱，怎么办？（　　）

A. 静观待变，进退自如

B. 参与角逐，继续穷追

C. 抽身止步，成人之美

D. 不知道

12. 恋爱进程很少一帆风顺，而你对恋爱中出现的矛盾、波折怎么看？（　　）

A. 最好平顺些，既然已经出现了，也是件好事，双方正好趁此机会了解和考验对方

B. 感到伤心难过，认为这是不幸

C. 疑虑顿生，就此提出分手

D. 没对策

13. 由于性情不合或其他原因，你们的恋情搁浅了，对方提出分手，这时候你会怎么做？（　　）

A. 千方百计缠住对方

B. 到处诋毁对方的名誉

C. 说声再见，各奔前程

D. 不知所措

14. 当你信任的恋人背信弃义，喜新厌旧，甩掉你以后，你会怎么做？（　　）

A. 当自己眼瞎认错人了

B. 你不仁，我不义

C. 吸取教训，重新开始

D. 痛苦得难以自拔

15. 你的爱途坎坷，多次恋爱均告失败，随着年龄增长进入“老大难”的行列，你会怎么做？（　　）

A. 一如从前，宁缺毋滥

B. 讨厌追求，随便凑合一个

C. 检查一下择偶标准是否实际

D. 叹息命运不佳，从此绝望

【测试标准】

评分标准见表 8–1。

表 8–1　评分标准

| 题号 | A | B | C | D |
|---|---|---|---|---|
| 1 | 3 | 2 | 1 | 1 |
| 2 | 2 | 1 | 3 | 1 |
| 3 | 3 | 2 | 1 | 0 |
| 4 | 3 | 2 | 1 | 0 |
| 5 | 2 | 1 | 3 | 1 |
| 6 | 1 | 3 | 2 | 0 |
| 7 | 1 | 3 | 2 | 0 |
| 8 | 1 | 3 | 2 | 0 |
| 9 | 3 | 2 | 1 | 0 |
| 10 | 3 | 2 | 1 | 0 |
| 11 | 2 | 1 | 3 | 0 |
| 12 | 3 | 2 | 1 | 0 |
| 13 | 2 | 1 | 3 | 0 |
| 14 | 2 | 1 | 3 | 0 |
| 15 | 2 | 1 | 3 | 0 |

A 型（35 ～ 45 分）：恋爱观成熟正确。

你是一个成熟的青年，你懂得爱是什么和为什么爱，这是你进入情场的最佳入场券。不要害怕挫折和失败，它们是考验你的“纸老虎”，终将在你的高尚和热忱面前逃走。大胆地走向你梦中的恋人吧，你的婚姻注定会美满幸福。

B 型（25 ～ 34 分）：恋爱观尚可。

你向往真挚美好的爱情，然而屡屡失败，一时难以如愿。你不妨多看看成功的朋友，将恋爱作为圣洁无比的追求，不断校正爱情的航线，这样你就与幸福相隔不远了。

C 型（15 ～ 24 分）：恋爱观需要认真端正。

你的恋爱观存在不少问题，甚至有不健康之处，它使你辛勤播种的爱情种子难以萌芽，更难以结出甜蜜的果实。如果你已经轻率地开始恋爱了，劝你及早退出。

D 型（3 ～ 14 分）：恋爱观还未形成。

你或许年龄还小，不谙世事；或许虽年龄不小，却天真幼稚。爱情对你来说是一个迷茫未知的世界，你需要防范圈套或袭击。建议你多读几本关于两性关系的书籍，待变得成熟后，再涉爱河不迟。

## 思政之窗

近年来，国内有不少高校相继开设了与恋爱相关的公开课或选修课，只是课程名字有所不同，“恋爱心理学”“恋爱与人生幸福”“人生幸福课”“亲密关系”等。从高校开设恋爱课情况来看，普遍呈现出门庭若市的局面，相当火爆，深受大学生欢迎，教室里座无虚席，楼道上挤满人也不少见。

大学恋爱课火爆，充分表明大学生对开恋爱课有强烈的需求，大学开设恋爱课开对了，非常有必要开，满足了广大大学生的现实需求。2020 年 10 月，《中国青年报》的一份调查结果显示，88.23% 的大学生支持大学开设恋爱课。

婚恋是人生大事，追寻爱和归属是人类的本质需求，作为成年人的大学生对恋爱有需求是正常的。但近些年来，网络上关于精神操控（PUA）、出轨、家暴等婚恋负面消息越来越多，特别是一些自媒体为了博人眼球，吸引流量，故意挑起两性对立，引起社会婚恋焦虑，并逐渐向“象牙塔”扩散。这直接给在校大学生带来了恋爱的迷茫和盲目，不知道如何开始恋爱、盲目开始恋爱等情况层出不穷，又在一定程度上推动大学生婚恋焦虑的极端化走向，“不婚主义”“不恋主义”在大学校园环境中有所滋长。

同时，在恋爱交往过程中，情侣之间发生一些冲突、矛盾在所难免，但大学生情侣由于经验不足，不知道如何解决恋爱冲突、矛盾，有的大学生选择极端方法，酿成悲剧，毁掉自己和另一半的人生，这几年多所高校发生多起恋爱问题导致的极端恶性事件。而且，一些调查显示，对当下大学生心理健康影响最大的是情感关系，特别是异性关系。

在这种情形下，高校开设恋爱婚姻相关课程，讲授恋爱婚姻知识，并不是要把大学生教成恋爱高手、“海王”，而是让大学生对爱情、情感、交往、婚姻有更多的了解，向大学生传递正确、科学的恋爱婚姻观念和理念，缓解当代年轻人的婚恋焦虑，帮助他们在日后恋爱婚姻过程中遇到具体问题时，有能力处理应对，避免遗憾和悲剧的发生。

## 心灵氧吧

### 1. 书籍：《爱情心理学》

推荐理由：斯滕伯格在其 1988 年出版的《爱情心理学》一书的基础上，对一些旧理论进行了修正，并对依然引人注目的理论提供了新的数据支持，进一步丰富了爱情的理论。新版本的《爱情心理学》共有 16 章内容，涵盖了爱情的定义、爱情的理论、爱情的进化观等专题。该书运用科学心理学范式探讨爱情这一浪漫而神秘的人类活动主题，是对现代社会心理学一个新兴领域的创建与发展。爱情是古老而永恒的话题。爱情究竟是什么？这需要每一个人用自己的心灵和生命去体验。但科学爱情心理学的知识积累，毫无疑问会帮助人们理解爱情的本质，珍惜和体验真爱，这也是本书的价值所在。

**2. 电影：《失恋 33 天》**

《失恋 33 天》改编自鲍鲸鲸的同名人气网络小说，故事用亲切又不失幽默的方式讲述女主角黄小仙从遭遇失恋到走出心理阴霾的 33 天。电影由导演滕华涛执导，文章、白百何主演，是为“光棍节”定制的“治愈系”爱情电影。

黄小仙，从事高端婚庆策划，性格开朗乐观。一个偶然的机会看到了男友和自己的闺密喜笑颜开地走在一起。

黄小仙的失恋日记，就这样一天一天地开始写了下去。

黄小仙经历了失恋的痛苦后，乐观地接受了失恋的事实。疼过之后擦擦眼泪，就算新的一天是前一天的翻版，不会豁然开朗或是跳出一个闪闪发光的奇迹，她依然决定老老实实地走下去。

# 项目九

# “互联网 +”时代——健康网络心理

## 学习目标

### ★知识目标

1. 了解网络的含义、特点。
2. 熟悉网络与个体心理需求之间的关系。
3. 了解大学生网络使用的心理特征和常见的网络偏差行为。

### ★能力目标

1. 掌握大学生网络合理使用的策略与方法。
2. 正确看待网络，合理使用网络，提升网络心理健康。

### ★素质目标

1. 提升网络素养，做中国好网民。
2. 树立正确的网络安全观。

## 项目概述

当今是互联网的时代，网络以其信息量大、传播快捷、超越时空限制等优势，深刻地影响着人们的学习方式、生活方式和工作方式。大学生求知欲旺盛、好奇心强烈、易于接受新事物等特征，使其成为网络的极大受益者。然而，网络是一把“双刃剑”，由于自控力有限，不少大学生沉浸其中不能自拔，还经受着虚幻与真实交织的网络世界所带来的各种心理困扰，这会对他们的身体、学习、生活以及社会交往等方面产生消极影响。因此，如何合理使用网络、预防大学生网络成瘾已成为一个刻不容缓的课题。

## 情景再现

某学院大学生张某在学院 QQ 群内看到一则刷单返利广告：“淘宝、天猫、京东等官方商城为提升业绩，急需一批网络刷客。”张某发现这种兼职赚钱快，操作简单，便根据群内的广告加了一个 QQ 好友，这个 QQ 好友教张某如何进行刷单，然后发送了一个支付宝账号，张某便按照要求向此账户转账刷单。刷了第一次之后，对方告诉张某第一单要连刷 5 笔，张某按照要求转账后，对方又要求连刷两次 5 笔才能把之前刷单的钱返还。张某便又刷了 8 笔钱，但对方又称转账金额较大需要系统认证，需要张某转款 7 200 元认证，而后又多次以转账金额较大认证失败要求张某分别转款 7 200 元、8 400 元、8 400 元再次验证。就这样，张某先后刷单 17 次，总计刷单 47 400 元。张某此时发现对方一直要钱，却一分钱没有返还给自己，这时才意识到自己被骗了。

**【心理课堂】**

目前，在各类电信网络诈骗案件中，刷单诈骗案件发案数居于首位，特别是大学生等年轻人成为此类案件的高危群体。因为此“工作”相对轻松，成本低，不受地域限制，足不出户便能获得高额回报，因此吸引了大批大学生从事此项“工作”来“勤工俭学”。大家千万不要从事任何形式的刷单、刷信誉等“工作”，因为你很有可能被骗，而且刷单本身就是一种欺骗手段，国家《反不正当竞争法》已明确规定，刷单行为是违法行为，因而我们大学生应当诚实守信，自觉抵制刷单行为。

# 任务一 走进虚拟世界——网络心理概述

21 世纪是信息时代，互联网技术的快速发展给人们的生活带来了翻天覆地的变化，并且成为人们日常生活中不可或缺的重要组成部分。

## 一、网络的含义

网络是由若干节点和连接这些节点的链路构成的，这些节点和链路表示诸多对象及其相互联系。在计算机领域中，网络是指信息传输、接收、共享的虚拟平台，它把各个点、面、体的信息联系到一起，从而实现信息资源的共享。

中国互联网络信息中心发布的《中国互联网络发展状况统计报告》（简称《报告》）显示，截至

2022 年 12 月，我国网民规模达 10.67 亿，较 2021 年 12 月增长 3549 万，互联网普及率达 75.6%。

《报告》显示，传统领域应用线上化进程不断加快。其中，线上办公市场快速发展，用户规模已达 5.40 亿，较 2021 年 12 月增长 7078 万，占网民整体的 50.6%。此外，在线教育、互联网医疗等数字化服务供给持续加大，我国农村地区在线教育和互联网医疗用户分别占农村网民整体的 31.8% 和 21.5%，较上年分别增长 2.7% 和 4.1%。

在网络基础资源方面，我国域名总数达 3440 万个，IPv6 地址数量达 67369 块 /32，较 2021 年 12 月增长 6.8%。在信息通信业方面，我国 5G 基站总数达 231 万个，占移动基站总数的 21.3%，较 2021 年 12 月提高 7%。在物联网发展方面，我国移动网络的终端连接总数已达 35.28 亿户，移动物联网连接数达 18.45 亿户。

## 二、网络的特点

网络之所以对人们有如此强大的吸引力，与网络自身的特点密切相关，其主要特点如下。

### （一）虚拟性

网络的存在状态是虚拟的、非现实的，无数网络用户组成了一个无形的网络世界，每个网络用户通过这张无形的“网”进行相互联系和彼此沟通。在这种虚拟化的网络交往中，个体现实生活中备受关注的特征被掩盖在网络世界中，如身份、年龄、性别、外貌、职业、性格等，导致个体之间的交往只剩下符号间的交流。这种网络虚拟性的特点满足了个体“隐匿”的愿望，人们可以在网络上随心所欲地张扬自己的个性，尽情地施展自己的才华，也可以自由地尝试扮演各种社会角色，还可以轻松实现社会生活中无法企及的愿望。

### （二）丰富性

网络信息的丰富性带给人们全新的体验。网络所容纳的信息量是巨大的，可以用“海量”一词加以描述。网络承载的信息复杂多样，呈现形式多种多样，且更新速度非常快，这是吸引人们投身网络世界的重要因素。就大学生群体而言，大学生课业压力相对高中要小，可自由支配的闲暇时间较多，接触手机及计算机网络的机会也更多，稍不注意就掉入互联网的“陷阱”中。网络游戏、色情和网贷等不良信息在网络上的传播，可能会使部分大学生沉迷其中，甚至走向违法犯罪的道路。此外，网络对求知欲望强烈、易于接受新鲜事物的大学生而言，具有很强的吸引力，构成了他们生存的“第二空间”。部分大学生因涉世未深、热衷追求感官刺激且缺乏稳定的自我控制能力，容易对网络产生迷恋，长此以往会发展成网络成瘾，给他们的心理健康造成不良的影响。

### （三）开放性

网络拉近了世界各地的距离，扩大了人类的生活范围，使人类的活动不再受到时空的限制，人们能够利用网络进行及时、充分的交流并获得反馈。网络已经成为一个全球性的开放系统，连接了世界的每一个角落，加快了信息的传播，任何一个网点引起的涟漪都有可能迅速波及全球各地。全球随时随地都可以相互联系交流，所有网民都可以自由进入其中，“各取所需”，还可以通过网络迅速了解到全球范围内的最新消息，“地球村”变成了现实。

### （四）交互性

网络中每一个用户既是信息的接受者，又是信息的发布者，形成发布—接受双向或多向互动。这种网络交互性可以实现用户之间近距离地交流沟通，拉近了人与人之间的距离，真正实现了自由沟通和平等交流。人们通过网络不仅可以根据自己的需求和喜好收集、获取和选择信息，而且可以通过网络轻松实现人与人之间的沟通和交流，实现网络资源的高度共享。与此同时，人们还可以是信息的发布者、创造者或反馈者，可以自由参与网络交流活动。然而，网络的交互性也会使信息发布、传播、接受和使用出现一些不良影响和导向。网络信息良莠不齐，大学生需要仔细甄别和判断。

## 三、网络与个体心理需求

除网络本身的特性外，网络的吸引力还源于网络空间可以满足人们不同层次的心理需求，具体表现在如下几个方面。

### （一）满足人们强烈的求知欲和好奇心理

网络以其信息庞大、内容丰富、获取便捷以及互动性强等特点，极大地满足了人们的求知欲和好奇心，激发人们对学习和掌握网络知识以及应用网络技能的欲望。对大学生而言，他们求知欲强、兴趣广泛并喜欢寻求感官刺激，渴望了解书本以外的各种知识、信息和周围多彩的世界。比如，网络游戏就因其生动的故事情节，引人入胜的动画和音响效果，以及游戏中互动性、挑战性和所能体验到的紧张刺激感，极大地满足了大学生的好奇心。另外，还有部分大学生上网是出于猎奇心理，寻求在现实生活中通过正当途径难以获得的信息。

### （二）满足人们寻求归属感与人际交往的需求

寻求归属感是人类的一种基本需求。一些网络依赖者往往存在现实的或潜在的归属认同危机感，如家庭成员之间的关系危机、与同学缺乏认同等，他们沉迷于网络既是在逃避不愉快的现实，也是在寻觅来自网络的归属认同。但不可否认，网络以其匿名性、即时性和便捷性扩大了人们的交往范围，增加了人与人之间的情感沟通，更好地满足了个体人际交往的需求。比如，有一些同学性格内向，不太善于交际，但他们可以在网上突破人际交往障碍，更直接、更准确地表达自己，结识志趣相投的人和群体，从网络世界中获得朋友和友谊。中国互联网络信息中心的相关调查结果显示，网络在大学生人际交往中扮演了重要的角色，截至 2020 年 6 月，微信朋友圈使用率为 85.0%，QQ 空间、微博使用率分别为 41.6% 和 40.4%。

### （三）满足人们赢得自尊与追求自我实现的需求

强烈的自我意识是大学生群体的一个显著特点，每个人都有获得别人尊重、认可和追求成功的基本心理需要。学校中能力突出、成绩优秀的学生往往容易得到家长、学校和社会的认可与肯定，而大部分成绩处于中等或偏下的学生得到关注的机会则较少，但他们也像其他同龄人一样强烈地渴望得到关注、尊重和认同，渴望成功带来的满足感。网络提供了一个重建自我认同和自我实现的舞台，在这个舞台上他们可以享有平等、自由、刺激和成功的感觉，可以在游戏中成为“侠客”“高手”“将军”“富豪”。很多大学生被网络游戏吸引，因为在游戏中他们不仅可以扮演虚拟的角色，而且可以不断升级角色或打败其他角色，赢得其他玩家的尊重和认可，获得在现实生活中得不到的满足。

### （四）满足人们排解压力与宣泄情绪的需求

大学生在大学生活中不可避免地会遇到这样或那样的危机和挫折，诸如学习、生活、情感和人际关系等方面，部分学生又不愿意向同学、父母倾诉，从而容易产生抑郁、焦虑等不良情绪。如果此时缺乏相应的社会支持系统或未能及时进行干预，大学生就会产生极度的不自信甚至自卑。面对压力，有些大学生会到网络中寻求安慰和支持，每天花费大量的时间，通过聊天工具、网站聊天室进行人际交流，甚至沉迷于网络聊天交友而不能自拔，网络成为他们排解压力、宣泄情绪和寻求自我解脱的一个重要的环境和途径。比如，孤独者就容易被网络中一些具有交互作用的社会活动吸引。

### （五）追求娱乐与时尚的心理

随着大学生独立意识的增强、自由支配的课余时间增多，他们在课余生活的安排与课余时间的利用方面呈现出多样化、个性化与时尚化的发展趋势。其中，以网络为媒介的娱乐活动方式逐渐占据了大学生的休闲时间，成为这一群体中最为时尚的娱乐休闲方式。运用网络进行网上聊天、逛论坛、发微博、听音乐、看视频、玩游戏、看书、打牌下棋、观看体育赛事和网上购物等已成为大学生消遣娱乐和追求时尚的主要内容。这些活动刺激着大学生的感官，在很大程度上满足了他们自我表现、好奇、玩乐和追逐时尚的心理需求，也有利于他们排解在现实生活中遇到的烦恼。

# 任务二　互联网的诱惑——大学生网络心理的特征与问题

随着社会发展和网络技术的进步，大学生的生活方式、交往方式和思维方式都发生了巨大的变化，呈现出与网络共生共融的新态势。作为伴随互联网长大的网络“原住民”，大学生通过网络不仅可以接触到前所未有的广阔空间，而且可以有效地获取信息、学习知识、娱乐休闲、赢得自尊、追求自我实现、交流情感和了解社会。然而，由于大学生涉世不深，好奇心强，喜欢追求刺激、热衷娱乐且自我控制力较弱，部分学生容易对网络产生依赖，这给其心理健康带来了诸多负面影响。

## 一、大学生网络使用的特征

当前，网络发展的速度已经大大超过了人们的预期。中国互联网络信息中心发布的最新数据显示，学生是我国网民构成中人数最多的群体，占网民总数的 21.0%。中国社会科学院的刘保中、郭亚平、张磊对大学生网络使用行为进行了实证研究，全面客观地分析了当前大学生网络使用的特点，总结如下。

### （一）平均触网时间早

当代大学生初次接触网络时间的低龄化趋势明显加强。“95 后”大学生首次触网的平均年龄约为 11 岁，而“00 后”大学生首次触网的平均年龄已经提早到 9 岁。可以说，当代大学生是伴随网络快速发展和普及而成长起来的一代，是不折不扣的网络“原住民”。

### （二）网络使用时间长

有调查显示，40% 的大学生日均上网时长超过 4 小时，20% 的大学生日均上网时长超过 6 小时；张磊的调查结果显示，78.1% 的大学生每天累计上网超过 3 小时，超过四成受访者认为自己上网时间安排欠佳，近 1/4 受访者常会因为聊天、购物和游戏等而忘记时间。

### （三）大学生上网的动机和目的多元化

当代大学生使用网络的动机和目的日趋多元化，主要包括浏览新闻、获取资讯、交友聊天和娱乐购物等，基本覆盖了大学生活全方面、学习全过程。有研究显示，当代大学生丰富的网络生活主要是为了满足人际交往和休闲娱乐需求。如张磊的调查结果显示，关于受访学生上网的主要目的中，聊天、娱乐、购物和玩游戏占比较高，分别为 77.6%、68.5%、60.1% 和 55.8%；通过网络学习、关注社会及了解时政的占比依次为 56.3%、42.3%、35.1%。这说明大学生在网络使用上偏向娱乐休闲，而以提高学习和完善自我为主要目的的学生相对较少。

### （四）大学生上网工具多样化

大学生上网的方式越来越趋于多样化、灵活化和便携化。刘保中和郭亚平的调查结果显示，手机和笔记本电脑是主要的上网工具，其中使用手机上网的比例达到 96.1%，使用笔记本电脑上网的比例为 47.8%，使用台式计算机上网的比例已经变得很低，平板电脑、智能手表等上网设备也为越来越多的大学生所使用。

## 知识扩展

**网络心理健康的标准**

网络心理健康标准主要有以下五条：

（1）正确的网络心理健康的意识和观念。个体具有正确的心理健康意识和观念（包括对网络有正确的认知和态度），认识到心理健康的重要意义和现实价值，能够运用正确意识指导自己的心理和行为。

（2）保持线上和线下的人格统一。在线时能够积极主动地接受和处理信息，离线后能够迅速地从虚拟情境中走出来，而非仍然沉溺于虚拟情境之中。

（3）拥有正常的人际交往。具有健康的网络心理的人，能在离线时维持并发展现实正常的人际交往，人际关系协调，并能够同周围环境和他人保持良性互动。

（4）不因网络的使用而影响正常的学习和工作。个体如果因为上网而影响正常的工作和学习、家庭生活、人际交往，就属于网络心理不健康的范围，需要进行及时的控制、调整或治疗。

（5）不影响身体健康。在线的时间以身体健康为底线，以不影响身体健康为前提；保持机体的平衡，不因为使用网络导致身体的感觉器官、消化器官、神经系统以及其他身体器官机能下降或失调。

## 二、常见的大学生网络偏差行为

### （一）网络成瘾

网络成瘾是当前大学生常见的网络使用偏差行为。网络成瘾是指在无成瘾物质作用下对互联网使用冲动的失控行为，表现为过度使用互联网后导致明显的学业、职业和社会功能损伤。根据用户使用网络服务的具体情况，比较常见的网络成瘾类型为网络色情成瘾、网络关系成瘾和网络游戏成瘾等。

#### 1. 网络色情成瘾

网络色情成瘾是指个体沉溺于浏览黄色网站、下载色情图片、看色情电影或色情文学，参与色情聊天，以及进行在线色情交易等。这些网络色情成瘾者虽然能意识到成瘾的危害性，却无法控制自己，为此，他们的心理和精神变得非常压抑、自卑和脆弱，甚至与他人打交道都会变得困难。

#### 2. 网络关系成瘾

网络关系成瘾是网络成瘾的一个亚类，是指个体过度使用聊天室、网络论坛等网络交际功能，沉迷于在网上建立、发展和维持亲密关系，而忽略了现实中人际关系的维持和发展，导致个体心理、社会功能受到损害。

#### 3. 网络游戏成瘾

网络游戏成瘾是指个体沉迷于在线游戏、在线赌博等网络游戏，并因此花费大量的金钱和时间，致使工作、学业被荒废和一些重要关系被破坏。网络游戏起初在计算机端风靡，但随着智能手机和移动通信技术的快速发展，智能手机成瘾的个体也越来越多。智能手机在给人们的生活带来巨大便利的同时，也因其广泛性、智能性和隐蔽性，导致很多人对手机产生依赖，甚至成瘾。

**被游戏吞噬的人**

张宸，某高校大三学生，整天沉迷于网络世界中，通宵达旦地在宿舍跟朋友玩网游，饿了就点外卖，根本不去上课，学业荒废殆尽。张宸起床第一件事不是刷牙洗脸，而是打开游戏，先痛快地玩几把，他的每一天几乎都是由游戏开始，以游戏结束的。张宸对于游戏非常上心，把自己的绝大多数生活费都花在了游戏上面。对于同学之间的交流，他几乎不参加，也从不在意。张宸的世界中只有游戏，也只有在游戏中他才能感到快乐。张宸逐渐被网络和游戏“吞噬”，谁能救救他？

### （二）网络畏惧

网络畏惧是个体担心网络带来不可预料的、不确定的因素而导致无所适从的一种强烈的情绪反应。比如，部分来自经济落后地区的农村学生，他们很少有接触网络的机会，面对色彩斑斓的网络世界，他们害怕自己学不会或学不好网络操作技术，或者害怕隐私泄露，而产生对网络的畏惧感。同时，还有部分同学熟悉网络，但担心自己跟不上网络技术的快速发展，害怕自己因无法掌握新的网络技术而被淘汰，从而对网络产生一定的畏惧心理。

### （三）网络孤独

网络孤独是个体希望通过从网上获取大量信息、网上人际交往和网上娱乐来提高或改变自己，但上网不仅未能使自己结束孤独，反而使自己因为接触网络而加重了原有的孤独感等不良心理健康状况。部分大学生由于性格内向、退缩、敏感、自卑，不愿意或不善于与他人交往，或者厌恶与社会上那种虚情假意的人往来。他们乐于通过这种隐匿性别和身份的上网方式向网友宣泄自己的不良情绪，排解忧虑，讲述自己的“心情故事”，从网友那里得到一些心理支持和慰藉。但是，由于网络交往缺乏现实中表情、眼神、姿势和手势等身体语言，使其对孤独感的排解不过是“隔靴搔痒”，离开网络世界后，部分学生发现自己面对的依然是“斯人独憔悴”。

### （四）网络自我迷失和自我认同混乱

网络自我迷失和自我认同混乱也称为人格心理失真，个体因为过度沉溺于网络，人格发生严重改变，其言行严重违背了许多现实社会中的规范、规则和道德，主要表现为脱离现实、退缩、孤僻和幻想等行为特征。在网络交往中，由于网络的虚拟性特征，部分学生在网上交际时经常扮演与自己实际身份和性格特征相差悬殊甚至截然相反的虚拟角色，如男扮女、女扮男的现象也非常普遍。在这种情况下，部分学生会面临网络情境和现实情境下两种或多种不同性格角色的混淆或冲突，就容易在网络中迷失自我，导致角色混乱，无所适从。

#### 一人分饰两角

浩然，男，某高校大二学生，迷恋网络游戏，已经到了“痴迷”的地步，每天都要外出上网，一刻不停地玩上 8 小时，有时候课都不上了，但即使去上课，也是在课堂上补觉。浩然在游戏中扮演的是一个婀娜多姿的女性角色，在与游戏中的人物相处时也是以女性的身份，并且游刃有余地使用这个角色执行各种任务。后来，他发现自己的思维跟不上同学的节奏，脑子里想的都是游戏里发生的事，自己总是以游戏中的人物角色与人交流，遇到事情会首先用游戏中的规则来考虑，他渐渐分不清楚游戏世界和现实世界有什么区别，他越来越不适应现实生活，越来越不适应自己的男性身份，陷入了深深的焦虑之中。

## 任务三　克服网络依赖——大学生合理使用网络策略

网络是现代社会文明发展的里程碑，网络给人们带来了生活的便利性和信息资讯的便捷性，也直接影响到当代大学生的学习、生活和成长。但任何事物都有其两面性，因此，大学生需要正确地认识网络，充分利用网络的优势，而不是被网络所裹挟，要能够正确区分现实世界和网络世界，把握对网络的控制感，变隐居网络为投身现实，克服网络依赖，从而有效地使用网络。

### 一、正确认识网络

通过网络，大学生能接触到前所未有的广阔空间，能更加有效和广泛地获取信息、学习知识、交流情感和了解社会。然而，网络在给学生带来丰富信息的同时也带来了一定的危害，如网络成瘾、网络犯罪、网络色情和网络病毒等。所以大学生要正确认识网络，把握好学习和生活的方向，以健康的心态选择性地进行网络学习。

网络是一个虚拟世界，其存在状态是非现实的。当代大学生要能够区分现实世界和虚拟世界。个体要把握好虚拟人格和现实人格的统一与转化，使虚拟人格和现实人格保持良性转化和互动，让现实人格变得更为丰富和完善。若虚拟人格和现实人格转化得不顺利，则易造成个体人格的分裂，个体就有可能把虚拟世界当作避风港，过度依赖网络以回避现实生活中的矛盾，导致更不适应现实社会。

### 二、提升对网络的控制感

网络信息浩如烟海、网络游戏惊险刺激、社交网站层出不穷……许多大学生沉迷其中不能自拔，或被各种负面信息所裹挟，不但浪费青春年华、荒废学业，还可能影响身心健康，乃至违法犯罪。因此，当代大学生需要学会理性地对待网络，自觉地提高对网络使用的控制感，有意识地选择上网环境，严格控制上网时间。面对网络，大学生必须调整好心态，提高抵制诱惑的能力，可以尝试通过以下方法加强对网络使用的控制感。

#### （一）选择健康的网络环境

大学生要尽量选择在学校公共场合上网，因为校园网络环境相对清洁，网络管理系统完善，不良信息较少。同时，大学生还可以通过网络设置，过滤掉不良网站，避免网络游戏和色情成瘾等影响。

### （二）预先规划任务目标

每次上网前，大学生要先抽时间规划自己上网要做什么，比如了解今天的新闻、发一封电子邮件或查找与作业相关的资料……然后，依据这些任务的重要性给予紧迫性排序，可做可不做的事情可以暂时搁置，避免随意浏览网页而浪费时间。

### （三）预先设定上网时间

大学生在上网前要根据所列出的任务清单，粗略估计上网所需要的时间，避免养成随意浏览的习惯，提高上网的操作效率。比如，大学生可以在计算机中安装一个定时提醒的小软件。

## 互动课堂

**上网时间核查**

估算你每周花费在网络上的时间，大概有____________小时。记录你每天上网的时间，一周后，使用以下清单对自己的上网情况进行评估。

（1）网络游戏。每周花费多少时间？列出你所玩的所有游戏的名称。

______________________________

（2）网上社交聊天。每周花费多少时间？列出你使用过的聊天工具。

______________________________

（3）网上娱乐（如追剧、看视频、听歌）。每周花费多少时间？列出你参加的不同活动。

______________________________

（4）网上学习（如查阅资料、看书）。每周花费多少时间？

______________________________

（5）浏览新闻资讯。每周花费多少时间？列出你经常浏览的网站名称。

______________________________

（6）网络购物。每周花费多少时间？

______________________________

（7）其他。你发现网络的其他用途了吗？请列举，并估算每周所花费的时间。

______________________________

最后，将统计结果和此前估算的时间进行对比，比较两者是否一致。

______________________________

## 三、积极投身社会现实活动

许多网络依赖者将网络作为逃避现实生活问题或消极情绪的工具。心理学家卡德菲尔特·温瑟提出了“互联网使用补偿理论”，认为现实生活中消极的生活状态，比如缺少社会、情感联系，会使个体产生消极的心理状态，进而个体希望通过互联网补偿这种消极的心理状态，当这种弥补过度时便容易造成网络成瘾。因此，个体积极投入现实活动中，既可以发挥自身能力，获得成就感，又可以在现实社交中满足交往和归属的需求，从而避免仅从网络中寻求理解与支持。建议大学生尝试以下两种方法。

### （一）积极参与社会实践活动

大学生可以尝试多参加感兴趣的社团、创建社团或主动联系实践单位，做些事情让自己充实起来，转移闲暇时间对网络的依赖。

### （二）寻求替代兴趣

兴趣是最好的老师，大学生可以尝试培养一些有趣、新鲜、快乐的业余爱好来替代虚拟世界的刺激，抵制网络诱惑。比如，阅读感兴趣的书籍、参与各种体育运动、远足旅行等。通过这些替代活动，大学生能够开阔视野、陶冶情操、结交朋友、培养兴趣、磨炼意志，进而转移和替代来自网络的诱惑。

## 四、主动克服网络依赖

冰冻三尺，非一日之寒。网络依赖的形成是一个循序渐进的过程，企图一朝克服也是不现实的，不能急于求成。网络成瘾的克服与戒除通常采取认知疗法、系统脱敏疗法以及寻求社会支持等方式。

### （一）认知疗法

认知疗法主要从改变不合理的信念和认知开始。个体要克服网络依赖，首先要重建认知，改变不合理的信念；其次，自我辩论，想象自己成瘾的各种各样的严重后果；最后，自我提醒，写出网络依赖导致的主要问题和五个戒除网络依赖的主要好处，并做成卡片随身携带，每天反复看这些卡片，从而树立戒除网络成瘾的信心。

### （二）系统脱敏疗法

系统脱敏疗法主要是引导网络依赖者暴露于不能上网而导致的焦虑情境中，让其以放松的心理状态对抗戒网引起的焦虑情绪，按层次逐级消除对网络过敏的情绪反应。根据实际情况引导网络依赖者逐级减少上网时间，当预期目标实现时，可以奖励网络依赖者。据此依次进行系统脱敏疗法，网络依赖者通过努力实现一个又一个小目标，最终摆脱网络依赖。

### （三）寻求社会支持

寻求社会支持也是摆脱网络依赖的一种方法。如果个体意识到了网瘾的危害，想要戒除网络依赖而自己又没有那么强的毅力，这时个体可以寻求自己的父母、老师、同学或者朋友的帮助，通过他们的及时提醒和监督来减少自己上网时间，留出更多的时间做有意义的事情。

#### 1. 寻求父母、同学和朋友的帮助

当需要外力帮助以摆脱网瘾时，个体可以求助老师、同学和朋友，请求他们及时出现在自己身边，对自己的上网行为进行监督，请求他们严厉制止自己的网上耗时之举。

### 2. 求助于专业人士

个体要勇敢地向专业人员求助，从调节网络心理依赖入手，运用心理治疗技术，解决网络沉溺问题。

### 3. 求助于网络资源

网络上有许多优秀的心理健康专业网站，个体可以从中寻求网瘾问题的解决方法和途径。

# 自我测评

## 网络成瘾测验

【测试目的】

该测验作为自测使用，可使受测者了解自己是否网络成瘾以及网络成瘾的程度。这些项目内容涉及强迫性上网及网络成瘾戒断反应、网络成瘾耐受性、人际关系健康度、时间管理等方面。

【测试要求】

请仔细阅读表 9–1 中的描述，该量表共有 20 个项目，采用 1 ～ 5 级评分，请根据自己的实际情况做出选择。

【测试内容】

表 9–1　网络成瘾量表

| 序号 | 题目 | 几乎没有 | 偶尔 | 有时 | 经常 | 总是 |
|---|---|---|---|---|---|---|
| 1 | 你觉得上网时间比你预期的要长 | | | | | |
| 2 | 你会因为上网忽略自己要做的事情 | | | | | |
| 3 | 你更愿意上网而不是和亲密的朋友待在一起 | | | | | |
| 4 | 你经常在网上结交新朋友 | | | | | |
| 5 | 生活中朋友、家人会抱怨你上网时间太长 | | | | | |
| 6 | 你因为上网而影响学习 | | | | | |
| 7 | 你是否会不顾身边需要解决的一些问题而上网查电子邮件或看留言 | | | | | |
| 8 | 你因为上网而影响到你的日常生活 | | | | | |
| 9 | 你是否担心网上的隐私被人知道 | | | | | |
| 10 | 你会因为心情不好去上网 | | | | | |
| 11 | 你在一次上网后会渴望下一次上网 | | | | | |
| 12 | 如果无法上网，你会觉得生活空虚无聊 | | | | | |
| 13 | 你会因为别人打搅你上网而发脾气 | | | | | |
| 14 | 你会上网到深夜不去睡觉 | | | | | |
| 15 | 你在离开网络后会想着网上的事情 | | | | | |

续表

| 序号 | 题目 | 几乎没有 | 偶尔 | 有时 | 经常 | 总是 |
|---|---|---|---|---|---|---|
| 16 | 你上网时老想着再多上一会儿 | | | | | |
| 17 | 你想办法减少上网时间但最终失败 | | | | | |
| 18 | 你会对人隐瞒你上网多长时间 | | | | | |
| 19 | 你宁愿上网而不愿意和朋友们出去玩 | | | | | |
| 20 | 你会因为不能上网变得烦躁不安、喜怒无常，而一旦能上网就不会这样 | | | | | |

【测试标准】

选择“几乎没有”得1分，“偶尔”得2分，“有时”得3分，“经常”得4分，“总是”得5分。把你选择的各项分数相加，计算总分。总分100分，得分越高，代表网瘾程度就越严重。

40～60分：你是一般的上网者，只是有时会上得多些，但仍能自我控制，尚未达到沉溺的程度。

60～80分：由于上网，你似乎开始出现了一些问题，应该谨慎对待上网给你及家庭成员带来的影响。

80～100分：上网已经给你和家庭生活带来了很多问题，需要马上正视并予以解决。

## 思政之窗

2023年5月，北京师范大学新闻传播学院党委书记、未成年人网络素养研究中心主任方增泉在第二届青少年互联网大会上发布《新时代数字青年网络素养调查报告（2023）》。该报告显示，大学生网络素养整体平均得分为3.67分（满分5分），略高于及格线，高于青少年及初中生的3.56得分，有待进一步提高。

报告发现：个人因素中大学生的性别、生源地区、专业、年级、户口、网络使用的熟练程度、平均每日上网时长都会显著影响大学生网络素养水平；家庭因素中大学生家庭的收入水平、与父母讨论网络内容的频率、与父母的亲密程度、家庭关系的融洽度也会影响大学生的网络素养水平；学校因素中大学生的课程收获程度、与同学讨论网络内容的频率、上课使用手机的频率也会影响网络素养水平。

报告提出，网络素养教育核心理念是“赋权、赋能和赋义”，赋权就是给予青少年网络权利，赋能是建构青少年网络能力体系，赋义就是对青少年进行网络价值观教育。青少年要加强个人能力提升，最大限度地利用网络正向价值，加强网络行为的自我管理；提高网络信息主体意识，缓解网络信息焦虑；提升网络技能水平，提高网络效能感，减少网络成瘾倾向；管理个人网络形象和数字声誉，提升网络印象管理能力；增强青少年网络安全和风险防范意识，强化网络道德素养。

报告建议，要建构网络素养教育生态体系，学校要加强网络素养教育主阵地建设，发挥课堂、课程育人作用；教师、家长要提高数字素养能力和水平，尊重青少年主体性，提升青少年网络创新、创业和创意能力；引入社团协会、媒体、企业平台等第三方力量，开展网络素养协同育人项目，相互协调促进，共同促进青少年网络素养提升，全面促进青少年身心健康成长。

1. **书籍：《青少年与网络游戏—— 一种互联网心理学的视角》**

《青少年与网络游戏—— 一种互联网心理学的视角》是2018年北京师范大学出版社出版的图书，作者是雷雳、张国华、魏华。

互联网的快速发展正深刻地改变着人们的生活方式。作为网络的“原住民”，青少年从小就在网络中长大，他们的成长和发展不可避免地会受到网络的影响。为什么有的青少年会喜欢网络游戏？为什么有的青少年会出现网络游戏成瘾？是因为网络游戏，还是因为青少年自身？玩网络游戏到底会对青少年的成长带来什么影响？对于网络游戏成瘾该如何预防和矫治？网络游戏能否给青少年带来积极的影响？……这些问题就是该书试图解答的问题。该书从积极的研究视角，正视网络游戏对青少年成长的影响，引导人们正确认识与理解什么是真正的“网络成瘾”，从而为正确矫治网络成瘾提供科学路径。

2. **电影：《青涩记忆》**

《青涩记忆》是2006年郦虹导演，高凡、崔子寰、冯鹏飞、杨昊飞主演的电影。

杜鹏是一个出色的男孩，成绩非常优异，梦想是获得诺贝尔物理学奖。杜鹏偶然听到父母吵架，母亲计划把他送到国外读书，并决定和父亲离婚。从此，杜鹏开始逃学，他和笼罩在父亲暴力阴影下的绍远、跟着奶奶一起生活的陈志以及性格懦弱的许枫一起去网吧疯狂打游戏。四个男孩在游戏世界中找到了自己的需要，他们在网吧一玩就是几天，吃在网吧、睡在网吧……网络沉迷导致他们走上犯罪道路，他们无意重伤了保安，但他们并未意识到自己行为的严重性。虽然胡老师非常努力地想和他们沟通，但阴错阳差中每次都是徒劳无益。陈志了解了事情的严重后果后，他无法承受而得了妄想症。杜鹏得知被误伤的保安是自家保姆的丈夫时而选择自杀。绍远被警察带走时，父母一直追赶着警车，他的心中充满了悔恨。许枫因犯罪中止只受到行政处罚，但心中充满了惶惑。

# 项目十
# 呵护生命之花——树立正确生命观

## 学习目标

### ★知识目标

1. 认识生命的含义、存在形式和基本特征。
2. 了解大学生生命观的状况及其认识偏差。
3. 掌握生命意义提升的策略与方法。

### ★能力目标

1. 能够对生命观进行自我评估。
2. 具备一定的生命自救和安全防范技能。

### ★素质目标

1. 欣赏生命，爱护生命，树立积极向上的生命观。
2. 丰富生命的意义和价值。

## 项目概述

生命是美好的，是宝贵的。我们每个人都应该好好珍惜自己的宝贵生命，都应该拥有良好的心态，认真对待生命，做生活的强者。就算自己的生活再平淡，也应该做一个热爱生活、热爱生命的人。生命中没有永远的快乐，也没有永远的痛苦。快乐时我们要感谢生命，痛苦时更要感谢生命。痛苦又何尝不是快乐的伙伴呢！只有抛弃烦恼，热爱生命，我们的生命才有意义。

## 情景再现

生命的美，在于活出人生的无限可能性。

2018 年 3 月 14 日，物理学家史蒂芬·霍金去世，享年 76 岁。这一天的到来，对世人来说除了惊讶更多的是措手不及，因为对于大多数人来说，霍金是一种类似奇迹的存在：

霍金作为剑桥大学的高才生，20 多岁的时候被医生诊断只能活两年，他却战胜了病魔，活过了一个又一个两年；

虽然坐在轮椅之上，他的思维之光却飞跃在浩瀚宇宙之中，尝试去理解人类与宇宙的关系；

他免费开放自己的博士学位论文，希望世界上任何地方的任何人都能毫无阻碍地获得他的研究并且一起思考它，靠近人类所探知的伟大科学；

他即使行动不便，也不断地尝试新鲜的事物，在许多影视作品中本色出演自己的角色，虽然不能发声，却利用电子发声器和摇滚乐队 Pink Floyd 共同录制了摇滚歌曲；

……

面对命运带来的挫折，霍金不是自怨自艾，而是选择接纳：“在我 21 岁时，我的期待值变成了零。自那以后，一切都变成了额外津贴。”

**【心理课堂】**

什么东西到处都是却无比珍贵？什么东西一去不复返？什么东西是有限的，但能创造无限的可能性？那就是生命。生命对于每个人来说只有一次。昨天的太阳再也照不到今天的树叶，而今天的树叶再也不是昨天的那一片。但我们要认真面对生命中的每一分钟，这样我们的年华才没有虚度。

## 任务一 认知生命——生命的概述

人生最宝贵的是生命，生命对每个人来说都只有一次，尊重生命、珍惜生命并热爱生命是生命教育的核心目标。生命是神奇的，又是复杂的，因而科学地认识生命的含义、基本特征，以及生命的意义与来源是生命教育的重要内容。那么，什么是生命？生命有哪些基本特征？人们又是通过何种途径发现生命意义的？我们将带领读者一起认识生命的奥秘与意义。

### 一、生命的含义

生命的本质是什么？这是一个古老而年轻的问题。生命是众多学科的研究对象，不同的学科从不同的角度探索生命，因而对于何谓生命就有不同的界定。从文学角度而言，生命就是性命、活命，可以思考、想象、感受和表达；从生理学角度而言，生命必须具备心脏跳动、会呼吸、大脑仍然有活动等条件；从生物学角度而言，生命泛指有机物和水构成的一个或多个细胞组成的一类具有稳定的物质和能量代谢现象（能够稳定地从外界获取物质和能量并将体内产生的废物和多余的热量排放到外界）、能回应刺激、能进行自我复制（繁殖）的半开放物质系统。

由此，生命现象本身涵盖广泛，人们对生命的理解也复杂多样。从生命教育的角度来说，本书主要将其限定为人的生命，认为人的生命是自身繁殖、生长发育、新陈代谢与环境进行物质和能量交换遗传变异以及对刺激的反应等的复合现象。当代学界根据每个生命肉体的诞生、交往的存在和意识的觉醒这三个生命事实，认为人的生命兼具自然生命、社会生命和精神生命三重维度。自然生命是指人是一种生物性的存在，是作为一个自然理性的肉体生命而存在，其生长和发展必须遵循生物界的法则和规律。换言之，每个人都要吃穿住用行，且无法逃避生老病死。社会生命是指人是一种社会性的存在。人是社会的人，人与其他社会成员和组织结成复杂的关系，其生命必然会打上社会的烙印。每个人要想生存就必须与他人交换信息、意见、思想、观念和情感等，通过参与、融入人们的各类互动中，寻求人的生命存在的意义和价值。精神生命指人要追求超越生物性存在的精神性存在。这种精神生命包括人之精神、意识、思维和心理等，是人类区别于其他物种的独有特征。

## 二、生命的存在形态

生命有生物性、精神性和社会性三种存在形态。

### （一）生物性的存在

人首先是生物性的存在。生物性是人生命的最基本的特性，是人的生命的社会性和精神性存在的基础和前提。人要想作为一个自然生理性的肉体生命而存在，人的生长和发展就必须服从生物界的法则和规律，所以，衣食住行、吃喝拉撒、生老病死是每一个人都必须经历的，也是每个人都无法逃避的。

### （二）精神性的存在

人之所以为人，就在于人不仅仅是为了满足自己的自然生命而存在，而且是为了追求超越生物性存在的精神性存在。人要规划自己的人生，创造自己的价值。正是有了生命的精神性存在，人的生命才有了人文意义和价值，有了理性的意蕴和道德的升华。

**知识扩展**

**时空胶囊实验**

**哈佛大学埃尔·兰格教授在一个修道院里精心搭建了一个“时空胶囊”，这个地方布置得和20年前一模一样。他们邀请了16位年龄在70～80岁的老人，让他们在这里生活一个星期。这些老人都沉浸在1959年的环境里，听着20世纪50年代的音乐，看那个年代的电影和电视，阅读那**

**个年代的报纸和杂志，讨论那个年代的故事……也就是说，他们被要求假装生活在20年前。同时他们还被要求更加积极地生活，比如一起布置餐桌，收拾碗筷，没有人帮他们穿衣服或扶着走路。然而，难以置信的事情发生了，这些老年人的身心素质有了明显的改善。他们来参加实验时，老态龙钟、步履蹒跚，甚至需要家人的陪伴。一周后，他们的视力、听力、记忆力都有了显著的提高，血压降低了，平均体重增加了3磅（1磅≈0.45千克），步态、体力和握力都有了明显的改善，有几个老人甚至玩起了橄榄球。该“返老还童”实验说明，当人们在心理上相信自己年轻了20岁，而他们的身体做出了相应的配合。**

### （三）社会性的存在

每个人要想生存下去，就必须参与和融入社会生活中，在与他人的沟通、交往和互动中保存自己的生命，追求生命的意义，实现生命的价值。正是这种社会性的存在使人在面对千差万别、千变万化的社会生活时，能够有一种生命的智慧和坚定的信念，使人在面对有生有死、有爱有恨、有聚有散、有得有失的有限人生和无奈命运时，能够有一种豁达的胸怀和安然的态度。

## 三、生命的基本特征

### （一）生命的有限性

人的生命是有限的，有限性是生命的本质属性。从人出生的那一刻开始，就注定有一天会面临死亡，这是人类无法改变的宿命。但也正是因为生命的有限性让人们不得不去珍惜生命，使人不断地寻求生命的意义和价值，让自己有限的生命变得更充实、更有价值。意义治疗心理学家维克多·弗兰克尔认为，人们对于生命意义的追寻是生活的基本动力，或者说是第一位的动力。世界上没有任何东西比生命存在的意义更能帮助人在最恶劣的环境下生存下来。感悟到了生命的意义，生活就会充满活力，就能充分体验到生活的幸福。

### （二）生命的独特性

篮子里放着苹果、桃子、西瓜、豆子……不同的种子，显然不同的种子需要不同的种植环境和方法。如果人们不考虑这些，将种子随意扔到地里，最终人们的收成会很糟糕。相反，如果找到不同种子种植的方法，并给予合适的土壤和环境，人们最终才能得到饱满的果实。对于种子来说是如此，对于人本身而言又何尝不是呢？就像世界上不存在完全相同的两片树叶一样，每个生命都具有不同的基因和遗传素质。人的遗传素质具有差异性，这种差异性主要表现在身体形态、器官功能和性格特征等方面。人的独特性一方面是由个体先天的遗传素质差异所决定的，另一方面受到后天的社会化过程的影响，尤其是受到后天生活环境的熏陶和个体成长过程的影响。换言之，人的独特性还表现在后天形成的个性方面，如性格特征、思维方式、行为习惯、生活方式、价值观念和理想信仰等。因此，每个人都应明确自身的优势和不足，活出自己的个性和精彩人生，使自身独特的个人价值和生命得到最完美的诠释。

### （三）生命的社会性

世界各地已出现多例狼孩的传闻，其中流传较广的是印度狼孩。1920 年，印度加尔各答东北的丛林中发现由两只狼哺育的女孩，年长的七八岁，小的约两岁。两人被送到孤儿院抚养，分别取名卡玛拉和阿玛拉。她们的动作姿势、生活习惯、情绪反应等具有明显的狼的生活痕迹，比如四肢行走，吞食生肉，像狼一样舔食东西，喜暗怕光，在夜阑人静后还不时发出阵阵长嗥。大女孩卡玛拉活到 17 岁，因伤寒病去世，她一直没能学会使用人类的语言，智力也只相当于三四岁的孩童。从这个故事可以看出，人们的生命具有社会性，脱离了人的社会，就不是真正意义的人。社会性是人的基本属性之一，这决定了人们不会满足于简单的生物存在，而是会试图探寻生命的意义和价值，不只满足于对现实世界的追求，而且还寻求自我的社会意义。

### （四）生命的超越性

人区别于动物的重要之处在于人有意识存在，人能够意识到自己的生命是有限的、短暂的，知道生命自产生到终结的限度，能够意识到生命的存在及其不可重复性和不可替代性，并能够意识到生命需要超越才能彰显其意义和价值。所以，人之生命超越性是以人之生命有限性和可能性为前提的，人们不再仅仅满足于现状以维持生命的存在，而总是在不断地认识自己、更新自己中成长。生命的超越性通常包括两个层面：一是外超越，人要通过自身的努力改善外部环境，扩大生存空间；二是内超越，在意识、精神、智慧和价值等层面，实现自我超越。这两种超越即是人通过实践、劳动、力量和智慧的发挥创造改变客观世界。

**在我眼里，我很美**

黄美廉从小就患有脑性麻痹症，这种疾病给她带来了巨大的痛苦，全身布满不正常的高张力，手足会时常乱动，且无法言语。医生根据她的情况，判定她活不过 6 岁。在普通人的眼中，黄美廉已失去了语言表达能力与正常的生活条件，更别谈什么前途与幸福。但是，黄美廉凭着坚韧不拔的意志和对人生的无比乐观活出了自己生命的色彩。她不仅获得美国南加州大学艺术博士学位，还办自己的画展，表达对生命的敬畏与热爱。

每次演讲时，黄美廉只能以笔代嘴，以写代讲。在一次讲演会上，有位学生贸然地这样提问：“黄博士，您从小就长成这个样子，您会认为老天不公吗？在人生的旅途上，您有没有怨恨？”面对这样尖锐而苛刻的问题，黄美廉却没有半点不高兴，她转过身来，坦然地写下了几十条让她热爱生活的理由：

（1）我好可爱；

（2）我的腿很长很美；

（3）爸爸妈妈那么爱我；

（4）我会画画，我会写稿；

（5）还有很多的生活方式让我热爱；

……

最后，黄美廉转过身来看了大家一眼，再次转过身去，在黑板上重重写下了她的那句名言：我只看我所有的，不看我所没有的……

# 任务二　感悟生命——大学生生命观的现状与偏差

大学生处于一生中生命力最为旺盛、最富朝气的时期，也是对生命充满好奇和探索的时期。他们能够有意识地理解生命、尊重生命和珍惜生命，建立积极健康、乐观进取的生命态度，努力实现生命的价值。

## 一、大学生生命观的现状

生命观是个体对生命的认识，反映了对自己和他人生命的态度。大学生正处于生命观形成的关键时期，生命观的正确与否不仅影响今后的人生和生活的态度与看法，也会对社会产生巨大的影响。国内学者通过对大学生生命观进行实证调查，得到以下四个方面的研究结果。

### （一）生命认识

大学生对生命的认识情况主要包括对生命的珍惜情况、自我生命存在认知、对自己和他人生命的态度、对自我生命的责任感和对待死亡的态度等方面。调查结果发现，近 90% 的大学生能够认识到生命的珍贵，可以做到珍惜爱护自己的生命，并对他人和其他生命表现出同情和爱护；回答“对大学生张华舍身救农民的看法”时，84.9% 的大学生选择“应该用更安全的方式救人”，大学生普遍能理性看待舍己救人的行为；在对待亲人离世方面，大多数大学生对死亡都持有正确的态度，即都一致认为死亡是生命必经的过程。

整体而言，当代大学生对生命的认识是理性的、积极的，但也有少数大学生对生命认识存在着一定的偏差。

### （二）生命态度

生命态度是指个体对生命历程中出现的具体事件的态度和认识，也有学者将生命态度包含在生命认识中。生命态度调查研究主要涉及生命价值是否高于爱情、财富，是否应该尊重和爱惜生命，以及对牺牲生命救人的看法等方面。大学生生命态度调查研究表明，大多数学生的生命态度是积极的。大多数学生非常注重生命的唯一性，并能够珍爱生命，把生命视为最宝贵的东西。比如，当问到对于“生命与爱情”的看法时，84% 的大学生赞同“生命最重要，没有生命就谈不上其他追求”；有

97% 的大学生赞同“我的观点可能会随着年龄的增长及经历、阅历的增多而改变，但只要活着就总有希望”。由此可见，当代大学生对待生命的态度总体上是积极的、乐观的。

### （三）生命意义

对生命意义的追寻和思考是一个人生命观成熟程度的体现，学界对生命意义维度划分方式纷繁多样，大学生生命意义状况通常从学习目标、生命责任、自我超越、人生理想、职业选择、奉献与利他以及生命价值等七个方面进行衡量。结果表明，多数大学生对学习目标、生命责任、自我超越、人生理想以及职业选择五个方面都有正确积极的认知，80% 以上的大学生比较满意自己的人生，认为自己的生命很有意义和价值。而且，大学生以积极进取的方式来追求自己的人生价值，也能够认识到有理想、有目标和意志坚定的重要性，68.2% 的大学生选择“我希望努力追求活出不一样的人生”。

在奉献与利他维度上，关于“如何真正实现生命的意义”的问题，79% 大学生认同“让我所爱的人们幸福”，56.9% 大学生认同“为社会作出贡献”，25.5% 大学生选择“为家人和子孙谋得名利”。可见，多数大学生具有奉献和利他的想法。在生命价值维度上，相比较于个人“小我”和社会“大我”的实现，多数大学生更倾向于自我的实现，占 76.9%。

### （四）生命和谐

生命和谐包括自我身心和谐以及个人与他人、社会、自然之间的和谐。大学生生命和谐调查研究的主要内容包括生活中的压力来源、挫折应对、对生活的满意程度、人生规划和人际关系等。调查结果显示，超过 50% 的大学生对自己目前的生活状态表示满意，能够以积极的、开放的心态面对人生中的诸多不如意，能够积极寻求解决问题的途径和方法，并认为可以通过自己的努力获得幸福。当被问到“如何应对糟糕的生活状态”时，近 70% 的大学生选择自我调整和寻求朋友帮助；60% 的大学生选择通过参加运动或社会活动，积极转变不良情绪，及时释放压力；20% 左右的大学生选择寻求心理咨询专业人员帮助。

## 二、大学生常见的生命观偏差

大学生处于对生命意义和价值的认识从不成熟、不稳定向成熟、稳定发展的关键阶段。在这一阶段，大学生常见的生命观偏差主要表现为以下三个方面。

### （一）漠视生命

近年来，大学生群体中漠视生命、暴虐生命的事件时有发生，比如大学生“伤熊”“虐猫”“虐狗”事件等，这些暴虐生命事件在一定程度上表明了个别大学生对生命权利和尊严的漠视现象。据浙江大学《大学生攻击性行为的社会心理研究》课题组的调查报告显示，在对待他人或者其他动物生命的态度上，20.4% 的大学生在宠物被虐待时表示无动于衷，只有 4.8% 的大学生会感到伤心难过；49.2% 的大学生承认对其他学生有过不同程度的暴力行为，87.3% 的大学生承认曾经遭受过其他同学不同程度的暴力行为。这种漠视生命的行为在很大程度上会导致个人情感经验的缺失，引发人格的缺陷和人性的扭曲，甚至诱使个体以极端的方式暴虐生命、否定生命。

### （二）否定生命

否定生命是指个体采取极端的方式放弃生命。大学生自杀事件是大学生非正常死亡的重要原因之一，已成为大学生心理健康教育中较突出和敏感的话题。大学生自杀本质源于对自己生命的意义和价值的否定，而身体疾病、失恋、人际关系紧张、学业问题和就业压力等是大学生选择自杀的主要原因，这也在一定程度上反映出部分大学生生命意识的严重缺失。

**知识扩展**

**欲自杀的认识误区**

（1）常说要自杀的人是不会真的自杀的？事实上，高达75%的自杀者都在之前企图寻死或说过“想要死”。

（2）自杀失败过一次，就不会再企图自杀？自杀未遂者再度自杀的比例比未曾有过自杀行为而企图自杀的比例高出数倍，尤其是自杀未遂后，3个月内再度企图自杀的情况较多，而且自杀行为的次数越多情况就越严重，自杀手段也从当初的“表态”逐渐发展到采取致死的手段。

（3）如果直接问当事人“你是否自杀”，将促使他真的自杀？事实上，直接询问当事人的自杀意愿常常降低其焦虑，而抑制其自杀行为。

（4）自杀过的人总是会有自杀的念头？事实上，自杀企图常发生在特别有压力的时期，如果该时期能适当处理导致其自杀的因素，就能找到好好活下去的动力。

（5）自杀的人是有精神疾病的人？事实上，自杀的人虽然常是不可理喻、困扰或抑郁的，但很多自杀的人并非有精神疾患。

（6）每个自杀的人都是抑郁沮丧的？事实上，自杀的感受虽然常常与抑郁密切相关，但并非每个自杀的人都呈现明显的抑郁，有的人出现的是焦虑、激动、精神异常、功能失调或逃避人世的现象。

（7）自杀的人执意要死，没有挽留的余地？事实上，自杀的人多半在生与死之间犹豫不决，常在尝试自杀后立刻求救。

（8）自杀的人很少寻求帮助？事实上，根据自杀的回溯研究，半数以上的自杀者在自杀前6个月都曾经寻求过帮助。

### （三）游戏生命

游戏生命是指个体消极颓废、空虚无聊、精神荒芜和对生命不负责的现象。部分大学生由于缺乏对自己生命意义和价值的深刻认识，片面追求感官快乐，忽视甚至怀疑生命存在的意义和价值。如果失去了支撑生命活动的目标和价值追求，就容易出现人生无目标、不求上进、厌倦学习、虚度光阴和消极颓废等消极心理倾向，各种“躺平”心态开始蔓延。一些大学生认为生活无聊，学习没有动力，上课迟到、早退甚至旷课成了家常便饭，转而将大部分时间浪费在休闲娱乐、沉浸于网络世界而不能自拔。根据浙江工商大学的调查研究，有 40% 的大学生经常感到郁闷，有 56% 的大学生偶尔感到郁闷，仅有 4% 的大学生从来没有感到郁闷，这也表明大学生群体存在着较为普遍的消极颓废情绪。

# 任务三　敬畏生命——大学生生命观塑造的策略

苏格拉底曾说过：“生命中最有价值的事情，莫过于生命本身了。”对于青春正盛的大学生而言，又何尝不是如此呢？弗兰克尔认为生命的意义不是被给予的而是被发现的。那么，大学生又如何去寻求生命的意义与价值，主动塑造健康积极的生命观，让自己的生命之花绚丽绽放呢？大学生积极生命观塑造的策略和方法包括以下五个方面。

## 一、挖掘生命的内在渴望

罗曼·罗兰说：“生命是这世界上最好的礼赞。”人类有一种原始的、与生俱来的对自身生命的惊讶、赞叹和敬畏，因而追寻生命意义、获得幸福人生是个体的内在渴望，并在这种寻求生命意义与价值的过程中获得满足感。人的生命对任何人来说都只有一次，对于每个人都弥足珍贵，因而个体需要直面人生境遇，承担起生命赋予我们的责任，体悟其中的真谛。然而，在人生的历程中很多人却往往忽略了自己苦苦追寻的、最为珍贵的东西究竟是什么。一旦个体忽略了确认自己内心渴望的东西，他就可能在人生之路上迷失了方向。相应地，一个人只有认清自己内心真正的渴望时，他才可以有意识地舍弃那些无足轻重的、并不触及生命意义的东西，这样，他的人生才能变得充实和丰盈。

那么，如何才能了解自己内心真正的渴望是什么呢？关键是要想清楚你到底想要什么？下面这个活动可以帮你认清这个重要的问题。

### 互动课堂

#### 我生命中“最宝贵的……”排序

独自坐在一张桌子旁边，放松身心，感觉与外面的世界抽离，清空大脑，等待深层理念的浮起。

准备完成后，在白纸的顶端中间，郑重地写下“×× 的 5 样东西”。×× 就是你的名字。现在，请用笔在纸上飞快地写下你生命中最重要的 5 样东西！

……

糟糕，这时生命中最宝贵的 5 样保不住了，你必须舍弃一样。请你拿起笔，把 5 样东西之中的某一样划去。接着，假设你生活又出现重大变故，现有 4 样东西也保不住了，你必须再放弃一样！

请你继续划掉，直至纸上剩下唯一的一样东西！

我生命中的 5 样东西

（1）______

（2）______

（3）______

（4）______

（5）______

## 二、发现生活之美

日常生活中的体验与感悟都是生命意义的重要来源，发现与体验生活之美可以丰富个体生命的意义。林清玄在《轻轻走路，用心生活》一书中写道："心里常有花季的人，什么时候都是很好看的。即使花都谢了，也有可观之处。"当个体置身于广阔的天地之间，眼观春花秋月、云卷云舒、草原山峦、百川归海，可以感受自然之美；看日出日落、斗转星移、四季更替、春华秋实，可以感受苍穹之美；观赏美轮美奂的传世古董、聆听传统中国戏剧、沉浸于优美的音乐世界，可以欣赏艺术之美；遨游知识海洋、探索奥妙无穷的宇宙万物，可以体会科学之美；生活点滴中，平凡人的友善真诚、嘘寒问暖等，可以感悟人性之美……

大自然的鬼斧神工、文学家的纵情描绘、艺术家的匠心创作都能使人们陶醉于"忘我"的境界，与大自然、艺术融为一体。这些生活之美的发现和体验，可以唤起人们内心的美好和感动，这些都可以不断地丰盈和充实人们的内心。

## 三、传递感恩与奉献

生命的意义在于付出，在于给予；没有付出，怎能感受到赠人玫瑰、手留余香的温暖呢？因而传递感恩与奉献是对生命意义的核心诠释。感恩是对生命给予的深刻领悟，奉献是对生命存在的最好回报。汪曾祺在《人间草木》一书中有过深情的告白："你说我在做梦吗？人生如梦，我投入的却是真情。世界先爱了我，我不能不爱它。"感恩父母对我们生命的赐予和辛劳养育之恩，感恩老师谆谆教诲、无私传授人生真谛之恩，感恩亲朋好友无微不至的关心与善良诚挚的支持，感恩母校为大家提供优美的成长环境和知识学习的殿堂，感恩国家为大家创建了一个安定和谐的社会环境。

生命的价值在于奉献，当代大学生要勇于奉献、敢于担当，具备一份主动奉献爱的能力，除了要爱自己、爱生活，更要爱他人、爱社会、爱祖国。比如，用深厚的爱去感恩父母的无私付出和养育之恩，以博大的胸襟去包容社会万物的点点滴滴，让生命因为奉献精神和责任意识而变得富有价值。学生可以尝试以下保持感恩之心的秘诀，见图 10–1。

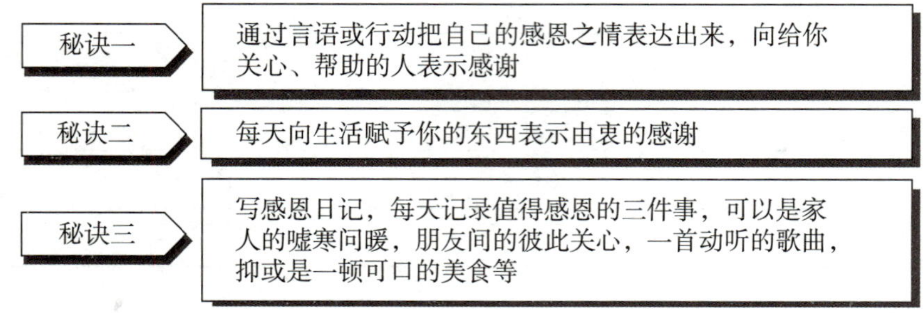


图 10–1　保持感恩之心的秘诀

## 四、宽容待人待己

宽容是一种博大的胸怀和积极的人生态度。古今中外，成大事者莫不心胸开阔，气度恢宏，所谓“量小非君子，无‘度’不丈夫”。对人宽容者拥有足够的包容心，他们“额上能跑马，肚里能撑船”，善待周围的一切人，包括犯过错误的人、伤害过自己的人。有研究发现，选择原谅别人，会让自己更容易忘掉痛苦的经历，从不良情绪中解脱出来。

当然也包括宽容自己，要学会原谅自己，不可偏激，不要陷在某个回不去的问题上出不来。人生是一次修行，人们一边犯错，一边修正，一边成长。宽容是人生难得的佳境，是一种需要修行才能达到的人生境界。

### （一）勿以自己的错误惩罚自己

生活中有很多烦恼都源于自己同自己过不去，由于自己的一些过错终日陷入无尽的自责、哀怨、痛悔中，认为如果自己曾做了或没做某事该多好。泰戈尔说：“如果错过太阳时你流了泪，那么你也要错过群星了。”人生苦短，何必执着于过去的遗憾，你需要的是用行动和希望来代替无尽的悔恨和自我折磨。请原谅自己的过失，把“如果”改为“下次”吧。

“如果我那时再努力些就好了。”——“下次我会努力把事情做好！”

“如果我当时坚持下去就好了。”——“下次我会坚持到底！”

“如果我那时不那样对待他（她）就好了。”——“下次我会好好对待心爱的人！”

### （二）勿以别人的错误惩罚自己

人生旅途中总会遇到伤害自己的人和事。康德说：“生气是拿别人的错误惩罚自己。”既然已经对自己造成伤害，若再对此耿耿于怀，沉浸在痛苦、愤怒中不能自拔，就是反复伤害自己。人非圣贤，孰能无过，学会宽容别人的过错就是让自己保持快乐的心情，原谅别人就是善待自己。人们控制不了别人的行为，却完全可以控制自己的态度，不妨一笑而过，做自己心情的主人。

### （三）勿以自己的错误惩罚别人

为掩饰伤疤、维护自尊，把自己的过错归咎于别人或迁怒于别人，这样只会导致更多的指责和埋怨。谁也不想做“替罪羊”“出气筒”，如果伤害身边真正关心自己的人，只会让生活更加不幸福。因此，要敢于承担自己的失误，得到别人的宽容和谅解，做出弥补和改进。

## 五、正视苦难与死亡

根据弗兰克尔的观点，坦然正视苦难与死亡是拓展个体生命意义的重要途径。大多数人都希望可以用自己喜欢的方式度过幸福的一生，然而各种苦难、逆境与挫折是人生旅途中必然组成部分。成绩优异的学生可能会考试失利，身体健硕的运动员可能会疾病缠身，一掷千金的富商可能会一夜破产……弗兰克尔却将经历苦难看作活出人生意义最重要的途径。弗兰克尔认为，当一个人遭遇到一种不可避免的、无法改变的苦难时，他就得到了一个最好的机会去实现最高的价值与最深的意义。换言之，当生命中必然要经历各种苦难时，我们不应恐惧、退却而是需要去发掘其中的意义，因为它能激发我们在苦难中体验生命甚至是享受生命的巨大潜力。从这种意义上，经历苦难反而成就了一番新的生命成长的契机。

凡是生命，都必然是要面对死亡。如果说生是偶然的，死亡反而是必然的。生命的终点就是死亡，每个人都是注定要去面对死亡的，这是任何生命形式都难以抗拒的自然规律。死亡是生命的导师，正因为有了死亡，才有对生命的思考，因为死亡的必然性，生命才显得弥足珍贵。只有面对死亡的事实才能深刻地思考生命的意义问题。了解了死亡的必然性，我们就应该对生命更加敬重，更好地珍爱生命，更加珍惜当下生存的每一刻。相反，如果我们的世界里没有死亡，那么生命也就会失去意义。

# 自我测评

### 生命观的自我评估

【测试目的】

本测试内容旨在认识自己、了解自己，校正自己生命观。

【测试要求】

每个题目选择一个符合或不符合的选项，不做过多思考，以跳出脑海的第一个答案为准。

【测试内容】

**生命观调查测试**

1. 在我生命中，我感到一种无以名状的失落感。
2. 我觉得在我的生命中缺乏一个真正意义和目标，而我也需要找到它。
3. 生命的奥秘迷惑着我，并使我感到不安。
4. 在我一生中，有一股强大的驱力，促使我去寻找自我。
5. 我发觉有一个强而有力的目标在指引着我。
6. 我感到在生命中缺乏一件值得去做的工作。
7. 我觉得有决心去完成某些超凡脱俗的事。
8. 真正的爱永不褪色。

9. 假如人要获得快乐，他必须相当以自我为中心。

10. 苦难是对我性格力量的考验。

11. 只有经历苦难，才会变成完整的人。

12. 经历苦难的人必有后福。

13. 我选择职业时，很重视该职业的声望。

14. 假如一个病人濒临死亡，遭遇苦难，医生应该帮助病人安乐死。

15. 苦难有助于人了解真正的人生意义。

16. 关于死亡，我毫无准备，并感到害怕。

17. 关于自杀，我曾经慎重考虑过，并认为这是一种解脱之道。

18. 在经历苦难之后，我变得更能体谅别人。

19. 死亡是生命的结束，再也没有其他意义。

20. 将来有一天会死的事实，使我整个人生变得毫无意义。

21. 我预期我的未来会比过去更有希望。

22. 我已经找到一个满意的生命目的。

23. 我生命中所发生的事，我能做决定。

24. 生命的意义存在于我们的周遭世界。

25. 我觉得有需要为我生命制定清楚目标。

26. 对死亡的自觉，使我觉得生命一刻比一刻重要。

27. 我决心使我的未来有意义。

28. 我生命的成就，大部分决定于我努力的程度。

29. 新奇变化的事物吸引着我。

30. 每个人都应为自己的生命负责。

31. 我以极大的期待心盼望着未来。

32. 我能依照我想过的方式生活。

33. 我很关心如何过一种有意义的生活。

34. 基本上来说，我正过着一种我喜欢的生活。

35. 我目前的生活是与我未来的希望紧密相连的。

36. 我正在追寻生活中令人兴奋的事物。

37. 我时常觉得烦躁无聊。

38. 生命对我而言，似乎是非常机械化的。

39. 对于生活，我有很明确的目标和计划。

40. 我个人的存在生活是非常有意义、有目的的。

41. 每天的生活总是千篇一律。

42. 如果可以选择，我宁愿没有出生。

43．退休之后，我愿意无所事事地度过余生。

44．我渴望不断进步，并最终获得生命的圆满。

45．我的生命总是充满兴奋美好之事。

46．假如我今天就去世，我会觉得我的生命毫无价值可言。

47．我常不懂活着的理由。

48．每当我注视世界与我的关系时，这世界使我迷惑不堪。

49．我是一个非常有责任感的人。

50．关于人为自己做决定的自由，我相信人是完全被传统环境限制。

51．为寻求生命的意义、目标和使命，我是很有这种能力的。

52．我的生命受外界因素的影响，我不能控制。

53．我发现人生并无任何目的与使命。

**【测试标准】**

正向选择题选项“符合”得1分，选择“不符合”得0分；负向选择题选择“不符合”得1分，选择“符合”得0分。正向题目：4、5、7、8、10、11、12、13、15、18、21、22、23、24、25、26、27、28、29、30、31、32、33、34、35、36、39、40、44、45、49、51。负向题目：1、2、3、6、9、14、16、17、19、20、37、38、41、42、43、46、47、48、50、52、53。

1．得分≥40分，表明你对生活充满希望和信心。

2．得分25～39分，表明你对生命有轻度无望感。

3．得分＜25分，表明你对生活有重度无望感，甚至有自杀意愿，建议立即寻求心理援助。

## 思政之窗

近年来，越来越多的大学开设了生命教育的相关课程，很多课程一经推出就收获了不少“粉丝”，被“蹲守”的大学生早早抢空，足见这门课的受欢迎程度。我们期待生命教育课能够发挥更大效果，帮助迷茫、困惑的大学生树立正确的生命观、世界观。

大学是人生重要阶段，大学生离开父母和熟悉的环境到外求学，面临着适应新环境、人际交往、学习规划、恋爱交友、就业压力等诸多成长问题，孤独感也不时涌上心头，若不注意排解，就容易形成心理障碍或行为偏差。近年来，极少数大学生因为心理问题而自杀的事件不时见诸报端，在表达痛心的同时，全社会更应关注大学生的心理健康。

在中国的传统文化中，死亡是一个讳莫如深的话题，生命教育显得尤为小众和神秘，很多人对生和死缺乏深刻的了解和正确的认知。在日常学习生活中，极少数大学生遇到困难和挫折时无处排解，逐渐产生了“对自己不满意”“并未得到自己想得到的”“辛苦一生最后还是要消失”等负面情绪，极端者甚至走上自杀的道路。可如果他们能在生命教育课上畅所欲言，毫不避讳地谈论失去与哀伤、创伤与死亡等，以及其与家庭、学校、人际关系等的相互影响，一个个现实中的问号就会被“拉直”，他们也会逐渐认识到，死亡是生命中的必要一环，有序地发现生命的本质，探索属于自己的生命道路，就会产生强大的生命力量。这样的课程有利于激励大学生学会坦然面对生活中的孤独、不利和失败，学会与自己和解，由此感悟、珍惜并敬畏生命，进而更从容、更有智慧地迎接新生活。此外，在生命教育课中，无论是“生命的省思”“自我探索与心理成长”这类有深度的课程，还是与“孤独”对话、“墓志铭”作业等课程实验，生命教育课用新奇、生动又有趣的方式，吸引大学生沉浸其中，这也是其能够受到热捧的重要原因。

实践证明，生命教育课是关注大学生心理诉求的钥匙，也是教育改革、以生为本的有益探索，有助于加强大学生心理健康工作，营造良好的学习生活氛围。当然，我们并不指望仅靠一门课程就能让大学生的生命教育取得立竿见影的效果，它的作用更像是在大学生心中种下的一颗饱满、健康的“种子”，人们可以“静待花开”。各地高校不妨因地制宜探索设立生命教育课，将生命教育的正确价值观念推广开来，让更多的大学生从课程中体悟人生真谛，并从中受益。

## 心灵氧吧

### 1. 书籍：《追寻生命的意义》

推荐理由：弗兰克尔以其在纳粹集中营的经历，详述他是如何由亲身经历而建构出“意义治疗”理论的。弗兰克尔在第二次世界大战期间被纳粹分子关在集中营，在那人间地狱中度过 3 年岁月，每天经受着饥饿、寒冷、拷打甚至死亡的折磨。漫长的牢狱生涯使弗兰克尔几乎失去了一切，他的父母、兄弟、妻子或被送入毒气室，或死于牢狱之中。在这种条件下，他是如何在绝境中发现生命是值得留恋的？弗兰克尔在本书中用自身的真实经历向人们展示：人所有的东西都可以被剥夺，唯独人最后的自由——在任何境遇中选择自己态度和生活方式的自由——不能被剥夺。任何人都可以从他无比痛苦的经历中，获得拯救自己的经验，发现生命的尊严、意义和价值。弗兰克尔不但超越了集中营炼狱般的痛苦，更将自己的经历与学术相结合，创立了意义疗法，诠释了绝处逢生的意义，也留下了人性史上最富光彩的见证。

### 2. 电影：《遗愿清单》

《遗愿清单》是由罗伯·莱纳执导，杰克·尼科尔森、摩根·弗里曼、西恩·海耶斯、比弗莉·托德等主演的剧情片。该片讲述了两位身患癌症的病人——平凡的黑人汽车修理工卡特与腰缠万贯的亿万富翁科尔，两条原本完全不可能相交的平行线，被一场疾病意外联系在了一起。截然不同的身份、背景、履历，一样的身患重病、时日无多，碰撞、理解、走近、发现彼此背后的故事。偶然发现卡特“遗愿清单”的科尔，决定运用自己的力量，和卡特一起，把那些纸面上看似疯狂的构想一一实现。人生的终点在哪里？年龄、疾病、苦难，从来都不是给你的终极宣判书。只要你一直坚信，不忘初心，始终追寻梦想和幸福，那无论何时开始，所有的一切就都不晚。此刻坐在书桌前的你，是否已经列好了自己的追梦清单？努力让自己幸福，并尽力获取让别人幸福的能力。即便有一天生命的终点都会到来，到那一刻，也无畏质疑，无愧自己。

# 参考文献

[1] 武桂梅，韩宇 . 大学生心理健康教育 [M]. 北京：中国农业出版社，2021.

[2] 冉威，简冬秋 . 大学生心理健康教育 [M]. 北京：科学出版社，2021.

[3] 孙小龙 . 大学生心理健康教育 [M]. 北京：机械工业出版社，2021.

[4] 陈红，邵景进 . 大学生心理健康教育 [M]. 北京：人民邮电出版社，2021.

[5] 王振杰，刘彩琴，乔哲 . 大学生心理健康 [M]. 北京：高等教育出版社，2021.

[6] 朱志强，钟琪. 大学生心理健康教育与拓展训练 [M]. 北京：首都师范大学出版社，2020.

[7] 格雷格·卢金诺夫，乔纳森·海特 . 娇惯的心灵："钢铁"是怎么没有炼成的 [M]. 天雷，苏心，译. 北京：生活·读书·新知三联书店，2020.

[8] 豆娟，孟光. 大学生心理健康教育 [M]. 长沙：中南大学出版社，2020.

[9] 刘凤健，卢端敏. 大学生心理健康教育 [M]. 北京：现代教育出版社，2020.

[10] 郜发磊，包万洪，敖建. 大学生心理健康教育 [M]. 北京：国家行政学院出版社，2019.

[11] 李立，荆秀萍. 大学生心理健康教育 [M]. 长春：吉林大学出版社，2019.

[12] 朱小红，梁利苹，禹玉兰 . 青春 理性 成长：大学生心理健康教育 [M]. 北京：首都师范大学出版社，2019.

[13] 胡谊，张亚，朱虹 . 大学生心理健康教育 [M]. 上海：华东师范大学出版社，2019.

[14] 万秋红，赵丹，邓祖禄 . 大学生心理健康教育 [M]. 北京：中国轻工业出版社，2019.

[15] 夏翠翠 . 大学生心理健康教育 [M].2 版 . 北京：人民邮电出版社，2019.

[16] 陈刚，张玉 . 大学生心理健康教育 [M]. 上海：上海交通大学出版社，2019.

[17] 俞国良. 大学生心理健康 [M]. 北京：北京师范大学出版社，2018.

[18] 郑航月，夏小林 . 大学生心理健康教育 [M]. 重庆：重庆大学出版社，2018.

[19] 雷雳，张国华，魏华. 青少年与网络游戏：一种互联网心理学的视角 [M]. 北京：北京师范大学出版社，2018.

[20] 胡凯 . 大学生心理健康教育教程 [M]. 长沙：湖南人民出版社，2018.

[21] 曲长海 . 大学生心理健康教育教程 [M]. 北京：化学工业出版社，2018.

[22] 桑小洲，吕艳波 . 快乐成长：大学生心理健康教育实用教程 [M]. 天津：南开大学出版社，2018.

[23] 赵静，黄菊山，李海波 . 大学生心理健康教育 [M]. 北京：中国传媒大学出版社，2018.

[24] 季丹丹，贾冰 . 现代大学生心理健康 [M]. 沈阳：辽宁教育出版社，2018.

[25] 范朝霞，毛婷婷 . 新时期大学生心理健康问题与对策探究 [M]. 北京：中国书籍出版社，2017.
[26] 龚永坚，王芳，李苏燕 . 大学生心理健康教育 [M]. 北京：高等教育出版社，2017.
[27] 杨青，刘丽花．大学生心理健康教育 [M]．天津：南开大学出版社，2017.